# LES SCIENCES RACONTÉES À MA PETITE-FILLE

## Ouvrages d'Henriette Walter

***Dictionnaire de la prononciation française dans son usage réel*** (en collaboration avec André Martinet), Paris, Champion – Genève, Droz, 1973, 932 p.

***La Dynamique des phonèmes dans le lexique français contemporain*** (préface d'André Martinet). Paris, Champion – Genève, Droz, 1976, 481 p.

***La Phonologie du français***, Paris, PUF, 1977, 162 p.

***Enquête phonologique et variétés régionales du français*** (préface d'André Martinet), Paris, PUF, « Le Linguiste », 1982, 253 p.

***Le Français dans tous les sens***, Paris, Robert Laffont, 1988, 384 p. Préface d'André Martinet (grand prix de l'Académie française 1988). *Traductions anglaise, tchèque, roumaine.*

***Bibliographie d'André Martinet et comptes rendus de ses œuvres*** (en collaboration avec Gérard Walter), Louvain-Paris, Peeters, 1988, 144 p.

***Des Mots sans-culottes***, Paris, Robert Laffont, 1989, 248 p.

***Dictionnaire des mots d'origine étrangère*** (en collaboration avec Gérard Walter), Paris, Larousse, 1991, nouvelle édition revue et augmentée, 1998, 427 p.

***L'Aventure des langues en Occident. Leur origine, leur histoire, leur géographie***, Paris, Robert Laffont, 1994, 498 p. Préface d'André Martinet (prix de la Société des gens de lettres et grand prix des lectrices de *ELLE*, 1995). *Traductions portugaise, espagnole, brésilienne, italienne et japonaise.*

***L'Aventure des mots français venus d'ailleurs***, Paris, Robert Laffont, 1997, 344 p. (prix Louis-Pauwels, 1998).

***Le Français d'ici, de là, de là-bas***, Paris, J.-C. Lattès, 1998, 416 p.

***Dictionnaire du français régional de Haute-Bretagne*** (en collaboration avec Philippe Blanchet), Paris, Bonneton, 1999, 157 p.

***Honni soit qui mal y pense ou l'Incroyable histoire d'amour entre le français et l'anglais***, Paris, Robert Laffont, 2001, 352 p.

***Arabesques. L'Aventure de la langue arabe en Occident*** (en collaboration avec Bassam Baraké), Paris, Robert Laffont, 2006, 318 p.

***L'Étonnante Histoire des noms des mammifères. De la musaraigne étrusque à la baleine bleue*** (en collaboration avec Pierre Avenas), Paris, Robert Laffont, 2003, 486 p.

***Chihuahua, zébu et Cie… L'étonnante histoire des noms d'animaux***, Paris, Points-Seuil, 2007, (en collaboration avec Pierre Avenas), 320 p.

***Bonobo, gazelle et Cie… L'Étonnante histoire des noms d'animaux sauvages*** (en collaboration avec Pierre Avenas), Paris, Points-Seuil, 2008, 313 p.

***La Mystérieuse Histoire du nom des oiseaux. Du minuscule roitelet à l'albatros géant*** (en collaboration avec Pierre Avenas), Paris, Robert Laffont, 2007.

***Aventures et Mésaventures des langues de France***, Paris, Éditions du Temps, 2008.

## Ouvrage de Gérard Walter

***Dictionnaire des mots d'origine étrangère*** (en collaboration avec Henriette Walter), Paris, Larousse, 1991, nouvelle édition revue et augmentée.

HENRIETTE WALTER – GÉRARD WALTER

# LES SCIENCES RACONTÉES À MA PETITE-FILLE

ROBERT LAFFONT

ISBN 978-2-221-11217-5

Pour Anouk

# SOMMAIRE

*Une table des matières détaillée se trouve à la fin de l'ouvrage*

## REMERCIEMENTS

Telles qu'elles se présentent aujourd'hui, ces conversations scientifiques d'un grand-père avec sa petite-fille, rédigées à quatre mains, ont eu la chance d'avoir été tout d'abord attentivement lues, puis commentées, amendées, et enfin très joyeusement discutées au cours de soirées mémorables avec nos plus savants convives, tous trois polytechniciens : Georges Saada, Pierre Magnant et Pierre Avenas. Ajoutons que ce dernier nous a constamment accompagnés de ses remarques très appréciées tout au long de ce délicieux et périlleux voyage « de l'atome à la galaxie ».

Merci vraiment à tous trois de nous avoir aidés dans la bonne humeur à nous diriger avec plus d'assurance dans un domaine à la fois complexe, énigmatique et réjouissant.

## AVANT-PROPOS

*par Gérard Walter*

Après cinquante ans de discussions entre amis et de conversations animées au cours de dîners en ville, je m'étonne toujours du peu d'intérêt des gens cultivés pour les matières scientifiques. Dans les milieux intellectuels les plus érudits, on aurait beaucoup de mal à reconnaître d'être peu compétent en philosophie ou en littérature, mais on avoue tout naturellement ne rien comprendre aux mathématiques ou aux sciences physiques. On connaît les noms de Galilée et de Newton, mais on ignore le plus souvent ce qu'ils ont découvert. Plus prosaïquement, on se sert quotidiennement d'appareils plus ou moins sophistiqués – du réfrigérateur au téléphone portable, en passant par la photocopieuse et la télévision – sans avoir la moindre idée de la manière dont ces appareils fonctionnent. Enfin, il n'est pas rare d'entendre de brillants énarques disserter sur les risques de l'énergie nucléaire, alors qu'ils ne sauraient sans doute pas expliquer comment fonctionne une réaction en chaîne dans une pile atomique.

Ce désintérêt des gens cultivés pour les sciences ne dérange personne, mais cette indifférence continue de m'étonner.

Devant cette attitude négative, et pour donner à la connaissance des sciences un aspect plus attrayant, j'ai eu l'idée de parcourir le monde mystérieux de la physique et de la chimie en compagnie de ma petite-fille Julie, en improvisant, à bâtons rompus, un dialogue avec elle. Comme on pourra le constater, l'ouvrage qui en est résulté n'est pas un manuel scientifique, mais une simple visite guidée dans l'histoire de ces sciences, en prenant la petite Julie par la main et en l'invitant à me poser toutes les questions qui lui passeraient par la tête. Vous allez voir qu'elle ne s'en est pas privée.

Chemin faisant, j'ai eu l'idée d'associer à cette aventure mon épouse Henriette Walter, dont le nom figure auprès du mien sur la couverture de ce livre, en lui demandant de jouer le rôle de l'ingénue tout en réagissant à ce jeu de questions-réponses dans un domaine qui était a priori hors de ses intérêts immédiats. Elle y a apporté son expérience de linguiste habituée à chercher à transmettre sans les altérer des notions essentielles dans sa discipline, mais peu familières au grand public. La conception générale de l'ouvrage s'en est trouvée modifiée, et des moments de détente y ont été ménagés sous forme de charades récapitulatives ou sous forme d'anecdotes historiques peu connues. C'est dire que ce livre est devenu progressivement le sien autant que le mien. Mais je reste le seul responsable des données de base qui le soutiennent.

Les principales données de base de la physique et de la chimie y sont présentées et commentées, dans le cadre de leur histoire, et il ne faudrait pas s'attendre à y voir figurer l'explication des dernières découvertes scientifiques ou une initiation aux théories les plus récentes sur la structure de l'atome. C'est dire que ce petit volume de vulgarisation ne répondra certainement pas à toutes les questions que l'on peut se poser à propos des sciences. Si je me suis adressé à ma petite-fille pour lui raconter l'histoire des progrès scientifiques qui ont changé la perception du monde qui nous entoure, c'est que je cherchais seulement à lui donner le goût de ces disciplines que l'on croit réservées à des spécialistes et qui ont amélioré la vie des êtres humains sur la Terre.

On remarquera peut-être que l'âge de ce personnage central – Julie – semble varier d'un chapitre à l'autre – de l'adolescence à l'âge adulte... et même au-delà. Cette impression d'incertitude n'est pas fortuite : ce livre s'adresse aussi bien aux jeunes qu'à ceux de leurs aînés qui voudraient rafraîchir leur mémoire.

Traverser les continents en quelques heures à la vitesse du son, laisser aux machines les besognes les plus fatigantes et les plus ennuyeuses de la vie quotidienne, entendre un concerto de Mozart au milieu du désert et communiquer à chaque instant avec tous ses amis aux quatre coins de la planète, voilà des progrès qui n'ont été acquis qu'après de longues recherches, et dont les résultats sont presque miraculeux. Mais ils peuvent trouver un début d'explication pour peu que l'on accepte de suivre pas à pas la fabuleuse histoire de l'aventure scientifique commencée il y a des millénaires et qui n'a pas fini de nous étonner... Mais il est grand temps de laisser s'exprimer avec spontanéité un grand-père et sa petite-fille sur ces sujets scientifiques rarement abordés en famille.

## INTRODUCTION

*Julie décide de s'intéresser aux sciences physiques.*

— Girard, tu m'as demandé de t'apporter tous mes bouquins de physique et de chimie. Les voilà. Qu'est-ce qu'on en fait ?

— Julie, je voudrais que tu les feuillettes et que tu me dises s'ils contiennent des termes techniques qui te rebutent parce que tu ne les comprends pas.

— Tu sais, il y en a beaucoup. Attends, je tourne les pages au hasard... Voilà, je vois *gravitation*, *électromagnétisme*, *mouvements ondulatoires*, *structure de l'atome*... C'est bien simple, ils sont tous rébarbatifs, et je ne saurais pas comment les employer. Est-ce que tu vas vraiment arriver à me les rendre sympathiques ?

— Je vais essayer, mais n'aie pas peur, je ne vais pas te faire un cours. Nous allons réfléchir ensemble sur des phénomènes naturels que nous observons tous les jours, comme le feu, la lumière, ou l'électricité...

— ... et l'arc-en-ciel ?

— Oui, l'arc-en-ciel, et aussi la foudre, les marées, les éclipses du Soleil... et je te raconterai aussi l'histoire des découvertes qui ont permis de les comprendre. Tu vas voir, cette histoire remonte à la nuit des temps.

Tu sais probablement qu'un jour les hommes ont appris à faire du feu. Mais, ensuite, il a fallu apprendre à le conserver, puis à le domestiquer. Tout à l'heure, tu m'as cité l'électromagnétisme, nous y reviendrons quand nous aborderons les débuts du moteur électrique et, si tu veux bien t'y intéresser, nous essayerons aussi de comprendre comment la vibration de l'air produit des sons...

— Ah, tu veux dire que pour jouer de la trompette, il faut faire vibrer l'air qui est à l'intérieur de l'instrument ?

— Oui. Mais il y aura un petit effort de plus à faire pour comprendre le mécanisme des ondes électromagnétiques. Tu vas me dire que c'est trop savant pour toi, et pourtant ces phénomènes, tu en es entourée chaque fois que tu ouvres la télévision ou que tu envoies un SMS sur ton téléphone portable.

— Donc, grâce à la science, tout s'explique ! C'est génial, je vais être une « femme savante » !

— J'espère bien, mais il faut d'abord que tu apprennes à regarder objectivement les phénomènes naturels. Le rôle des savants, c'est d'observer attentivement des phénomènes apparemment inexplicables et d'essayer d'en dégager des lois générales. Mais il faut prendre des précautions : pour être un bon observateur, il faut avant tout se méfier de ce que l'on voit, ou plutôt de ce que l'on croit voir. On dit « le soleil se lève » ou « le soleil se couche » mais on sait bien que c'est une façon de parler. Grâce aux découvertes des savants, nous pouvons essayer de mieux comprendre l'Univers qui nous entoure. Pourquoi ? Parce qu'ils ont pu établir des lois permanentes et universelles.

## *Les lois de la physique sont simples mais têtues*

— Comment sont-ils arrivés à découvrir ces lois ?

— Au bout d'une longue suite d'observations et d'expériences, d'hypothèses, et parfois d'erreurs. Après avoir observé dans le détail un phénomène physique (la chute d'un corps, un arc-en-ciel…), le savant cherche à l'expliquer en avançant une hypothèse. Mais il lui faut vérifier cette hypothèse. Elle peut se révéler inefficace et, dans ce cas, il doit la rejeter. Mais elle peut aussi être très fructueuse, et il lui faut alors en préciser l'importance, et peut-être la reformuler, afin d'en déduire une loi générale. Une fois confirmée grâce à de multiples expériences, cette loi conduira le savant à en élargir le champ d'application.

— Donc la première règle est de formuler une hypothèse et de la vérifier avant d'établir la moindre loi.

— Oui, et l'une des lois les plus importantes, en chimie tout comme en physique, établit que, dans toute transformation, les quantités d'énergie ou les masses mises en jeu restent constantes.

## *Rien ne se perd...*

Ton professeur de chimie t'a sûrement cité la fameuse phrase de Lavoisier, qui, après de multiples expériences, avait conclu que « *dans une réaction chimique, rien ne se perd, rien ne se crée, tout se transforme* ». Il énonçait ainsi la loi fondamentale de la chimie.

Selon ce principe incontournable, dans une transformation physique ou une réaction chimique, on ne peut pas ne pas retrouver les éléments initiaux, et on ne peut pas non plus en trouver qui n'étaient pas présents au début de l'expérience.

Mais attention ! Cette affirmation ne concerne pas les noyaux des atomes, chaque noyau étant un petit monde à part, régi par des lois très particulières.

— Ouh là là ! Je sens qu'on va aussi parler d'Einstein, ça va faire mal ! Girard, si j'ai bien compris tout ce que tu m'as dit, c'est un mégaprogramme qui nous attend.

—Julie, tu as bien compris que ce n'est là qu'un début. Tu verras que notre première étape montrera que « tout se mesure ».

— Est-ce que tu me parleras aussi de la chute des corps sur la Terre et des mouvements des planètes ?

— Bien sûr, parce que « tout tombe » sur la Terre et que « tout tourne » dans l'Univers, et nous consacrerons à ces phénomènes plusieurs après-midi, avant d'insister sur tout ce que l'on peut dire « autour du feu », avec la naissance de la métallurgie et de ses multiples applications.

— Tout à l'heure, tu m'as aussi parlé d'électromagnétisme, et je sens que, là, ça va faire encore plus mal.

— Peut-être, mais tu verras, c'est passionnant, presque autant que la constitution des éléments chimiques, et tout ce qui concerne la chimie. Mais ce n'est pas fini. Il faudra encore nous poser les problèmes liés au noyau de l'atome et au fonctionnement d'une pile atomique. Et, là, nous serons presque arrivés au bout du voyage.

— Ouf ! Est-ce que ça signifie qu'on va aussi expliquer comment est apparue la vie ?

— Alors, là, Julie, n'y compte pas. Nous nous arrêterons juste avant.

— J'ai aussi entendu parler des « trous noirs » dans l'Univers et de la « théorie des cordes » pour expliquer le mystère du cosmos. Est-ce que tu pourras m'éclairer sur ces points, qui m'intriguent ?

— N'y compte pas non plus. Toutes les recherches récentes nécessitent des connaissances qu'on ne peut résumer en quelques mots. Seuls quelques grands physiciens dans le monde peuvent en comprendre les tenants et les aboutissants[1].

— Mais est-ce que tu crois vraiment que je vais pouvoir retenir toutes ces belles choses si compliquées ?

— Ne t'inquiète pas, j'ai prévu de petits moments de détente très agréables, où je te proposerai des charades qui te permettront, en t'amusant, de voir ce que tu auras retenu. En voici déjà deux exemples :

## *Petite récapitulation ludique sous forme de charades*

Mon 1er est une variante de *cela*
Mon 2nd loue
Mon tout qualifie une femme qui en sait long

**ça + vante = savante**

&

Mon 1er est un fruit dicotylédone
Mon 2nd est une déesse grecque qui a été transformée en génisse
Mon tout est au centre de l'atome

**noix + *Io* = noyau**

## 1. « TOUT SE MESURE »

*Julie découvre que toutes les unités de longueur actuelles, de l'une des plus petites, le nanomètre, à l'une des plus grandes, l'année-lumière, ont eu pour origine l'établissement, à la fin du* XIX*e siècle, d'un mètre-étalon reconnu par la communauté scientifique internationale. Après avoir découvert l'origine du mètre, Julie est séduite par la légèreté de la tour Eiffel.*

### *Au commencement était le mètre*

— Julie, je me demande ce que tu fais avec ce mètre.

— Je mesure le mur de ma chambre pour voir si je peux y mettre un poster.

— Ah bon ! Mais, Julie, sais-tu pourquoi on mesure avec un mètre ?

— Parce que c'est l'unité de mesure, c'est toi qui me l'as dit.

— Bien sûr, mais pourquoi a-t-on choisi de prendre pour unité de mesure cette longueur de un mètre et pas une autre ?

— Je ne sais pas. Tu vois, Girard, tu me poses toujours des questions incroyables ! Comment veux-tu que je sache pourquoi ce mètre est un mètre ?

— Ne te fâche pas. Je vais te raconter l'histoire de ce mètre et je suis sûr qu'ensuite tu seras contente de briller auprès de tes camarades.

Avant la Révolution française, chaque pays, et même, dans chaque pays, chaque région avait une unité différente pour mesurer la largeur d'un tissu, la hauteur d'une porte ou la distance entre deux villes. Plusieurs tentatives d'unification s'étaient heurtées aux traditions des habitants, qui ne voulaient pas changer leurs habitudes car ils étaient attachés à leurs *lieues* et à leurs *toises*.

RÉCRÉATION

**LA *TOISE*, UNE MESURE DE LONGUEUR DÉSUÈTE**

La **toise** est une ancienne mesure de longueur qui était communément utilisée avant la Révolution.

1 Une **toise** est-elle plus longue ou plus courte qu'un mètre ?

2. La toise a donné naissance à un verbe signifiant « regarder quelqu'un de haut, avec dédain ». Quel est ce verbe ?

RÉPONSE : 1. La **toise** était près de deux fois plus longue que le mètre, ce qui est une hauteur exceptionnelle pour un homme et ce qui explique que 2. le verbe **toiser**, formé à partir de ce nom, signifie « regarder de haut ».

— Comment a-t-on fait pour convaincre les gens ?

— Il faut tout d'abord que tu saches qu'à l'époque de la Révolution on célébrait la nature avec enthousiasme, comme s'il s'agissait d'une nouvelle religion[2].

C'est pourquoi les savants avaient voulu créer une nouvelle unité de longueur en rapport direct avec la nature. Pour convaincre leurs contemporains, ils avaient un argument de poids : cette nouvelle unité, au lieu de rester régionale, deviendrait universelle. Ainsi, tous les pays du monde pourraient l'adopter sans considération d'amour-propre national puisqu'elle s'appuierait sur une propriété de la nature. Les spécialistes chargés de cette étude décident donc que l'unité de longueur du futur système de mesures serait créée à partir d'une réalité du monde, en prenant pour référence le tour de la Terre. Encore fallait-il pouvoir le mesurer.

— Oui, justement, comment ont-ils fait ?

— En s'appuyant sur l'idée que la Terre était ronde, ils en ont déduit qu'il suffisait de mesurer avec précision une partie déterminée du tour de la Terre…

— … C'est ce qu'on appelle un *méridien* ?

## *Les méridiens*

— Oui, le méridien d'un lieu est défini comme un grand cercle de la sphère terrestre passant par ce lieu et par les pôles : pour pouvoir repérer un point sur notre globe, il faut connaître à la fois sa *longitude*, sur un cercle passant par les pôles, et sa *latitude*, sur un cercle parallèle à l'équateur, mais cela ne suffit pas. Pour préciser de quelle longitude il s'agit, il faut auparavant avoir désigné le méridien de référence, à partir duquel les autres longitudes pourront être repérées.

## LATITUDES ET LONGITUDES

La longitude correspond à un cercle passant par les pôles, et la latitude à un cercle parallèle à l'équateur.

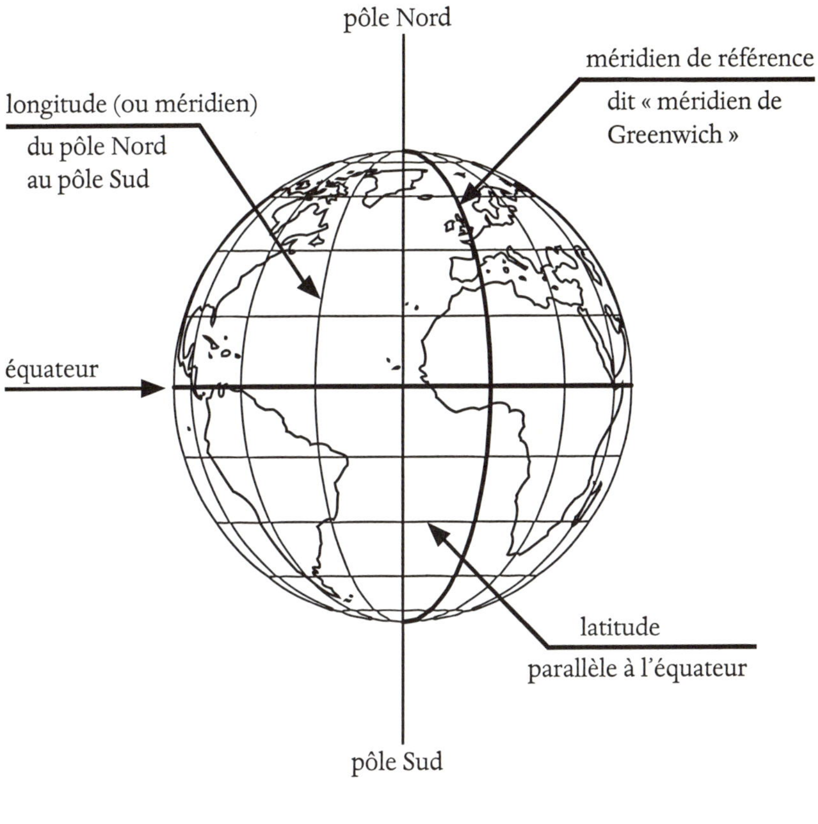

## *Le méridien de référence*

— Est-ce que c'est à Paris que passe ce méridien de référence ?

— Cela a été vrai à une certaine époque. En 1667, sous Louis XIV, le méridien de référence passait à Paris, très exactement au milieu des jardins de l'Observatoire, près du jardin du Luxembourg.

— Alors, on a réellement mesuré ce méridien d'un pôle à l'autre ?

— Pas tout à fait. On s'est contenté de mesurer la longueur d'un arc du « méridien de Paris », avant de calculer la longueur totale du méridien. En France, cette mission a été confiée au moment de la Révolution à deux astronomes, Delambre et Méchain.

**DEUX SAVANTS PRIS POUR DES ESPIONS**

Jean-Baptiste DELAMBRE (1749-1822)
et Pierre MÉCHAIN (1744-1804)

En 1790, en France, l'Académie des sciences avait nommé une commission de savants pour étudier la réforme complète du système d'unités des poids et mesures. Deux astronomes, Delambre et Méchain, avaient alors été chargés de mesurer un arc du méridien terrestre allant de Dunkerque à Barcelone, en passant par Paris.

Cette mission, qui avait duré près de sept ans, avait été incroyablement mouvementée et même parfois dangereuse : en ces temps de turbulence révolutionnaire, les deux savants avaient souvent été malmenés par les populations, qui, intriguées par la vue des étranges instruments d'optique chargés sur leur berline, étaient enclines à la plus grande méfiance. Chaque fois que les deux savants grimpaient au sommet d'un clocher ou d'une tour pour repérer les sites de leurs prochaines mesures optiques, ils se faisaient remarquer par les habitants, et certains les prenaient même pour de dangereux espions soupçonnés de communiquer avec l'ennemi, ce qui leur valut d'être arrêtés par les gendarmes à plusieurs reprises[3].

— Est-ce que le méridien de référence est toujours celui qui passe par Paris ?

— Non, depuis la conférence internationale de Washington en 1884, où avaient été établis les fuseaux horaires, c'est le méridien de Greenwich[4] – petit village dans la banlieue de Londres – qui est reconnu par tous les pays comme le méridien de référence. À l'époque, la flotte anglaise dominait les mers, et les autorités britanniques surent convaincre les autres délégations d'adopter Greenwich. Après d'âpres discussions entre la France et l'Angleterre, les responsables français auraient accepté de faire cette concession à l'Angleterre contre l'établissement des poids et mesures français fondés sur le système métrique[5].

— Quel dommage !

— Mais si tu veux, tu peux retrouver le tracé du méridien de Paris en partant de l'Observatoire et en suivant dans les rues de petits médaillons en bronze qui ont été incrustés dans les trottoirs en 1994, à l'occasion du bicentenaire de la création de l'École polytechnique[6].

MATÉRIALISATION DU MÉRIDIEN DE PARIS
Hommage à François Arago

Il s'agissait, pour l'artiste qui a conçu cette œuvre, de réaliser ce qu'il a appelé un « monument virtuel » sur le tracé d'une « ligne imaginaire, le méridien de Paris ». Il y a 135 médaillons de 12 cm de diamètre, et sur chacun d'eux sont gravés le nom du grand physicien français Arago (qui avait été l'un des premicrs professeurs à avoir enseigné à l'École polytechnique), ainsi que les lettres N et S donnant la direction du méridien vers le nord et vers le sud.

## LE MÉRIDIEN DE PARIS (LA LIGNE ARAGO)

Le méridien de Paris a été matérialisé en 1994 par des médaillons de bronze, incrustés dans les trottoirs, et portant le nom d'Arago et la direction N(ord)-S(ud).

**HOMMAGE À ARAGO, AVENTUREUX SAVANT**

François ARAGO (1786-1853)

En 1994, pour célébrer le bicentenaire de la création de l'École polytechnique, a été réalisé un monument imaginaire concrétisé par l'incrustation, dans les trottoirs de Paris, de plus de 100 médaillons de bronze répartis tout le long de l'ancien méridien de Paris, depuis la porte de Montmartre jusqu'au parc Montsouris. Sur chaque médaillon a été gravé le nom d'Arago.

C'était un hommage rendu au grand savant Arago qui avait été désigné pour prolonger la mesure du méridien de Paris en Espagne. Son retour de mission avait été une véritable odyssée. D'abord pris pour un espion, il s'enfuit, déguisé en paysan. Enfermé en Espagne, il réussit à s'évader et à atteindre Alger, d'où il s'embarque pour Marseille. Mais, pour comble de malchance, son bateau est capturé par des corsaires, qui seront forcés de le libérer grâce à l'intervention du dey d'Alger. L'aventureux savant repart à nouveau vers Marseille, mais une tempête le déporte jusqu'à Bougie. Déguisé cette fois en bédouin, il réussit à regagner Alger, pour enfin arriver à Marseille en juillet 1809, après avoir échappé de justesse à un croiseur anglais[7]...

— On pourra essayer d'en retrouver un certain nombre en nous promenant dimanche prochain. Je peux te dire qu'il y en a dix dans le jardin du Luxembourg et en particulier trois au niveau de la porte Observatoire Ouest. Il y en a un près de la porte d'entrée du Sénat, entre le 15^bis^ et le 15^ter^ de la rue de Vaugirard et un autre au 24 de la rue de Richelieu. Dans le IX^e^ arrondissement, il y en a un au 34 de la rue de Châteaudun et dans le XVIII^e^, au 79 de la rue Lepic, et ce tracé imaginaire se termine à la porte Montmartre.

— Ah oui ! Ce sera comme de chercher les œufs de Pâques dans le jardin !

— Mais revenons à la mesure du mètre. Une fois leur mission terminée après bien des mésaventures, Delambre et Méchain avaient remis leurs résultats à une commission de savants. À partir de ces données, la commission avait calculé que le 1/4 du méridien terrestre, c'est-à-dire la distance entre le pôle et l'équateur, était de 5 millions de toises (exactement 5 130 740, 62). Cette commission proposa alors que ce 1/4 du méridien vaudrait désormais exactement 10 millions d'une nouvelle unité, le *mètre*, dont le nom a été créé par Borda, à partir du grec *metron*, « mesure ». Jean-Charles Borda était un mathématicien français né en 1733 et mort en 1799.

Le mètre correspondait ainsi à la dix-millionième partie du quart du méridien terrestre et valait donc 0,513074 toise, c'est-à-dire à peu près une demi-toise.

> **LE MÈTRE ET LE SYSTÈME DÉCIMAL**
>
> Afin d'uniformiser l'ensemble des unités de mesures, l'Académie des sciences de Paris avait nommé une commission composée de savants qui proposa de prendre le mètre comme étalon. De plus, il avait été décidé que tous les multiples et sous-multiples devaient aller de 10 en 10. Ce système décimal rendait les calculs si faciles qu'il fut adopté presque immédiatement.

Une fois la fièvre révolutionnaire retombée, la référence à un phénomène naturel pour définir le mètre était apparue comme superflue et, pour tout dire, inutile. Pour définir une unité de longueur, il suffisait en fait de fabriquer un étalon et de s'en tenir là[8].

On construisit donc un étalon inoxydable en platine iridié de 1 m de long, que l'on déposa en 1875 à Sèvres, au pavillon de Breteuil[9], auquel les savants de tous les pays auraient un libre accès et pourraient obtenir des copies de cet étalon. Cinquante ans plus tard, le mètre était adopté comme étalon de longueur par la plupart des pays du monde. Aujourd'hui, la longueur exacte du mètre étalon est établie par des méthodes beaucoup plus sophistiquées. En tout cas, depuis lors, chacun sait que la Terre a, par définition et par principe, exactement 40 000 km de circonférence.

Grâce à ce mètre, et en adoptant le système décimal, on allait pouvoir définir et nommer des sous-multiples comme le centimètre ou le millimètre, et des multiples, comme le kilomètre.

## *La lecture d'une carte*

— Justement, Girard, je pars en week-end en Bretagne, c'est génial ! Est-ce que tu veux bien me prêter une carte routière ?

— Avec plaisir, mais quel genre de carte veux-tu ? Une carte à quelle échelle ? Une carte au 1/250 000 ou une carte au 1/1 000 000 ?

— Comment veux-tu que je sache ? Je ne sais même pas ce que c'est que l'échelle d'une carte.

— Bien sûr que tu le sais. Le mois dernier, quand tu as fait un plan pour aménager ta chambre, tu m'as montré tes dessins, qui correspondaient à une certaine échelle.

— Ah ! Oui, mais ce n'était pas pareil. Il fallait bien que le plan de ma chambre tienne sur une seule feuille de papier.

— Tu vas voir que c'est la même chose car il faut bien que le plan de la France tienne sur une grande feuille de papier, disons d'environ un mètre de côté. Or, comme tu le sais, la France fait environ 1 000 km du nord au sud, il faut donc réduire ces 1 000 km, c'est-à-dire ce million de mètres, à un mètre. C'est pour ça que l'on dit que l'échelle est au un millionième (1/1 000 000). Donc, sur une carte à cette échelle, 1 mm sur le papier représente un million de millimètres, c'est-à-dire 1 km, sur le terrain.

Dans le plan de ta chambre, tu avais tout réduit au dixième, de sorte que la pièce, qui mesurait 2,80 m sur 2,80 m, était représentée par 28 cm sur 28 cm. Tu vois, sans le savoir, tu avais utilisé une échelle au 1/10.

— Comme il faut que je trouve un petit village sur la mer, qui s'appelle Lancieux, dans les Côtes-d'Armor, il me faudrait une carte assez détaillée, où 1 km sur le terrain soit représenté par au moins 5 mm sur la carte.

— Et alors, d'après toi, quelle devrait être l'échelle de cette carte ?

— Attends une minute, Girard, je vais te la calculer, j'adore ça : 5 mm pour 1 km, c'est 1 mm pour 200 m, ou encore 1 mm pour 200 000 mm : ce sera donc une carte au 1/200 000. Je crois qu'elle sera assez lisible puisque 1 cm correspondra à 2 km sur le terrain.

## *D'un extrême à l'autre*

— Tu as raison, elle sera facile à lire. À ce propos, Julie, dis-moi quelle est la plus petite longueur que tu penses pouvoir repérer à l'œil nu ?

— Je vais te le dire : ma règle est graduée en millimètres... Voilà, je peux distinguer un demi et même peut-être un quart de millimètre.

— D'accord, mais je sais que tu as vu des objets beaucoup plus petits et que tu as même manipulé avec moi des feuilles qui faisaient moins de un millième de millimètre d'épaisseur.

— Mais Girard, c'est impossible ! Je n'arrive déjà pas à distinguer un dixième de millimètre sur ma règle graduée.

— Et pourtant, l'autre jour, quand on a redoré le cadre du portrait de ton arrière-grand-mère, on a manipulé des feuilles d'or très minces, tu te rappelles, elles se collaient à nos doigts...

— Oui, oui, je me souviens, tu avais un petit carnet de feuilles d'or et chacune était si fine qu'on voyait à travers.

— Eh bien, chaque feuille d'or avait moins d'un millième de millimètre d'épaisseur...

— Tu veux dire moins d'un micron d'épaisseur ?

— Tout juste. Je vois que tu n'as pas peur des termes savants. Tu sais peut-être aussi qu'on peut même aller encore plus loin et atteindre le millième de micron, ce qui nous rapproche de la taille des molécules et même des atomes, c'est-à-dire qu'on se trouve dans le domaine de l'invisible.

— Attends un peu. Je dois t'avouer qu'en chimie je ne suis pas très forte. Donne-moi un exemple de molécule...

— Est-ce que tu connais le corps dont la formule est $H_2O$ ?

— C'est facile, c'est l'eau.

— Plus exactement, $H_2O$ est la formule de la molécule d'eau, qui est composée de 1 atome d'oxygène (O) relié à 2 atomes d'hydrogène (H). Dans le domaine de ces minuscules éléments, on utilise le millième de micron, une unité qu'on appelle aussi *nanomètre* et qui vaut un milliardième de mètre.

— Tu m'as déjà parlé du nanomètre, mais c'est un nom que je n'arrive pas à retenir.

— Un bon moyen pour te rappeler le nom de cette unité : *nanomètre* vient de *nano,* qui signifie « nain » en grec.

— Cette fois, je crois que je m'en souviendrai ! Mais est-ce que cette unité est très utilisée ?

— Regarde ! Je vais te dessiner le schéma simplifié de la molécule d'eau et tu comprendras que, dans ce domaine de l'infiniment petit, le nanomètre est indispensable : les deux atomes d'hydrogène sont à une distance de un dixième de nanomètre de l'atome d'oxygène, autrement dit de un dix-milliardième de mètre.

**MOLÉCULE D'EAU**

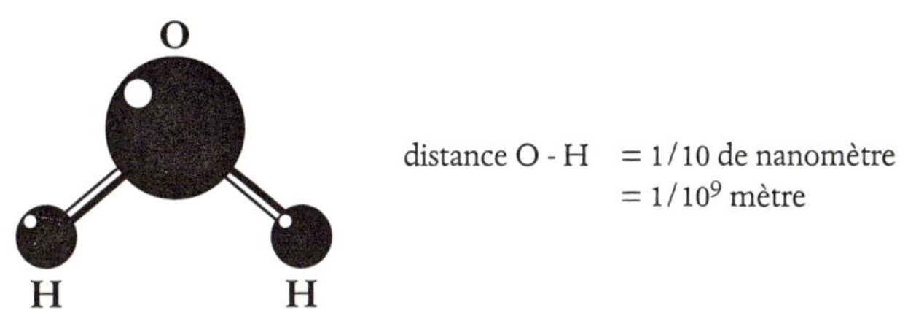


— Girard, c'est vraiment minuscule de chez minuscule !

— Oui, mais moi, j'aurais simplement dit que c'est infiniment petit. Et maintenant, si tu le veux bien, allons à l'autre extrême, dans l'infiniment grand. Sais-tu avec quelle unité on mesure les très grandes distances, comme celles que l'on observe entre la Terre et les planètes ou les étoiles ?

— Alors, là, tu vas être étonné. Tu me l'as déjà dit et, pour une fois, je m'en souviens très bien – on mesure ces distances avec une unité qui s'appelle l'*année-lumière*, mais ne m'en demande pas plus !

## *Les distances entre les astres sont extravagantes*

— Je vois que tu as une bonne mémoire. Tu te souviens peut-être aussi qu'une *année-lumière*, c'est, comme son nom l'indique, la distance parcourue par la lumière en une année. Or, puisque la lumière se propage à 300 000 km par seconde… la distance est… Je te laisse faire le calcul…

— Je vais essayer, mais ne me bouscule pas : pour connaître la distance parcourue par la lumière en une année, il faut d'abord calculer le nombre de secondes contenues dans une année : 365 jours × 24 heures × 60 minutes × 60 secondes. Avec ma calculette, je trouve 31,5 millions de secondes. Or comme, à chaque seconde, la lumière parcourt 300 000 km, cela fait en un an une distance de 9 460 milliards de kilomètres, soit environ 10 000 milliards de kilomètres, ce qui devrait s'écrire 10 000 000 000 000 de kilomètres (avec 13 zéros).

— Tous ces zéros, ce n'est pas commode à manipuler. Pour éviter cet inconvénient, on a pris l'habitude, en astronomie, d'utiliser les puissances de 10, ce qui donne, pour 10 000 milliards de kilomètres, $10^{13}$ km, où le 13 représente les 13 zéros. C'est un nombre qui n'est pas facile à imaginer, je te l'accorde, mais quand même, sous cette forme condensée, $10^{13}$ km, c'est plus facile à lire et à retenir.

**LES PUISSANCES DE 10 POUR SE SIMPLIFIER LA VIE**

C'est à un médecin français, Nicolas Chuquet, qui vivait au XVe siècle, que l'on doit une méthode de calcul permettant de remplacer une succession de zéros par des puissances de 10.

Partons du nombre 100. Il est égal à 10 × 10, c'est-à-dire à 10 au carré, que l'on peut écrire $10^2$ et qui s'énonce « 10 puissance 2 ». Si l'on écrit $10^6$, cela signifie que l'on a effectué 6 fois l'opération 10 fois 10, soit : 10 × 10 × 10 × 10 × 10 × 10, ce qui équivaut à un million. C'est plus rapide à écrire que 1 000 000 (1 suivi de six zéros).

De la même façon, un dixième au carré est égal à $1/10 \times 1/10 = 1/10^2$, que l'on écrit avec un exposant négatif : $10^{-2}$.

Le grand avantage de ces exposants, c'est qu'il suffit d'additionner les exposants pour multiplier les nombres. Ainsi $10^6$ multiplié par $10^7$ est égal à $10^{6+7} = 10^{13}$, ce qui est beaucoup plus facile à écrire et à lire que 1 000 000 × 10 000 000 = 10 000 000 000 000 (dix mille milliards).

— Je me rends bien compte que c'est gigantesque, mais ça ne me dit rien. La seule chose que je sache, c'est que la Terre a seulement 40 000 km de tour, comme tu me l'as expliqué en me racontant l'histoire de tes deux savants qui ont risqué leur vie pour le mesurer. On est loin de tes milliers de milliards !

— Tu as raison. Mais pour te donner une idée de cette distance, nous allons prendre l'exemple de l'étoile la plus proche de la Terre. On l'appelle *Alpha du Centaure* et elle est située à environ 4 années-lumière de nous. Avec un vaisseau spatial propulsé à 40 000 km/h, il faudrait, pour aller de la Terre à cette étoile la plus proche, environ 1 milliard d'heures, c'est-à-dire plus de 100 000 ans.

— Je n'arrive même pas à me représenter à quoi ça correspond !

— Il ne faut pas te laisser impressionner par tous ces chiffres. En fait, il y a seulement deux choses à retenir :

– 1 année-lumière, c'est 10 000 milliards de kilomètres ($10^{13}$ km) ;
– 1 nanomètre, c'est un milliardième de mètre ($10^{-9}$ m).
– Enfin, pour nous résumer, rappelle-toi seulement que :
– l'année-lumière est utilisée en astronomie ;
– le mètre et ses multiples et sous-multiples, sur la Terre ;
– le nanomètre, pour les molécules et les atomes.

**LES DISTANCES COSMIQUES SONT INIMAGINABLES**

La distance de la Terre à la Lune est d'environ **385 000 km**.
La distance de la Terre au Soleil est d'environ **150 millions de km**.

Mais, en dehors du Soleil, la distance de la Terre à l'étoile la plus proche est d'environ **40 000 milliards de km**.

## *L'incroyable légèreté de la tour Eiffel*

— Julie, revenons à l'utilisation des grands nombres pour des choses plus familières. Par exemple, est-ce que tu réalises que la tour Eiffel est une réalisation technique exceptionnelle, non pas parce qu'elle est très haute mais parce qu'elle est d'une extraordinaire légèreté.

— La tour Eiffel, légère ? Je n'arrive pas à y croire ! N'oublie pas qu'elle est en fer !

— En fait, tu vas comprendre que c'est une vraie dentelle métallique, dont tous les morceaux sont maintenus par plus de 1,5 million de rivets. Et d'abord, connais-tu la hauteur de la tour Eiffel ?

— Je crois qu'elle mesure 320 m.

— Oui, avec son antenne. Et son poids ?

— Ça, je ne sais pas.

— La structure métallique seule pèse environ 7 000 tonnes[10].

— Et tu trouves que c'est léger ?

— Oui, pour une tour métallique de cette hauteur, et je vais te le prouver en imaginant, dans le même métal, une maquette de la tour Eiffel au 1 / 1 000, c'est-à-dire une maquette dont la longueur, la largeur et la hauteur soient toutes respectivement 1 000 fois plus petites dans la maquette que dans la réalité. Le volume de cette maquette – et donc son poids – sera 1 milliard de fois plus petit.

— Pourquoi 1 milliard ?

— Attends, je vais t'expliquer, et puisque tu aimes bien le calcul, on va calculer ensemble : la hauteur de la maquette sera de 320 m divisés par 1 000, cela fait 32 cm. Mais pour calculer le poids de cette maquette au millième, il faut diviser le poids réel de la tour Eiffel par $(1\,000)^3$ (c'est-à-dire la hauteur par 1 000, la largeur par 1 000 et la longueur par 1 000), autrement dit par 1 milliard ($10^9$). Or, les 7 000 tonnes de la vraie tour Eiffel représentent 7 milliards de grammes : si on les divise par 1 milliard (pour avoir le poids de la maquette) cela fait 7 g. Tu te rends compte ? Une tour Eiffel en métal de 32 cm de haut ne pèserait que 7 g, à peine le poids d'une pièce de un euro ! Je te l'ai bien dit, une vraie dentelle !

### LA TOUR EIFFEL : UNE DENTELLE MÉTALLIQUE

Gustave EIFFEL (1832-1923)

Ingénieur français, né à Dijon et diplômé de l'École centrale, **Gustave Eiffel** se nommait en réalité Alexandre **Bonickhausen**. Dès 1855, sa notoriété lui valut tout d'abord des commandes en France, comme le pont de Bordeaux, l'observatoire de Nice et le viaduc de Garabit. Il étendit ensuite son activité à la Russie, à la Roumanie, au Portugal (pont sur le Douro) et à New York, où il réalisa en 1886 l'ossature de la *statue de la Liberté* créée par **Bartholdi**.

Enfin, à l'occasion de l'Exposition universelle de 1889, le préfet de Paris, Eugène René Poubelle, lui confia la construction d'une tour métallique de plus de 300 m de haut : une réalisation technique exceptionnelle. Cette tour Eiffel, après plus de cent ans d'existence, est aujourd'hui l'un des monuments français les plus visités.

# Petite récapitulation ludique sous forme de charades

Mon 1$^{er}$ est une exclamation admirative
Mon 2$^{nd}$ n'est qu'une partie d'une œuvre écrite
On a longtemps pensé que mon tout était insécable

***Ah ! + tome = atome***

&

Mon 1$^{er}$ est une exclamation renforçant ce qui vient d'être dit
Mon 2$^{nd}$ est une forme du théâtre japonais, à la fois chanté et mimé
Mon 3$^{e}$ est une unité de longueur
Mon tout mesure l'infiniment petit

***na ! + nô + mètre = nanomètre***

&

Mon 1$^{er}$ est une voyelle, qui était une consonne en phénicien
Mon 2$^{nd}$ apportait autrefois la peste
Mon 3$^{e}$ est un jeu chinois qui se joue sur un réseau de lignes croisées
Mon tout est le nom d'un physicien et astronome français (1786-1853)

***A + rat + go = Arago***

&

Mon 1$^{er}$ est utile dans certains jeux de hasard
Mon 2$^{nd}$ permet de faire des suppositions
Mon 3$^{e}$ est le contraire du bien
Mon tout qualifie un système ayant pour base le nombre dix

***dé + si + mal = décimal***

&

Mon 1$^{er}$ est une consonne dont le nom commence par une voyelle
Mon 2$^{nd}$ permet de voler
Mon tout est le pseudonyme de l'ingénieur français qui a construit
l'ossature de la statue de la Liberté à New York

***f + aile = Eiffel***

## 2. « TOUT TOMBE »

*Grâce aux expériences de Galilée, de Newton et de Foucault, Julie s'aperçoit que des termes aussi fréquents que* masse, poids, force, travail, *énergie correspondent à des notions très précises : en particulier, la masse n'est rien d'autre que de la matière, et le poids n'est que le résultat de l'action de la pesanteur sur la masse.*

— Julie, viens me retrouver sur le balcon du premier étage, on va faire une expérience. Tu vois ces deux balles. L'une est une balle de golf et l'autre est une balle de ping-pong. Prends-les et observe-les bien. Qu'est-ce que tu vois ?

### *Balle de golf ou balle de ping-pong*

— Je ne sais pas, elles se ressemblent.

— Très bien, mais il y a pourtant une différence.

— L'une est plus lourde que l'autre.

— Oui, ces deux balles ont à peu près le même volume mais la balle de golf est 18 fois plus lourde que la balle de ping-pong.

— Et alors ?

— Si je les laisse tomber du haut du balcon, quelle est celle qui arrivera la première en bas, sur le perron ?

— La balle de golf, bien sûr.

— Ce n'est pas si sûr que ça. Regarde bien, je vais les lâcher. Tu y es ?

— Oui.

— Qu'est-ce que tu as vu ?

— Ça alors ! Elles sont arrivées pratiquement ensemble !

— Ça t'étonne, et pourtant chaque fois qu'on laisse tomber – dans l'air ou, mieux encore, dans le vide – deux balles de même volume, l'une lourde et l'autre légère, elles arrivent au sol en même temps. Cette découverte a été faite il y a plus de quatre siècles par un grand savant italien qui s'appelait Galilée. Il était né à Pise en 1564.

**GALILÉE : ET POURTANT ELLE TOURNE !**

Galileo GALILEI (1564-1642)

Physicien et astronome italien, Galilée a été un précurseur de la méthode expérimentale. On lui doit en outre l'introduction des mathématiques dans l'explication des lois physiques et la conception de la lunette qui porte son nom et qui lui a permis de faire des observations inédites sur la Lune, les satellites de Jupiter, les anneaux de Saturne... Mais ce qui a fait sa célébrité, c'est qu'il avait pris parti pour la théorie de Copernic, une théorie qui mettait le Soleil au centre de notre Univers. Or, seule la théorie de Ptolémée, avec la Terre au centre de l'Univers, était acceptée par l'Église, car elle était en conformité avec la Bible.

À la suite de la publication d'un livre où il exposait sa conception de l'Univers, avec la Terre tournant autour du Soleil, il fut condamné par l'Inquisition, qui l'obligea le 22 juin 1633, à « *abjurer, maudire et détester l'erreur et l'hérésie du mouvement de la Terre* ».

La tradition veut qu'à l'issue de la séance d'abjuration il se serait écrié :

« *Eppur si muove !* » (Et pourtant, elle tourne !)[11].

## *Galilée, fondateur de la méthode expérimentale*

Galilée a passé une partie de sa vie à étudier la chute des corps, ou plus exactement la façon dont un objet tombe quand on le lâche d'une certaine hauteur. Comme on vient de le faire du balcon, Galilée avait laissé tomber du haut d'une tour, probablement de la tour de Pise, un boulet de fonte et une boule de bois de même diamètre. Comme nous, il avait observé que les deux objets – dont pourtant l'un était beaucoup plus lourd que l'autre – étaient arrivés ensemble sur le sol. Il en avait conclu que la vitesse d'un corps qui tombe ne dépend pas de sa masse.

Mais l'apport de Galilée à l'histoire de la science ne s'est pas limité à l'étude de la chute des corps.

## *La lunette de Galilée*

En juillet 1610, Galilée avait fait une rencontre qui allait changer le cours de sa vie : la connaissance en Hollande d'un fabricant de lunettes – on disait alors des *bésicles* – qui lui avait construit la première lunette astronomique. En pointant vers le ciel ce nouvel instrument d'observation, Galilée avait fait en quelques nuits la plus ample moisson de découvertes jamais réalisée par un astronome. Il avait observé les taches et la rotation du Soleil, les cratères de la Lune, les quatre gros satellites de Jupiter, les anneaux de Saturne et enfin une multitude d'étoiles restées jusqu'alors invisibles.

RÉCRÉATION

**CURIEUSES COÏNCIDENCES**

A. 1564 est la date de naissance de Galilée. C'est aussi celle du plus célèbre dramaturge anglais. Qui est-ce ?

B. 1642 est la date de mort de Galilée. C'est aussi la date de naissance d'un grand physicien anglais dont on dit qu'il a eu une intuition géniale en regardant une pomme tomber. Qui est-ce ?

RÉPONSES : A. William Shakespeare (1564-1616). B. Isaac Newton (1642-1727).

## *La masse n'est pas le poids*

— Girard, tout à l'heure, tu m'as dit que Galilée avait découvert que la vitesse d'un corps qui tombe ne dépend pas de sa masse. Tu voulais dire de son poids ?

— Pas vraiment. La masse et le poids, ce n'est pas la même chose ! La masse d'un corps, c'est une propriété de la matière contenue dans ce corps, tandis que le poids, c'est la force de la pesanteur agissant sur cette matière. Cette force est due à l'attraction de la Terre sur cette masse. Imaginons que la masse d'un astronaute tout équipé soit de 100 kg : la force d'attraction qu'il subit sur la Lune est 6 fois plus faible que celle qu'il subirait sur la Terre, puisque la masse de la Lune est 6 fois plus petite que celle de la Terre.

Si, dans l'usage courant, on a tendance à confondre la masse et le poids, c'est parce que, sur la Terre comme sur tout autre astre, la masse n'apparaît jamais seule : elle est toujours soumise à l'attraction de la pesanteur du lieu où elle se trouve. Mais la seule chose qu'il faut retenir, c'est que la masse d'un corps est invariable, quelle que soit la planète où on la mesure. Seul son poids varie selon la planète sur laquelle il se trouve.

— Tu veux donc dire que, sur la Terre, qu'ils soient lourds ou légers, tous les objets tombent exactement à la même vitesse ?

— Oui, mais ce n'est absolument vrai que dans le vide, sans quoi la résistance de l'air intervient et modifie le résultat.

— Quand même, que tous les objets tombent à la même vitesse, ça m'étonne.

— Julie, ça ne peut plus t'étonner, puisque tu en as fait toi-même l'expérience en jetant des balles du haut du balcon ! Si tu veux, nous irons ensemble au palais de la Découverte et tu verras quelque chose d'encore plus spectaculaire. À l'intérieur d'un long tube où l'on a fait le vide pour éviter les problèmes liés à la résistance de l'air, tu pourras observer qu'une plume d'oiseau et une bille de plomb – pourtant 100 fois plus lourde – arrivent ensemble au fond du tube. Elles mettent exactement le même temps pour tomber.

## *La vitesse de chute n'est pas constante*

Il faut que tu saches aussi que, si elles ont effectivement parcouru la même distance dans le même temps, leur vitesse commune n'a pas été constante tout au long de leur parcours. Elle a augmenté, à chaque seconde, de 10 m/s. Cette augmentation constante de la vitesse de 10 m/s à chaque seconde est ce qu'on appelle l'*accélération de la pesanteur*.

— Cette loi de la pesanteur, c'est Galilée qui l'a découverte ?

— Non, mais c'est Galilée, qui, le premier, a montré que la chute d'un corps se fait selon un mouvement dont l'accélération est constante.

## *La pomme de Newton*

Près d'un siècle plus tard, c'est un autre savant anglais, Isaac Newton, né l'année même de la mort de Galilée, qui s'est interrogé sur la chute des pommes dans son jardin.

**NEWTON ET LA GRAVITATION UNIVERSELLE**

Isaac NEWTON (1642-1727)

Né en 1642, quelques jours après la mort de Galilée, Newton fut un physicien génial. Après avoir conçu la méthode du calcul infinitésimal et étudié très précisément les mouvements de la Lune, ce savant aux qualités multiples avait mis au point un télescope à miroirs, et ses travaux sur la décomposition de la lumière, qui montraient que la lumière blanche est composée de lumières de toutes les couleurs, avaient ouvert à la science optique un champ d'action considérable.

Mais sa véritable gloire réside dans sa découverte de la loi de la gravitation universelle qui définit l'attraction de tous les corps dans l'Univers, et qui a permis à des générations de physiciens et d'astronomes de mieux expliquer les phénomènes physiques sur la Terre et dans le cosmos. L'auteur de sa première biographie, William Stukeley, rapporte que Newton lui-même, vers la fin de sa vie, lui avait raconté que la théorie de la gravité lui avait été inspirée en voyant tomber une pomme un jour de 1666, dans le jardin de sa mère, à Woolsthorpe[12].

C'est couvert d'honneurs qu'il fut enterré en grande pompe à l'abbaye de Westminster et c'est en son honneur que l'on a donné son nom à l'unité de force : le *newton*. En d'autres temps, il aurait certainement reçu le prix Nobel de physique.

— Girard, pendant que tu me racontais la vie de Newton, j'ai eu envie de t'interrompre pour te donner une information que tu n'as peut-être pas. L'ouvrage de Newton sur l'optique a été écrit en anglais alors que ses travaux précédents avaient été publiés en latin, comme c'était en Europe la règle habituelle pour les ouvrages scientifiques jusqu'à cette date. C'est l'époque où tous les savants commencent à faire connaître les résultats de leurs recherches dans leur propre langue partout en Europe[13].

— Je le savais. Et j'ajouterai que Descartes écrit en français le *Discours de la méthode* en 1637, en expliquant que c'est « *pour que tout le monde comprenne, depuis les plus subtils jusqu'aux femmes* ». Mais toi, comment se fait-il que tu connaisses l'histoire des langues de la science ?

— Tu oublies que j'ai une grand-mère linguiste ! Et je peux même te dire que c'est Mme du Châtelet, une grande femme de science de son temps, qui a traduit en français les *Principia mathematica* de Newton en 1749. Mais continuons, ça m'intéresse.

## *La loi de la gravitation universelle*

— L'apport génial de Newton, c'est que, s'appuyant sur les découvertes de Galilée, il avait démontré que cette loi de la pesanteur terrestre n'était qu'un cas particulier d'une loi beaucoup plus générale établissant que deux corps s'attirent proportionnellement à leurs masses. Il avait en outre précisé que cette attraction entre deux corps était influencée par la distance qui les sépare, ou plus exactement par le carré de cette distance. Cette loi de la gravitation universelle, énoncée par Newton, est résumée dans une formule générale, que je ne te donnerai pas car elle nécessiterait de longues explications. Mais ce qu'il faut retenir, c'est que cette loi de la gravitation universelle régit l'attraction de tous les objets sur la Terre et de toutes les planètes dans le cosmos. Newton avait ainsi trouvé la méthode permettant de déterminer avec exactitude aussi bien les trajectoires des planètes autour du Soleil que celle de la Lune autour de la Terre et même de n'importe quel astre dans l'univers, sans oublier l'attraction entre deux objets sur la Terre.

— Quoi ? Est-ce que ça veut dire que ma propre masse attire ce crayon qui est sur ma table ?

— Bien sûr ! Mais la force d'attraction que ta masse exerce sur ce crayon est beaucoup trop faible pour que ce crayon aille à ta rencontre. Pour obtenir ce résultat, il faudrait déjà supprimer la force de la pesanteur qui plaque le crayon sur la table, et mettre le crayon et toi, par exemple dans un engin spatial, où la force de la pesanteur est infinitésimale.

— Oui, j'ai vu ça à la télévision. On a l'impression que les hommes et les objets flottent dans la cabine.

— S'ils donnent l'impression de flotter, c'est parce qu'ils ne sont plus soumis totalement à l'attraction de la pesanteur. Ils restent là où on les pose.

— Girard, est-ce que l'attraction de la pesanteur a quelque chose à voir avec le principe d'Archimède ? Je sais par exemple que, comme beaucoup de savants, Archimède était très distrait, et il y a d'ailleurs une légende à ce sujet : c'est alors qu'il était dans son bain qu'il aurait fait sa grande découverte. Il se serait alors précipité dans la rue en criant *Eurêka*, « J'ai trouvé », sans même penser à se rhabiller tant il était pressé d'annoncer la nouvelle à ses concitoyens.

— L'attraction de la pesanteur n'a pas grand-chose à voir avec le principe d'Archimède, qui, je te le rappelle, s'énonce ainsi : tout corps plongé dans un fluide reçoit de ce fait une poussée verticale, dirigée de bas en haut, et égale au poids du fluide déplacé. Cela signifie simplement que tout corps plongé dans un liquide perd apparemment une partie de son poids.

**ARCHIMÈDE, LE PLUS GRAND SAVANT DE SON TEMPS**

ARCHIMÈDE (287-212 avant J.-C.)

Archimède est surtout connu pour le principe qui porte son nom, mais son rôle dans l'histoire des sciences est beaucoup plus important. C'est lui qui a défini le nombre π permettant de calculer la longueur d'une circonférence et la surface d'un cercle en fonction de son rayon. Il a également étudié les différentes courbes obtenues en sectionnant un cône par un plan : le cercle, l'ellipse, la parabole, l'hyperbole. Il s'agissait là d'une véritable recherche pure, dont les applications ne seront utilisées que dix-huit siècles plus tard par des astronomes pour calculer les trajectoires suivies par les planètes dans leurs mouvements autour du Soleil.

À la fin de sa vie, Archimède se consacra à des problèmes pratiques. Il mit par exemple au point la vis sans fin pour monter l'eau sans l'aide d'une pompe, et étudia l'équilibre d'un corps plongé dans un liquide.

Enfin, il inventa des machines de guerre destinées à faire échec aux Romains qui assiégeaient Syracuse. On raconte qu'au cours de ce siège, en –212, alors qu'il étudiait des figures géométriques sur le sable, Archimède fut tué par un soldat romain.

## *Cavendish mesure la force d'attraction*

Grâce à un dispositif très astucieux, en 1798 Cavendish a réussi à mesurer la force d'attraction exercée par deux grosses sphères de plomb sur deux petites boules de quelques grammes. La force d'attraction a fait tourner très légèrement la petite barre aux extrémités de laquelle étaient fixées les deux petites boules. Il lui a alors suffi de mesurer l'angle de rotation de la petite barre pour mesurer la force d'attraction. Il avait ainsi pu vérifier la formule de Newton, celle que tu crains de ne pas pouvoir mémoriser.

L'EXPÉRIENCE DE CAVENDISH

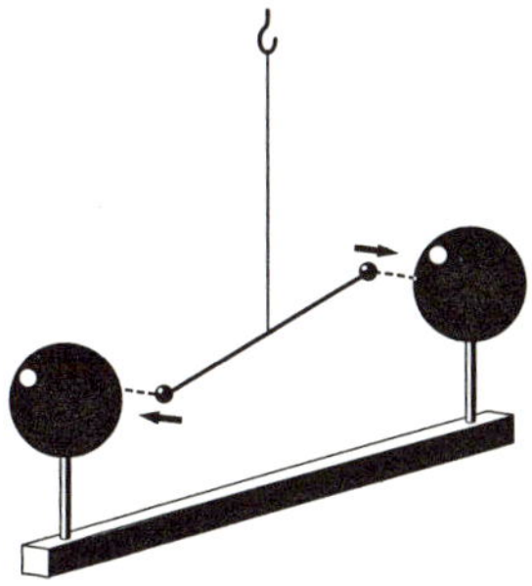

**CAVENDISH ET LA FORCE D'ATTRACTION**

Henry CAVENDISH (1731-1810)

Fils de lord et petit-fils de duc, Henry Cavendish consacra toute son existence à la science, d'abord à la physique, puis à la chimie. Il s'est rendu célèbre pour avoir calculé et montré, grâce à une expérience effectuée dans son laboratoire, la force de l'attraction de deux solides, pour avoir aussi réalisé la synthèse de l'eau à partir de l'oxygène et de l'hydrogène et pour avoir su calculer la masse de la Terre.

Il était maniaque et d'une timidité maladive, il refusait de parler et de voir des femmes. Il portait, dit-on, toujours les mêmes habits et avait porté pendant 30 ans le même chapeau.

Héritier d'un oncle immensément riche, il avait pu transformer sa maison en laboratoire, où il resta cloîtré toute sa vie. Il mourut à près de 80 ans, mélancolique, misanthrope et solitaire[14].

— Mais revenons à Newton, c'est un génie !

— Tu as bien raison, car non seulement il a trouvé l'une des lois les plus importantes de la physique, mais tu te rappelles sans doute qu'il a aussi fait avancer considérablement la recherche dans le domaine de l'optique, en particulier en inventant un nouveau télescope basé sur les propriétés optiques des miroirs.

— J'ai bien compris que Newton est un des personnages les plus importants de l'histoire des sciences, mais je ne sais toujours pas quelle est la nature de cette force d'attraction qui fait tomber les pommes sur le sol.

## *On sait « comment » mais on ne sait pas « pourquoi »*

— Ma chérie, je crois que personne n'en sait rien. Tu vois, le rôle d'un savant, c'est d'abord d'observer les phénomènes de la nature, par exemple une pomme qui tombe. Newton a cherché à comprendre comment et selon quelles lois elle tombe. Guidé par son intuition, il s'est demandé si ce ne serait pas parce que la Terre attirait la pomme.

Alors a commencé la période la plus difficile, celle de la vérification de son hypothèse. Newton a ensuite pu démontrer que son hypothèse et les calculs qu'il en avait déduits s'appliquaient aussi bien, sur la Terre, à un objet tombant sur le sol, que, dans l'espace, à deux astres voisins tournant l'un autour de l'autre, comme le Soleil et la Terre ou la Terre et la Lune.

En résumé, on sait pratiquement tout sur la chute des corps mais presque rien sur la nature profonde de l'attraction entre deux corps. Dans ce domaine, on en est réduit aux hypothèses. Les plus grands physiciens, Copernic, Tycho Brahe, Galilée, Kepler, Huygens, Newton ou Einstein, ont passé une bonne partie de leur vie à étudier la gravitation et pourtant, aujourd'hui encore, on ne connaît toujours pas la raison de ce phénomène. Les plus grands astronomes s'interrogent encore. Par exemple, Hubert Reeves, dont tu as peut-être entendu parler…

— Je le connais, je l'ai vu à la télé, il a les yeux rieurs et une grande barbe blanche…

— C'est bien lui ! Il a écrit dans l'un de ses derniers livres : « La gravité est la force la plus immédiatement perceptible à l'observation humaine […] pourtant cette force reste fondamentalement la plus énigmatique[15]. »

Donc, le mystère demeure, mais le rôle de la gravitation reste essentiel, et pour que tu puisses relier cette notion à quelque chose d'observable, nous allons prendre l'exemple du pendule.

— Du pendule ?….

## *Une illustration de la gravitation : le pendule*

— Je vois que ce mot t'intrigue. C'est un mot qui vient de l'italien *pendolo*, et c'est probablement Galilée qui l'a inventé[16] pour désigner un objet tout simple, constitué d'un poids se balançant au bout d'un fil. Une fois lancé, le pendule n'est plus soumis qu'à la force de la pesanteur et Galilée lui-même raconte que, très jeune – il n'avait pas vingt ans –, c'est en observant les oscillations d'un lustre dans la cathédrale de Pise que l'idée d'une loi régissant le mouvement pendulaire lui était apparue.

— C'était quoi, cette loi ?

— Il avait remarqué que le mouvement de l'énorme lustre qui se balançait dans la cathédrale de Pise n'avait pas toujours la même amplitude, mais, que l'amplitude de son balancement fût grande ou petite, il lui semblait que le lustre mettait le même temps entre deux passages à la verticale. En d'autres termes, lorsque l'amplitude du balancement était grande, le pendule allait plus vite, et quand l'amplitude était faible, le pendule allait plus lentement. Mais le temps mis à faire une oscillation complète…

— N'est-ce pas ça qu'on appelle une *période* ?

— Tout juste. La période, donc, ne dépendait pas de l'amplitude du balancement.

Galilée fit ensuite de multiples expériences pour confirmer cette observation. Il vérifia que la période d'un pendule ne dépend ni de l'amplitude des oscillations, ni de la masse qui oscille : elle ne dépend que de la longueur du fil soutenant cette masse, ou, plus exactement, de la racine carrée de cette longueur. C'est sur ce principe du pendule que fonctionnaient les anciennes pendules à balancier.

RÉCRÉATION

**LE PENDULE ET LA PENDULE**

Quelle différence y a-t-il entre **un pendule** et **une pendule** ?

RÉPONSE : historiquement, les deux sont liés. À l'origine, **une pendule** était une horloge dont le mouvement était réglé par les oscillations maintenues régulières d'**un pendule**.

Et maintenant, j'aimerais bien t'expliquer une autre propriété du pendule, grâce à laquelle, cette fois, on peut démontrer que la Terre tourne, en te décrivant une expérience réalisée au XIXe siècle par un savant français, Léon Foucault.

### *L'expérience de Foucault*

— Justement, je me suis toujours demandé pourquoi on avait l'impression que la Terre ne tourne pas et que c'est le Soleil qui tourne autour de la Terre.

— Julie, est-ce que tu te rappelles notre visite au Conservatoire national des Arts et Métiers, il y a quelque temps ?

— Je m'en souviens très bien, il y avait une grosse sphère suspendue au bout d'un fil d'acier, et qui se balançait lentement d'un mur à l'autre…

— C'est ce qu'on appelle « le pendule de Foucault[17] ». Le grand physicien Léon Foucault avait mis au point une très belle expérience, réalisée pour la première fois en public en 1851 : il avait attaché une sphère de 28 kg au sommet de la coupole du Panthéon, au bout d'un fil en acier de 67 m de long. Sous la sphère, et prolongeant le fil, dépassait une sorte de petite plume en acier : à chaque oscillation du pendule, cette plume venait araser le sommet d'un petit monticule circulaire de sable fin disposé sur le sol, juste en dessous du pendule. À chaque battement du pendule, la plume effaçait quelques millimètres de sable, et on avait l'impression que le plan du pendule tournait de quelques portions de degrés.

— Pourquoi dis-tu qu'on « avait l'impression » ? On le voyait bien tourner puisque à chaque battement il gagnait, si j'ose dire, un peu de terrain sur le sable.

— Oui, mais en fait le plan dans lequel oscillait le pendule ne bougeait pas du tout puisqu'il n'était soumis à aucune force. Il avait été lancé dans la direction de l'étoile Sirius et gardait obstinément cette direction. Or, tu connais peut-être le principe d'inertie selon lequel, quand un corps est en mouvement et qu'il n'est soumis à aucune force, il conserve son mouvement indéfiniment. Et donc, si ce plan restait immobile, alors que l'on voyait la trace du pendule avancer, oscillation après oscillation, en arasant la petite collerette de sable, c'était la Terre qui tournait. La rotation de la Terre devenait ainsi une évidence.

**LE PENDULE DE FOUCAULT ET LA ROTATION DE LA TERRE**

Léon FOUCAULT (1819-1868)

Le physicien français Léon Foucault est surtout célèbre pour avoir réalisé, en 1851, sous la coupole même du Panthéon, une expérience au moyen d'un immense pendule supportant une boule de plomb oscillant d'un mur à l'autre, et qui, à chaque oscillation, laissait une trace sur un monticule de sable posé sur le sol. Cette expérience était une preuve irréfutable de la rotation de la Terre.

Foucault est également connu pour avoir mis au point, avec son collègue Hippolyte Fizeau, une nouvelle méthode pour mesurer la vitesse de la lumière.

Ce qui est encore plus surprenant, c'est que cette expérience, qui ne nécessitait qu'une corde et un poids, aurait pu être faite des siècles plus tôt, par Galilée, ou même par les savants d'Égypte ou de Grèce, qui avaient mis au point des réalisations beaucoup plus délicates.

— C'est vrai, tu m'as déjà dit qu'ils avaient réussi à calculer avec précision le tour de la Terre ! Mais ils n'avaient pas imaginé qu'un jour on pourrait mettre en orbite, autour de la Terre, des satellites fabriqués et lancés par des hommes.

— Tu as bien raison, et je voudrais t'expliquer comment l'idée a pu naître de lancer des fusées provisoirement libérées de la pesanteur, c'est-à-dire des engins qui, une fois lancés, ne retomberaient pas sur la Terre.

Et pour que tu puisses mieux comprendre, je voudrais te montrer quelque chose dans la salle de bains... Tu vas voir, je vais faire une expérience avec ta douche.

## *La douchette et l'avion à réaction*

— Mais pourquoi ? Elle marche très bien !

— Justement... Regarde ! Prends le flexible et laisse pendre la douchette au-dessus de la baignoire.

— Voilà, je tiens le flexible, mais ne m'arrose pas !

— Non, non, c'est très sérieux. Je vais ouvrir progressivement le robinet et, toi, tu vas bien observer ce que fait la douchette.

— Voilà, j'y suis.

— J'ouvre le robinet, d'abord doucement… Que se passe-t-il ?

— L'eau coule un peu et la douchette bouge.

— Et si j'augmente la pression de l'eau…

— Holà ! Attention ! On va se faire tremper !

— Bon. J'arrête. Qu'est-ce que tu as vu ?

— La douchette avait l'air d'être repoussée du côté opposé au jet d'eau qui sortait de cette douchette.

— Tu as très bien observé. Plus tu augmentes la vitesse du jet d'eau, et plus la douchette s'éloigne de la verticale, comme si elle était repoussée dans la direction opposée au jet. Il semble donc bien qu'il y ait un rapport entre la vigueur du jet d'eau dans un sens et le déplacement de la douchette dans l'autre sens. Et… tu sais ? Ce que tu viens de constater avec ta douchette, c'est, toutes proportions gardées, le même phénomène que celui qui se produit dans un avion à réaction.

— Girard, il n'y a que toi pour comparer une douchette et un avion à réaction !

— Tu vas voir, entre ces deux expériences, il ne s'agit pas d'une simple comparaison mais d'une application du même principe : pour faire démarrer un avion à réaction, on enflamme un mélange d'air comprimé et d'essence à la sortie du réacteur et, à ce moment-là, une petite quantité de gaz est éjectée à très grande vitesse vers l'arrière. Le résultat, c'est que, dans le sens opposé à la sortie des gaz, l'avion reçoit une poussée qui le propulse vers l'avant, mais à une vitesse plus faible parce que la masse de l'avion est très grande. Ce phénomène s'apparente au fonctionnement d'une fusée.

Julie, ce qui est vraiment étonnant, c'est qu'une petite masse de gaz propulsée à très grande vitesse a pour effet de faire avancer dans l'autre sens l'énorme masse d'un avion ou d'une fusée, mais à une vitesse moins importante. Ce mode de propulsion est aussi celui des fusées qui servent à mettre des satellites en orbite autour de la Terre.

— Attends, Girard, explique-moi, tu vas trop vite, je ne comprends pas...

## *La mise en orbite d'un satellite*

— Écoute, le satellite que l'on veut envoyer dans l'espace est placé dans la tête d'une fusée. À l'arrière de la fusée, on enflamme quelques tonnes de poudre ou de combustible liquide en produisant, comme l'avion à réaction, des gaz qui, expulsés à très grande vitesse vers l'arrière, vont propulser vers l'avant toute la fusée. Cette dernière partira d'abord très lentement, puis avancera de plus en plus vite, au fur et à mesure de la combustion, pour atteindre, en quelques minutes, une vitesse de plusieurs milliers de kilomètres à l'heure.

À ce propos, Julie, sais-tu quelle vitesse cette fusée devrait atteindre pour se libérer de l'attraction de la pesanteur et pour ne pas retomber sur la Terre ?

— Je n'en ai pas la moindre idée. Je sais que le Concorde volait à 2 000 km/h, alors ça doit être beaucoup plus.

— Oui, environ 20 fois plus. Mais si l'on veut seulement mettre un satellite en orbite géostationnaire, il suffit de l'envoyer à une altitude de 36 000 km, une altitude suffisante pour lui permettre de tourner à la même vitesse que la Terre.

### LA CEINTURE DE CLARKE

Sir Arthur Clarke (1917-2008)

C'est l'auteur de science-fiction Arthur Clarke, dont le livre est à la base du film *2001 L'Odyssée de l'espace* de Stanley Kubrick, qui avait émis en 1945 la théorie selon laquelle, à l'altitude de 36 000 km au-dessus de la Terre, un satellite effectuerait une révolution toutes les 24 heures, et qu'il resterait donc constamment au-dessus d'un même point de repère sur la Terre.

En ce début du XXIe siècle, plus de 300 satellites évoluent sur ce que l'on appelle désormais la *ceinture de Clarke* : un dispositif en orbite qui fournit de nos jours au monde entier des services de diffusion de haut débit et de télécommunications qui sont devenus des éléments vitaux dans la société de l'information.

— Girard, tu vas encore trop vite ! Qu'est-ce que c'est qu'une orbite géostationnaire ?

— Tu devrais pouvoir trouver toute seule. Tu connais bien d'autres mots commençant par *géo-* ?

— Oui, *géographie* : c'est une matière de notre programme, consacrée à l'étude du globe terrestre, *géologie*, qui est la science qui étudie l'écorce terrestre... Attends... Je connais aussi *géodésie*, mais ne me demande pas ce que c'est !

— La géodésie étudie la forme et les dimensions de la Terre. Alors, qu'est-ce qui relie tous ces mots ?

— Je vois que c'est *géo-*, qui doit signifier la Terre... Ah ! J'ai compris : *géostationnaire* signifie « qui est fixe par rapport à la Terre ».

— C'est bien ça. Un satellite est en orbite géostationnaire quand il fait le tour de la Terre exactement en 24 heures. Alors, puisqu'il a la même vitesse de rotation que la Terre, le satellite paraîtra immobile au-dessus d'un certain point du globe, par exemple au-dessus de Paris. On pourra donc, grâce à lui, établir des communications entre deux points du globe très éloignés.

Supposons qu'un habitant de Paris veuille communiquer avec un habitant de Pékin. Le centre d'appel téléphonique parisien transmet au satellite les informations qu'il a reçues de Paris, et le satellite les renvoie au centre de réception de Pékin, qui les achemine jusqu'au correspondant chinois par le réseau national de la Chine.

(*Le téléphone sonne*)

— Julie, tu veux bien répondre... ?

— Oui, on ne sait jamais... C'est peut-être un correspondant chinois... Allô ! Allô ! Oui, on arrive...

— À qui as-tu dit qu'on arrivait ?

— À papa, qui s'impatiente car il a retenu pour nous une table au restaurant.

— Viens, Julie, on va prendre la voiture pour y aller...

— ... Voilà, j'attache ma ceinture. On peut partir.

— Julie, sais-tu à quoi servent les airbags de ma nouvelle voiture ?

— Oui. Tout le monde sait ça. Au cas où tu freinerais brusquement, si ma ceinture ne suffit pas à me retenir, l'airbag qui est dans le tableau de bord se gonfle instantanément et me servira de coussin amortisseur car, sans cet airbag, je risquerais de me faire très mal si je suis projetée contre le pare-brise.

## *Inertie et freinage*

— Tu as très bien compris ! Maintenant si, au lieu de freiner, sans le vouloir, je précipite ma voiture à toute vitesse directement dans un arbre, la vitesse de la voiture va diminuer brutalement. En supposant que cette vitesse était de 108 km/h (c'est-à-dire de 30 m/s), elle tombera à zéro en une fraction de seconde, mettons en 1/10 de seconde, le temps que la voiture s'écrase sur l'arbre. Et toi, tu vas ressentir une très grande décélération correspondant à la réduction de ta vitesse de 30 m/s à zéro, et ceci en 1/10 de seconde : c'est une décélération très brutale, de 300 m/s/s, qui correspond à 30 fois l'accélération de la pesanteur (qui est, je te le rappelle, mais tu le sais déjà, de 10 m/s/s). En étant soumis à cette décélération de 300 m/s/s, ton petit corps, qui, au repos, pèse à peine 50 kg, va être projeté sur l'airbag comme s'il pesait subitement 1 500 kg (c'est-à-dire 30 fois plus).

Mais réfléchissons encore un peu sur les effets de la décélération. Tu es assise à côté de moi dans la voiture, qui roule bien sagement à une vitesse constante, et donc sans accélération ni décélération. Tout à coup, un motocycliste fait une embardée et, pour l'éviter, je donne un coup de frein et te voilà propulsée vers l'avant. Pourquoi ?

— Mais parce que tu as freiné.

— Bien sûr, mais pourquoi es-tu partie vers l'avant quand j'ai freiné ?

— Là, je n'en sais rien.

— C'est à cause de ton inertie.

— Quoi ! Tu trouves que je suis inerte ?

### *Le premier principe d'inertie*

— Non, ma chérie, tu n'es pas inerte, mais tu subis ce que les physiciens appellent le *principe d'inertie*. C'est un principe très simple, qui se résume à deux propositions. La première : *quand un corps est au repos, et qu'il n'est soumis à aucune force, il reste au repos.*

— Ah ! Que voilà un beau principe ! Si toute la physique était comme ça, je serais la première de ma classe…

### *Le second principe d'inertie*

— Tu peux toujours ironiser… Le second principe, que nous avons déjà utilisé dans l'expérience du pendule de Foucault, est presque aussi simple que le premier, mais il apporte quelque chose de plus : *quand un corps est en mouvement, et qu'il n'est soumis à aucune force, il est animé d'un mouvement rectiligne uniforme.*

Ainsi, tu es assise sur ton siège et nous roulons à 100 km/h. Toutes les parties de la voiture, ton siège et toi-même, tout se déplace à la même vitesse. Si je freine, seule la voiture ralentit pour prendre une nouvelle vitesse, par exemple 50 km/h, mais toi, qui n'as pas été freinée, tu te déplaçais à 100 km/h et, selon le principe d'inertie, tu vas continuer à te déplacer à 100 km/h, et donc, si tu n'es pas attachée, tu vas être projetée dans le tableau de bord puisque la voiture va moitié moins vite que toi.

— Mais je vais me faire très mal !

— Mais non, puisque tu es attachée et, de plus, ton airbag t'attend en cas de décélération trop rapide.

— Tu sais que c'est dangereux d'aller en voiture avec toi !

— Quand on prend le train aussi. N'oublie pas alors la recommandation de ton grand-père : toujours voyager le dos à la locomotive, dans le sens inverse de la marche du train. Si celui-ci déraille ou s'arrête très brusquement, tu seras plaquée sur le dos de ton fauteuil, mais les gens qui sont assis dans le sens de la marche risquent de traverser le wagon à la vitesse du train et d'aller s'écraser sur le premier obstacle venu. Toi, bien calée dans ton siège, tu ressentiras une formidable décélération, mais tu ne bougeras pas et, pour peu qu'il n'y ait pas de voyageur directement en face de toi, tu pourras peut-être t'en sortir sans trop de mal.

— Est-ce que dans ce cas on peut parler de force ou d'énergie, ou de travail, ou de puissance ? Je dois avouer que je mélange un peu tout ça.

— Ne t'inquiète pas, dans ce domaine, tout le monde mélange tout ! Le problème, c'est que ces quatre mots ont des sens un peu vagues dans la vie courante tandis qu'ils ont en physique une définition très précise. Dans la langue de tous les jours, on peut parler de la force d'une idée, du travail de la terre, de l'énergie du désespoir ou de la puissance créatrice d'un poète. On peut aussi bien dire d'un homme très musclé qu'il a de la force ou de l'énergie, et tous ces termes sont quasiment interchangeables.

En physique, à l'exception du mot *travail*, qui peut parfois être remplacé par le mot *énergie*, on ne peut pas les employer l'un pour l'autre.

## *La force : ce qui fait bouger un objet*

Commençons par la notion de force.

Pour comprendre ce qu'est une force, viens avec moi jusqu'au vieux puits qui est au fond du jardin. Tu vas faire une expérience. J'ai accroché un seau plein d'eau à la corde qui passe par la poulie et j'ai attaché cette corde à l'anneau fixé sur la margelle.

— Alors, qu'est-ce que je dois faire ?

— Détache la corde de l'anneau et, avec cette corde, maintiens bien le seau plein d'eau à l'intérieur du puits, et au-dessus du niveau de l'eau dans le puits.

— Mais Girard, c'est lourd !

— Tiens bon, il n'y en a pas pour longtemps. En tenant la corde, tu exerces en fait une force contre l'attraction de la pesanteur qui attire ton seau vers le fond du puits. Cette force, on peut la calculer si l'on connaît la norme (n) du seau plein d'eau et l'accélération de la pesanteur (g).

**LA LETTRE g**

Pourquoi utilise-t-on la lettre **g** pour désigner l'accélération de la pesanteur ?

C'est en mémoire de Galileo Galilei, dit *Galilée*, physicien italien (1564-1642), qui a consacré une grande partie de ses travaux à l'étude de la pesanteur.

— Maintenant, j'entrevois ce qu'est une force, mais tu dis aussi que le mot *travail* a un sens différent de celui que je connais : le *travail*, c'est quoi, dans ton vocabulaire scientifique ?

## *Le travail, c'est le résultat du déplacement d'une force*

— Pour comprendre ce qu'est un *travail* en physique, il faut prendre en compte à la fois :

– une force (par exemple celle que la pesanteur exerce sur la masse représentée par ton seau plein d'eau) ;

– et le déplacement de cette force sur une certaine hauteur.

Maintenant, tu vas remonter le seau plein d'eau qui est au bout de la corde... Tu viens d'exercer ce qu'on appelle un *travail*, c'est-à-dire le déplacement (sur une certaine hauteur) d'une force (celle que la pesanteur exerce sur ton seau plein d'eau). Et voici la formule de base pour définir un travail :

**T** (travail) = **f** (force) × **d** (déplacement dans le sens de la force)

Ce travail, qui est le produit d'une force par une distance, s'exprime en *joules*, du nom d'un physicien anglais, James Prescott Joule (1818-1889).

## *Énergie potentielle, énergie cinétique*

Ce seau plein d'eau, posé sur la margelle du puits, n'avait effectué aucun travail tant qu'il ne bougeait pas, mais il possédait une énergie potentielle. Il t'a suffi de lâcher la corde pour que le seau tombe et que cette énergie potentielle se transforme en énergie cinétique, et qu'ainsi puisse se manifester le travail de la force de la pesanteur sur ton seau.

— Dis-moi, Girard, l'énergie cinétique, est-ce l'énergie d'un corps en mouvement ? Si je te dis ça, c'est parce que je sais que le mot *cinétique* vient d'un mot grec qui désigne le mouvement.

— C'est bien ça, et puisque tu connais le mot *cinétique*, je vais t'en faire deviner un autre, qui lui est apparenté et qui concerne un art que tu aimes bien :

RÉCRÉATION

**CINÉTIQUE ET ART DU MOUVEMENT**

Quel est l'art dont le nom évoque des images en mouvement ?

RÉPONSE : le cinéma, dont le nom est formé sur une racine grecque, *kinêsis* « mouvement », que l'on retrouve dans *cinétique* et dans *kinésithérapeute*.

— Girard, attends un peu ! Tu viens d'employer les mots *énergie potentielle* et *énergie cinétique*. Si j'ai bien compris, l'*énergie potentielle* est donc une énergie en réserve, et l'*énergie cinétique*, c'est une énergie en mouvement, est-ce que je me trompe ?

— Tu ne te trompes pas. Tu as très bien compris. Je voudrais seulement préciser que l'énergie, en physique, c'est la capacité de créer du travail en déplaçant une force sur une certaine distance et dans une certaine direction.

— Maintenant, explique-moi ce qu'on appelle la *puissance* en physique.

— Cette fois, il faut faire intervenir le temps.

## *La puissance implique la notion de temps*

Alors que l'énergie (ou le travail) se mesure en nombre de joules, la puissance s'exprime en *joules par seconde*. Cette unité s'appelle aussi le *watt*, du nom d'un physicien écossais.

**WATT ET LA MACHINE À VAPEUR**

James WATT (1736-1819)

Tout au long de sa vie, l'ingénieur écossais James Watt n'a eu qu'une passion : la machine à vapeur, dont il améliora sans cesse le fonctionnement, ce qui permit à l'ingénieur anglais George Stephenson de construire en 1813 la première locomotive à vapeur.

C'est beaucoup plus tard, quelques années après la mort de James Watt, qu'on donna son nom à l'unité de puissance, le *watt* = 1 joule/seconde.

Pour calculer l'énergie consommée, on a créé le *kilowattheure* (kWh) qui représente – comme son nom l'indique – l'énergie, produite ou consommée, par exemple par un moteur d'une puissance de un kilowatt pendant une heure. C'est en particulier l'unité utilisée par EDF pour mesurer chaque mois l'énergie électrique consommée par tous les appareils électriques d'un appartement. Une ampoule de 100 watts qui reste allumée pendant toute une journée (24 h) consomme 100 W × 24 h = 2 400 wattheures ou 2,4 kilowattheures (en abrégé 2,4 kWh).

**LA PUISSANCE ÉLECTRIQUE DE QUELQUES APPAREILS MÉNAGERS**

| | |
|---|---|
| four électrique | env. 5 kW (5 kilowatts) |
| machine à laver | env. 3 kW |
| four à micro-ondes | env. 1 kW |
| fer à repasser | env. 1 kW |
| réfrigérateur | env. 300 watts |
| télévision | env. 100 watts |

## *Petite récapitulation ludique sous forme de charades*

Mon 1er est une maladie de la peau
Mon 2nd est entouré d'eau
Mon 3e est une interjection
Mon tout est le nom d'un grand physicien
et astronome italien du XVIe siècle

***gale + île + eh ! = Galilée***

&

Mon 1er n'est pas creux
Mon 2nd n'est pas flou
Mon tout est un astre qui n'est pas lumineux

***plat + net = planète***

&

Mon 1$^{er}$, aux échecs, affectionne la diagonale
Mon 2$^{nd}$ est le symbole du cobalt, prononcé comme un mot
Mon tout est le nom d'un physicien français célèbre
pour son expérience sur le pendule

***fou* + Co = *Foucault***

&

Mon 1$^{er}$ peut couper ou agacer
Mon 2$^{nd}$ évoque Cyrano
Mon 3$^{e}$ se plaît dans les poils des chiens
Mon tout qualifie une énergie en mouvement

**scie + nez + tique = cinétique**

&

Mon 1$^{er}$ est le symbole du neutron
Mon 2$^{nd}$ est le symbole de la résistance électrique
Mon 3$^{e}$ est le symbole du joule
Mon tout, en physique, peut être un synonyme de *travail*

***n + R + j = énergie***

&

Mon 1$^{er}$ couvre le corps
Mon 2$^{nd}$, « c'est de l'argent »
La montée de mon 3$^{e}$ est limitée au 7$^{e}$
Mon tout, en physique, qualifie une énergie en réserve

**peau + temps + ciel = potentielle**

&

Mon 1$^{er}$ est une conjonction qui permet de terminer une énumération
Mon 2$^{nd}$ est une direction particulière
Mon tout est un carburant

**et + sens = essence**

## 3. « TOUT TOURNE »

*Julie, la tête dans les étoiles, s'initie à l'astronomie et découvre la gravitation universelle, puis le système solaire formé du Soleil et des planètes qui l'entourent. Elle apprend aussi que, grâce à Copernic, on a compris que c'était la Terre qui tournait autour du Soleil, et non l'inverse et que c'est Kepler, contemporain de Galilée, qui a établi les trajectoires de chaque planète.*

— Julie, viens avec moi sur le balcon.

— Pour quoi faire ? Il fait déjà nuit.

— Justement, on va pouvoir admirer la voûte céleste.

— J'aime bien regarder toutes ces étoiles qui brillent et qui ont l'air tellement loin de nous !

### *Les étoiles*

— Tu ne crois pas si bien dire. Elles sont en effet toutes très lointaines… enfin, toutes sauf une, qui est très proche mais qu'on ne peut pas voir pour le moment.

— Laquelle ?

— Mais le Soleil, bien sûr.

— Quoi, le Soleil est une étoile ?

— Mais oui, et le Soleil est déjà à 150 millions de kilomètres de la Terre, ce qui pourtant est très peu par rapport à la deuxième étoile la plus proche – Alpha du Centaure – dont je t'ai déjà parlé, et qui est à 40 000 milliards de kilomètres…

— Si je sais bien calculer, l'étoile la plus proche est presque 300 000 fois plus loin de nous que le Soleil. Je crois que ça va me donner le vertige. Mais au moins rassure-moi, est-ce que les étoiles sont très proches les unes des autres ?

— On ne peut pas dire ça. On sait simplement que la distance moyenne entre deux étoiles voisines est de 32 000 milliards de kilomètres, et on a observé qu'elles sont le plus souvent regroupées en *galaxies*.

— Attends, Girard, tu emploies encore un mot que je ne connais pas bien.

— Une galaxie, c'est un amas d'étoiles. Ce mot est formé sur le grec *gala*, le « lait ».

— Alors ça, c'est la meilleure ! Quel rapport avec le lait ?

— C'est seulement à cause de l'impression de blancheur qui s'en dégage sur le fond obscur du ciel.

## *Les galaxies*

— Alors, on peut dire qu'il y a des milliers, ou même des dizaines de milliers d'étoiles dans une galaxie ?

— Tu es très loin du compte…

— … des millions ?

— Tu n'y es pas encore. On évalue à quelques centaines de milliards le nombre d'étoiles d'une seule galaxie, et à quelques milliards le nombre des galaxies dans l'Univers.

— Ce qui est râlant, c'est qu'on ne peut pas toutes les voir à l'œil nu.

— On pense que, de la Terre, on ne peut distinguer que 6 000 étoiles à l'œil nu, et seulement 2 000 depuis un point unique[18]. Mais les astronomes, avec leurs télescopes perfectionnés, arrivent à en détecter un nombre incroyable. Ils estiment qu'il y en a des centaines de milliards. En tout cas, il y a une galaxie que l'on distingue à l'œil nu, c'est la Voie lactée. On la nomme ainsi parce qu'elle apparaît comme une longue écharpe d'un blanc laiteux entourant l'étoile polaire.

— Donc, si on dit *galaxie* ou *Voie lactée*, on dit la même chose !

— Oui, mais dans un cas, celui de *galaxie*, on emploie un mot formé à partir du grec *gala* « lait », et dans l'autre, l'adjectif *lacté* est formé sur le nom latin (*lactem*) du lait.

En fait, la Voie lactée n'est qu'une galaxie particulière parmi les milliards de galaxies de l'Univers. Personne ne sait exactement le nombre d'étoiles que contient la Voie lactée, c'est un nombre fabuleux, qui est compris entre 100 milliards et 400 milliards d'étoiles.

— Oui, je vois bien la Voie lactée, mais où est l'étoile Polaire ? Je sais seulement qu'il faut d'abord trouver la Grande Ourse et, ensuite, la Petite Ourse.

— Je vais te la montrer, mais auparavant, je voudrais te présenter l'ensemble des constellations.

## *Les constellations*

Depuis la nuit des temps, les hommes ont eu chaque soir sous les yeux ces milliers d'étoiles que nous sommes en train d'observer. À force de les regarder, du plus modeste berger aux astronomes les plus attentifs, nos lointains ancêtres avaient remarqué que l'ensemble de la voûte céleste tournait régulièrement autour d'une étoile, qui paraissait fixe, mais que les distances entre les étoiles ne changeaient pas. Lorsqu'un groupe d'étoiles présentait la forme d'un animal, on donnait le nom de cet animal à cette constellation, ce qui permettait de la retrouver plus facilement la nuit suivante.

Ainsi fut établie, siècle après siècle, une sorte de carte du ciel, avec des constellations auxquelles on a donné :

– des noms d'animaux (la *Grande Ourse,* la *Petite Ourse*, le *Cygne*, le *Lion*, la *Girafe*...),

mais aussi :

– de divinités (*Castor* et *Pollux, Andromède*...),

– de personnages plus modestes (le *Bouvier*, le *Cocher*...).

— Alors maintenant, dis-moi comment faire pour trouver l'étoile Polaire au milieu de tout ça ?

— Il faut d'abord que tu regardes vers le nord, c'est-à-dire entre l'est, où tu as l'impression que le soleil se lève, et l'ouest, où tu crois qu'il se couche. Ensuite, tu cherches la constellation qui a une forme de chariot, que l'on nomme la *Grande Ourse,* et tu prolonges les roues arrière de ce chariot d'environ 5 fois leur longueur. Tu tombes alors sur la dernière étoile de la queue de la *Petite Ourse,* et c'est justement l'étoile Polaire.

— Ça y est, je la vois. Elle est d'ailleurs un peu plus brillante que ses voisines.

## LA GRANDE OURSE ET LA PETITE OURSE

Ces deux constellations sont des points de repère permettant de localiser l'étoile Polaire.

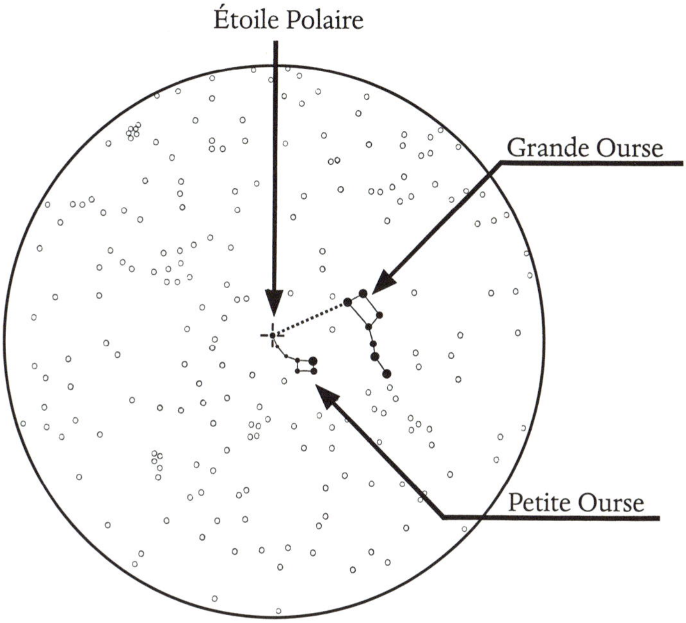


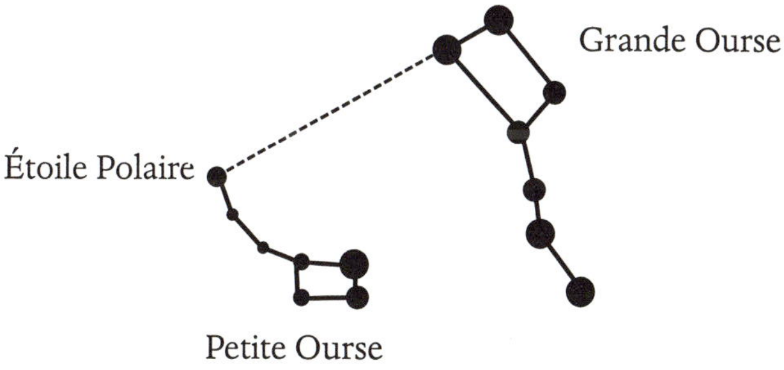

— Cette étoile, comme toutes les étoiles, pourrait avoir une ou plusieurs planètes gravitant autour d'elle.

## *Planètes et satellites*

— Julie, quelle différence fais-tu entre une planète, une étoile et un satellite ?

— Je crois que les planètes, contrairement aux étoiles, ne sont pas des astres lumineux.

— Très bien. Tu peux ajouter que les planètes tournent autour des étoiles. Et les satellites ?

— Alors là, je ne sais pas. Je sais seulement qu'un satellite artificiel, c'est un engin qu'on met en orbite autour de la Terre.

— C'est bien ça pour le satellite artificiel. Mais dans la nature, on peut dire qu'un satellite est un astre, qui n'est pas lumineux par lui-même et qui gravite autour d'une planète, qui n'est pas non plus lumineuse par elle-même.

Planètes et satellites peuvent recevoir de l'énergie d'une étoile sous forme de lumière. Dans notre galaxie, c'est le Soleil qui éclaire toutes ses planètes et en particulier la Terre, qui a elle-même un satellite naturel : la Lune.

## *La place du Soleil dans l'Univers*

— Girard, est-ce que tu pourrais me raconter quand et comment on est arrivé à découvrir que la Terre tournait autour du Soleil ?

— Déjà, vers 550 av. J.-C., le grand savant grec Pythagore (572-v. 530 av. J.-C.) avait établi, en partie grâce à l'observation des éclipses, que le Soleil, la Terre et la Lune avaient une forme sphérique[19]. Mais était-ce le Soleil qui tournait autour de la Terre ou était-ce la Terre qui tournait sur elle-même ? On est tenté de croire, en assistant chaque jour à son lever et à son coucher, que c'est le Soleil qui tourne autour de la Terre. C'est d'ailleurs ce qu'enseignaient Platon, Aristote, puis, plus tard, Ptolémée (90-168).

## *Ptolémée : la Terre au centre de notre Univers*

Pendant tout le Moyen Âge, on avait accepté la vision de Ptolémée telle qu'il la présentait dans son célèbre ouvrage l'*Almageste*, avec la Terre au centre de l'Univers, et le Soleil, la Lune et les planètes tournant autour d'elle. Cette conception était imposée par l'Église car elle paraissait conforme à la Bible : c'était sur la Terre, et non ailleurs, que Dieu avait créé l'Homme, ce qui donnait à cet astre un rôle prépondérant. La Terre ne pouvait donc être que le centre du monde autour duquel tournaient le Soleil, la Lune et les étoiles. Toute autre conception était jugée hérétique par le pape et mise immédiatement à l'Index. Tu te souviens que l'Église avait même obligé Galilée à abjurer, car il réfutait le système de Ptolémée, pour qui la Terre était le centre immobile de l'Univers.

## *Copernic : le Soleil au centre de notre Univers*

Cette prédominance acceptée, mais à tort, du système de Ptolémée durera pourtant jusqu'à la publication en latin de l'ouvrage de l'astronome polonais Copernic, *De revolutionibus orbium coelestium libri VI*, qui reprenait une idée déjà exprimée au IIIe siècle avant notre ère par deux savants grecs de l'Antiquité, Aristarque de Samos et Ératosthène.

— Girard, je n'ai jamais entendu parler de ces deux savants.

— Alors, je suis bien content de t'apprendre qu'Aristarque de Samos a eu, le premier, l'idée que la Terre tournait à la fois sur elle-même et autour du Soleil. Quant à Ératosthène, il a été le premier à calculer et à mesurer le tour de la Terre avec une grande précision.

C'est donc seulement dix-neuf siècles plus tard que Copernic déclara que la Terre tournait autour du Soleil. Publié en 1543, son ouvrage était si contraire à l'enseignement religieux de l'époque qu'il fut mis à l'Index dès 1616 et qu'il y demeura pendant deux siècles.

**COPERNIC : LA TERRE TOURNE AUTOUR DU SOLEIL**

Nicolas COPERNIC (1473-1543)

L'astronome polonais Copernic a été rendu très célèbre par son ouvrage *De revolutionibus orbium coelestium libri VI*... (« Des révolutions des globes célestes... ») où il établissait que les planètes, et en particulier la Terre, tournaient autour du Soleil, situé au centre de l'Univers. Il rendait tout à fait indéfendable la conception de Ptolémée, qui plaçait la Terre au centre de l'Univers. Observateur rigoureux, il avait également donné une description précise des quatre phases de la Lune.

Toutes ses observations seront par la suite confirmées par Galilée et par ses successeurs, et on comprend dès lors pourquoi Copernic est considéré comme l'un des plus grands astronomes de l'Histoire et pourquoi un des grands cratères de la Lune a été nommé *Copernic* en son honneur.

Pour que tu te rendes bien compte que l'Église ne plaisantait pas sur ce sujet, il faut que tu saches qu'à l'époque les hérétiques pouvaient même être condamnés à être brûlés vifs, comme cela a été le cas pour Giordano Bruno, un disciple de Copernic, en Italie, en 1600.

**GIORDANO BRUNO, MORT POUR SES CONVICTIONS SCIENTIFIQUES**

Giordano BRUNO (1548-1600)

Né près de Naples, Giordano Bruno était un moine dominicain qui avait des conceptions philosophiques contraires aux préceptes de l'Église et qui osait les enseigner. Toute sa vie, il avait de ce fait été poursuivi comme hérétique, ce qui l'avait contraint à se déplacer pour enseigner successivement dans plusieurs villes d'Europe. Comme Copernic, il défendait l'idée que la Terre tournait autour du Soleil et il soutenait qu'il fallait avoir une attitude fondée sur l'expérience et la raison. Attaqué à la fois par les catholiques et par les protestants, il mourut sur le bûcher, à Rome, pour avoir refusé de renier ses convictions.

L'Inquisition était implacable, mais la révolution copernicienne allait peu après triompher grâce aux recherches de Kepler qui, s'appuyant sur les observations de son maître danois Tycho Brahe, découvrit que les trajectoires des planètes – et en particulier celle de la Terre –, qui étaient considérées jusque-là comme circulaires, formaient en fait des ellipses.

**L'ASTRONOME « AU NEZ D'OR »**

Tycho BRAHE (1546-1601)

Né dans une famille noble de Scanie, Tycho Brahe étudie d'abord le droit, puis, contre l'avis de son père, il mène des recherches en mathématiques et en astronomie, tout en s'intéressant aussi à l'astrologie. À l'âge de 20 ans, un événement très exceptionnel survient dans sa vie : la légende veut qu'à la suite d'un duel ou d'un accident il perde le bout de son nez, qu'il fait remplacer par une prothèse en argent et en or. D'où son surnom, « *l'homme au nez d'or* ».

Sa découverte d'une nouvelle étoile – la « Nova de Tycho » –, en 1572, le rend célèbre dans toute l'Europe, et son observatoire, qu'il nomme *Uraniborg*, « palais d'Uranie », nom de la muse de l'Astronomie, devient le plus important d'Europe et le catalogue d'étoiles qu'il établit reste le plus précis et le plus complet de son époque.

Une dernière mais peu enviable raison de sa renommée : il existe une expression en tchèque évoquant une autre légende à propos de son décès, en 1601. Il se serait retenu d'uriner pendant plusieurs heures au cours d'un voyage en carrosse avec l'empereur Rodolphe II, provoquant ainsi une septicémie mortelle. D'où l'expression : « *Je ne veux pas mourir comme Tycho Brahe.* »

— Girard, j'ai oublié la différence qu'il y a entre un cercle et une ellipse.

— Tu connais bien la définition du cercle ?

— J'ai appris en cours de géométrie qu'un cercle est une courbe fermée dont tous les points sont à égale distance d'un point appelé *centre*. Autrement dit, un cercle, c'est un rond parfait. Peut-être qu'on pourrait dire qu'une ellipse est un ovale ?

— C'est presque ça, mais c'est un peu approximatif. La vraie définition, c'est que dans le cas de l'ellipse, il n'y a pas un seul centre, mais deux foyers par rapport auxquels se définit chaque point de l'ellipse.

**LES LOIS DE KEPLER ET LA TRAJECTOIRE DES PLANÈTES**

Johannes KEPLER (1571-1630)

À la suite des observations de l'astronome danois Tycho Brahe (1546-1601), les travaux de l'astronome allemand Johannes Kepler marquent une date importante dans l'histoire de la connaissance de l'Univers. C'est à Kepler que l'on doit trois lois régissant les mouvements des planètes, dites *lois de Kepler*, sur lesquelles a été fondée l'astronomie scientifique.

C'était, après des siècles, la victoire définitive de l'héliocentrisme.

— C'est quoi, ce mot bizarre ?

— Je vais te faire deviner le sens de ce mot grâce à un autre mot, que tu comprendras tout de suite : *géocentrisme*.

— Oh ! Ça, c'est facile : ça signifie que la Terre est au centre car je sais que *géo-* c'est la Terre, comme dans *géographie*... Attends... je crois avoir compris : *héliocentrisme*, ça signifie que c'est le Soleil qui est au centre et que les planètes tournent autour.

— Sais-tu combien de planètes gravitent autour du Soleil ?

— Il y en a neuf, mais j'aurais du mal à te les citer dans l'ordre de leur distance au Soleil.

## *Les 9 planètes du système solaire (devenues 8)*

— Au temps de ma jeunesse, pour se rappeler l'ordre des planètes en fonction de leur distance au Soleil, on se récitait cette petite phrase anodine :

« **M**a **V**ieille **T**ante **M**arie **J**oue **S**ur **U**n **N**ouveau **P**iano. »

— Ah ! je sais : les initiales de chaque mot permettent de retrouver tous les noms : Mercure, Vénus, Terre, Mars, Jupiter, Saturne, Uranus, Neptune (et Pluton). Au lycée, on m'a appris une autre phrase :

« **M**e **V**oici **T**out **M**ouillé. **J**e **S**uis **U**n **N**ageur **P**ressé. »

Cette phrase me permet de retrouver facilement les noms des planètes les plus proches du Soleil, qui sont : **M**ercure**, V**énus**,** la **T**erre et **M**ars.

— Attends. Je viens d'apprendre qu'il y a encore une autre phrase mnémotechnique :

« **M**arie, **V**iendras-**T**u **M**anger **J**eudi **S**ur **U**ne **N**appe ? »

Mais sais-tu que ces quatre planètes sont dites *telluriques* ? Ce mot est formé sur le latin *tellus*, qui est un synonyme poétique de *terra*, « terre ». D'ailleurs ces quatre planètes sont d'une taille comparable à

## LE SYSTÈME SOLAIRE

Nous avons reproduit ci-dessous la position relative des planètes du système solaire. Toutefois, depuis 2006, Pluton a perdu son statut de planète à part entière.

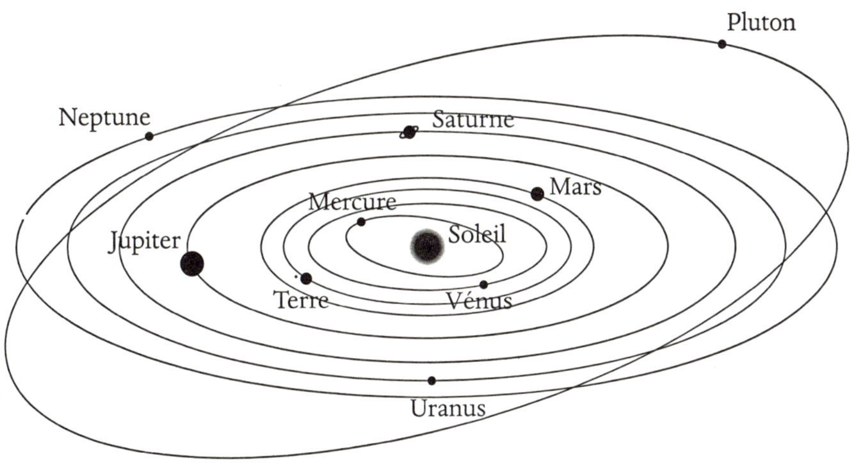

celle de la Terre, alors que les quatre suivantes sont dites *géantes* : **J**upiter, **S**aturne, **U**ranus, **N**eptune.

— Géantes, tu veux dire deux fois plus grosses que la Terre ?

— Tu n'y es pas du tout ! Jupiter, par exemple, la plus grosse de ces planètes, a une masse égale à 318 fois celle de la Terre[20].

— Et la neuvième planète, Pluton ?

— Elle a été découverte en 1930. On ne sait pas grand-chose de cette minuscule planète sinon qu'elle est très lointaine et que son diamètre est de 2 300 km. On sait aussi qu'elle possède un unique et très gros satellite, Charon, dont la taille est le tiers de celle de la Lune. Pluton est situé à près de 6 milliards de kilomètres du Soleil. Cet astre, qui réfléchit la lumière du Soleil, apparaît au télescope comme un point faiblement lumineux, noyé parmi les 20 millions d'étoiles qui sont au moins aussi brillantes que lui. Cette planète est si petite et si lointaine qu'on ne peut distinguer quoi que ce soit à sa surface.

Depuis une décision internationale de 2006, Pluton a perdu son statut de planète à part entière, pour être qualifié de *planète naine.*

— Girard, maintenant que tu m'as bien renseignée sur Pluton, qui est la planète la plus petite, est-ce que tu veux bien me raconter quelque chose sur chacune des huit autres planètes ?

— Bien sûr. Mercure, la planète la plus proche de la Terre, est, comme la Lune, un astre quasiment mort, dépourvu d'atmosphère, et avec des écarts de température effrayants : de – 180 à + 400 °C entre la nuit et le jour.

— Et Vénus ?

— Vénus est d'une taille comparable à celle de la Terre. Elle est recouverte de nuages. Grâce à la mission américaine Magellan, on sait, depuis 1991, que cette planète a des volcans, des montagnes et des dépressions. Malheureusement, la teneur en $CO_2$ est si élevée (96,5 %[21]) qu'elle est la cause d'une cuisante température, de plus de 400 °C, et d'autre part, la pression atmosphérique y est 100 fois plus forte que la nôtre, ce qui serait mortel pour un être humain[22]. Enfin, sur Vénus, un jour dure autant que 118 jours sur la Terre.

## *La planète Bleue*

Vue par un astronaute, depuis l'espace, la Terre donne l'impression d'être de couleur bleue, une couleur due à celle des océans, avec par endroits de merveilleux nuages blancs. On la nomme aussi *la planète Bleue.*

Parmi les planètes du système solaire (et leurs satellites), la Terre est la seule à avoir réussi à abriter la vie, ce qui suppose l'existence sur Terre d'une température moyenne de 15 °C (malgré des écarts extrêmes : la température peut grimper jusqu'à + 58 °C en Libye et descendre jusqu'à – 90 °C dans l'Antarctique).

La pression atmosphérique sur la Terre est celle d'un mélange gazeux composé de :

– 78 % d'azote,
– 21 % d'oxygène,
– 1 % de gaz rares et de gaz carbonique.

Le rayon de la Terre est de 6 400 km et sa masse est de $610^{21}$ tonnes.

— Girard, je vais t'épater : ça fait 6 000 milliards de tonnes.

— J'étais sûr que tu allais faire la conversion, parce que je sais que tu adores jouer avec les chiffres. On va donc maintenant pouvoir avancer dans la description de la planète Terre.

## *Les continents flottent*

Selon la théorie du physicien allemand Alfred Wegener (1880-1930), toutes les terres émergées sur notre globe ont été autrefois soudées en un seul continent, appelé la *Pangée*, avant que les continents ne se séparent pour aller flotter ailleurs il y a environ 200 millions d'années[23].

La séparation de la Pangée, qui a formé les continents, est due aux mouvements de l'écorce terrestre ayant provoqué des lignes de faille. C'est là que sont apparues, au cours de la formation de la Terre, des éruptions volcaniques rejetant de la lave en fusion, des poussières et des fumées.

## *Les océans et les courants*

La surface de tous les océans constitue 71 % de la surface du globe terrestre mais les océans ne sont pas une masse d'eau immobile. Ils sont parcourus par de très puissants courants dus aux variations de la température et de la salinité des eaux.

Le mécanisme de formation de ces courants dépend de plusieurs facteurs : dans les régions chaudes, l'évaporation de l'eau des océans, due à l'ensoleillement, provoque une augmentation de la salinité de l'eau puisqu'une partie de l'eau s'est évaporée. Cette salinité peut varier de 30 à 40 g par litre d'eau, mais dès que la salinité de l'eau augmente, la densité de l'eau augmente à son tour, et des courants se forment alors, qui entraînent d'énormes masses d'eau chargées de sel – et donc plus lourdes – vers le fond des océans.

C'est ainsi que s'est créé, par exemple, le Gulf Stream. Ce courant chaud prend naissance dans le golfe du Mexique et s'enfonce dans les profondeurs tout en se dirigeant vers le nord, en réchauffant les rivages des côtes européennes, depuis le Portugal jusqu'à la Norvège, en apportant de la chaleur aux côtes de la France et des îles Britanniques et en modifiant considérablement le climat de cette vaste région.

RÉCRÉATION

**LE GULF STREAM EST-IL UN GOLFE ?**

On sait que *gulf* est le mot anglais pour « golfe ».
Quelle différence y a-t-il entre :
- le Gulf Stream
- le golfe du Lion
- le golfe du Bengale ?

RÉPONSE : le **Gulf Stream** n'est pas un golfe mais un courant, tandis que le **golfe du Lion** est, en France, une vaste échancrure des côtes méditerranéennes située approximativement entre Perpignan et Toulon. Par ailleurs, le **golfe du Bengale** est aussi une échancrure de la côte asiatique, entre l'Inde, le Bangladesh et la Birmanie.

— Girard, maintenant, il est peut-être temps de passer à la planète Mars, puisqu'on a déjà commencé à y envoyer des engins de reconnaissance.

— Sur Mars, on trouve aussi des montagnes, d'immenses volcans et des cañons vertigineux. On sait d'autre part que sa surface est soumise à des tempêtes de sable très violentes.

— Ah ! Ce sable doit être rouge parce que je sais que Mars est appelé « la planète Rouge ».

— Tu as deviné ! Sa couleur est due à des poussières d'oxyde de fer, et c'est sans doute la raison pour laquelle elle est visible à l'œil nu. La température y varie de + 20 °C le jour à – 100 °C la nuit.

— Et les planètes géantes ?

## *Les planètes géantes*

— On les qualifie de *géantes* parce qu'elles sont d'une taille vraiment impressionnante : Saturne est une planète 95 fois plus grosse que la Terre et Jupiter 318 fois. Mais Jupiter, la plus grande de toutes les planètes, n'est qu'un grain de sable vis-à-vis du Soleil.

Les planètes géantes sont d'immenses boules de gaz, sans aucune surface solide, et qui sont très éloignées du Soleil, à environ 1 milliard de kilomètres (et je te rappelle que la distance du Soleil à la Terre n'est que de 150 millions de kilomètres).

## *Les planètes tournent à des rythmes différents*

En dépit des énormes distances qui séparent le Soleil de ses planètes, elles dépendent toutes étroitement du Soleil.

La loi d'attraction universelle définie par Newton fait tourner sans arrêt les planètes autour du Soleil sur des orbites elliptiques résultant de la combinaison de leur vitesse avec les forces de gravité qui tendent à les précipiter tout droit sur le Soleil. Plus les planètes sont près du Soleil, plus elles tournent rapidement. Mercure, la planète la plus rapprochée du Soleil (57 millions de kilomètres), décrit son orbite en 88 jours et ce à une vitesse de l'ordre de 48 km/s. La Terre, située à 150 millions de kilomètres du Soleil, met une année à faire un tour complet, à près de 30 km/s, alors que Pluton, la planète la plus éloignée du Soleil (5 à 7 milliards de kilomètres), met un peu moins de 250 ans pour parcourir son orbite, à la vitesse assez modeste de 5 km/s.

## *Uranus et Neptune*

Pour les deux autres planètes géantes, Uranus et Neptune, tu vas voir qu'elles ont en quelque sorte une histoire commune, liée à l'hypothèse géniale d'un jeune mathématicien français, Le Verrier, qui avait soupçonné l'existence d'une planète qui perturbait l'observation d'Uranus.

**L'HYPOTHÈSE GÉNIALE DE LE VERRIER**

Urbain Le VERRIER (1811-1877)

Encore jeune polytechnicien, Le Verrier était un mathématicien hors norme, dont le seul plaisir était de résoudre des équations « longues d'une lieue et hérissées de logarithmes à treize décimales[24] ». Dans les années 1850, il avait cherché à résoudre une énigme qui intriguait à cette époque les astronomes : la marche observée de la planète Uranus ne correspondait jamais aux prévisions des calculs les plus précis.

En appliquant la loi de gravitation universelle, et grâce à la précision de ses calculs, Le Verrier émit l'hypothèse que si la marche d'Uranus était perturbée, c'était sans doute qu'à côté d'Uranus et du Soleil se trouvait un troisième astre qui dérangeait l'ordre des choses. À quelque temps de là, l'astronome allemand Johann Gottfried Galle pointa sa puissante lunette dans la direction indiquée par Le Verrier. Il découvrit alors la planète dont Le Verrier avait soupçonné l'existence à moins de 1° de l'emplacement prévu par le calcul !

On donna à cette planète le nom de *Neptune*.

— Le Verrier a donc deviné l'existence de Neptune, que personne n'avait soupçonnée. Mais c'est un vrai conte de fées !

— Et pour te donner une idée de la distance de cette planète découverte grâce aux calculs de Le Verrier, sache que la sonde partie de la Terre en 1977 est arrivée 12 ans plus tard au voisinage de Neptune, en 1989, après un voyage de plus de 4 milliards de kilomètres.

Enfin, ces quatre planètes géantes, et surtout Saturne, sont pourvues de magnifiques anneaux qui s'étendent sur des centaines de milliers de kilomètres et qui sont souvent composés de cailloux recouverts de glace.

— Dis-moi, Girard, je vois bien maintenant à quoi ressemblent ces planètes, mais comment font-elles pour tourner autour du Soleil ?

— J'aime bien ta question. Je vois que tu cherches à comprendre le mécanisme. Eh bien, au fond, les planètes tournent autour du Soleil un peu comme un caillou attaché à une ficelle et que tu ferais tournoyer devant toi.

— Qu'est-ce que tu veux dire ? Tu ne veux tout de même pas me faire croire qu'il y a une corde entre le Soleil et la Terre ?

— Non, bien sûr, mais il y a une force qui s'exerce entre le Soleil et la Terre, qui joue exactement le rôle de la corde. Et quelle est cette force ? Nous en avons déjà parlé.

— Euh !... Laisse-moi réfléchir un peu... Ah oui, je crois savoir. Cette force doit être la force d'attraction des masses, celle qui s'exerce selon la loi de la gravitation universelle... celle qui fait tomber les pommes de Newton.

— Oui, tu as trouvé. Mais, ici, la Terre ne tombe pas sur le Soleil car la force d'attraction que le Soleil exerce sur la Terre est contrebalancée par une autre force, la force centrifuge : « C'est la rotation de notre planète autour de l'astre qui l'empêche de s'écraser sur lui[25]. »

— Alors, toutes les planètes tournent à la même vitesse autour du Soleil ?

— Ah non, pas du tout. Regarde bien, quand tu fais tourner le caillou, plus tu le fais tourner vite et plus la ficelle se tend, et d'autre part, pour une même tension, plus tu raccourcis la ficelle et plus le caillou tourne vite. Pour les planètes, c'est la même chose : plus elles sont près du Soleil, plus elles sont fortement attirées par lui, et plus elles tournent vite.

— Est-ce que tu te souviens de la distance de la Terre au Soleil ?

— Oui, 150 millions de kilomètres, et je peux même te dire qu'elle fait le tour du Soleil en 12 mois !

— En revanche Neptune, qui se trouve beaucoup plus loin (4,5 milliards de kilomètres), met 165 ans pour tourner autour du Soleil.

— Et Pluton, qui, comme tu viens de me le dire, est situé encore plus loin, c'est-à-dire à 6 milliards de kilomètres du Soleil, combien de temps met-il ?

— Pluton met environ 250 ans à faire le tour du Soleil[26].

— Mais Girard, dis-moi. Est-ce que, malgré sa petite taille, Pluton a des satellites ?

## *Les satellites*

— Je crois bien t'avoir déjà dit que Pluton a un seul satellite, Charon, qui a été découvert en 1978, et tu te souviens peut-être que les satellites sont des astres qui ne sont pas lumineux par eux-mêmes et qui gravitent autour de planètes, qui ne sont pas lumineuses non plus. Leur découverte est récente car il faut des télescopes très puissants pour distinguer les satellites des planètes autour desquelles ils tournent. On en connaissait quelques-uns en 1970, mais on ne cesse d'en découvrir de nouveaux tous les ans.

— Mais pourquoi cet amour subit des astronomes pour les satellites, même les plus éloignés ?

— C'est parce que les astronomes sont toujours à la recherche d'astres où l'on pourrait rencontrer des conditions de vie telles qu'on les connaît sur la Terre ou, tout au moins, des conditions de vie acceptables pour des astronautes assez audacieux pour se lancer dans ce genre de voyage au long cours.

Ces conditions concernent essentiellement la température et la pression atmosphérique à la surface de ces astres. La température dépend à la fois de la distance du satellite au Soleil et de l'effet de serre produit par la présence de gaz carbonique dans son atmosphère. Malheureusement, les limites acceptables par l'homme pendant une longue durée sont très étroites : de 0 °C à + 40 °C, avec de l'eau en abondance et si possible un peu d'oxygène dans l'atmosphère. Pour l'instant, aucun satellite n'apporte de réponse positive à ces questions.

Mais je n'ai pas fini d'énumérer tout ce qui circule dans le ciel, par exemple les astéroïdes.

**DES MILLIONS D'OBJETS DANS L'ESPACE**

Depuis la conquête spatiale au milieu du XXe siècle, l'activité humaine a aussi encombré l'espace d'objets de toutes tailles. On a pu en comptabiliser près de 34 000 d'une taille supérieure à 10 cm, près de 200 000 d'une taille comprise entre 1 et 10 cm et 35 millions d'objets d'une taille comprise entre 2,1 et 1 cm[27].

## *Les astéroïdes*

Entre Mars et Jupiter, on a répertorié plus de 10 000 petites planètes, qu'on nomme des *astéroïdes*, qui ne sont pas les résidus d'une planète qui aurait explosé mais plutôt des matériaux qui n'ont pas réussi à s'agréger pour former une planète. Ces matériaux extraterrestres peuvent atteindre la centaine de kilomètres, mais déjà un astéroïde moyen de 1 km$^3$ (1 km × 1 km × 1 km) a une masse de plusieurs milliards de tonnes ; ce qui n'est pas le cas des *météorites*.

## *Les météorites*

Dans sa course autour du Soleil, la Terre, comme les autres planètes, rencontre sans cesse des poussières et des cailloux. Chaque jour, certaines d'entre elles se déversent sur l'atmosphère terrestre, et parviennent à atteindre le sol, essentiellement sous forme microscopique. C'est ce qu'on nomme des *météorites*. Ce sont des fragments rocheux qui ont survécu à leur traversée de notre atmosphère.

RÉCRÉATION

**LES « ÉTOILES FILANTES »**

Ce sont :

1. d'énormes étoiles qui se précipitent les unes sur les autres dans l'espace. Vrai ou faux ?
2. des météorites qui, en traversant l'atmosphère, s'enflamment et se consument sans atteindre le sol. Vrai ou faux ?
3. une illusion d'optique car elles sont immatérielles. Vrai ou faux ?

RÉPONSE : seule la réponse 2 est juste. Cette expression est d'ailleurs un abus de langage car les étoiles filantes sont tout sauf des étoiles.

Les météorites constituent d'ailleurs, avec les roches lunaires, les seuls exemplaires de matière extraterrestre dont nous disposons dans nos laboratoires[28].

— En tombant sur la Terre, une grosse météorite pourrait donc provoquer d'énormes catastrophes !

— C'est à une catastrophe de ce genre que l'on pense pour expliquer la disparition des dinosaures[29].

**POURQUOI LES DINOSAURES ONT-ILS DISPARU ?**

La disparition des dinosaures, il y a 65 millions d'années, est restée un mystère jusqu'au moment où a été avancée l'hypothèse selon laquelle elle aurait été provoquée par la chute d'une météorite de 10 km de diamètre sur le Yucatán (Mexique) : les milliers de tonnes de poussières éjectées puis dispersées dans la stratosphère au moment de l'impact auraient alors obstrué le ciel, assombri et refroidi la planète pendant des années, entraînant la mort de deux tiers des espèces vivantes et de près de 80 % des animaux[30]. Cette hypothèse a été confortée par l'analyse de la couche géologique profonde, qui a révélé la présence d'iridium, un élément généralement absent sur la Terre.

— Mais dis-moi, Girard, est-ce qu'en dehors des étoiles, des planètes, des satellites, des astéroïdes et des météorites, il y a d'autres astres dans le système solaire ?

— Oui, il y a les comètes.

## *Les comètes*

Les comètes de notre galaxie sont nées il y a 4,5 milliards d'années au sein de la nébuleuse qui allait donner naissance au Soleil et à ses planètes. Ce sont des agrégats de gaz gelés et de poussières. Il y en a des milliards qui se promènent dans l'espace, là où la température est de l'ordre de – 270 °C. Elles circulent sur des orbites très étirées. On n'en aperçoit qu'un tout petit nombre, et seulement quand elles s'approchent du Soleil. Alors, la glace se vaporise, et du gaz et des poussières s'échappent en formant une sorte de chevelure de plusieurs millions de kilomètres.

La plus célèbre est la comète de Halley, que l'on a aperçue à partir de la Terre, il n'y a pas si longtemps, en 1986. Elle avait été observée et décrite avec précision en 1682 par le jeune astronome anglais Halley, qui étudia l'orbite de cette comète et qui avait prédit son retour en 1758, ce qui fut vérifié à quelques mois près.

Cette comète est visible tous les 76 ans, c'est-à-dire qu'on la voit environ une fois par siècle, ce qui est peu, mais elle est si brillante qu'on la distingue facilement à l'œil nu, de sorte que les historiens ont souvent noté eux-mêmes sa présence au cours des siècles. On a ainsi une date de son passage survenu en Chine en 240 avant notre ère. Peut-être était-ce aussi cette comète qui guida les Mages jusqu'à Bethléem vers l'an 6 d'avant notre ère.

***L'ÉTOILE DES MAGES***

*Quand Jésus fut né à Bethléem de Judée aux jours du roi Hérode, voilà que des mages arrivèrent du Levant à Jérusalem et dirent : Où est ce roi des Juifs qui est né ? Car nous avons vu son étoile se lever, et nous sommes venus nous prosterner devant lui. À cette nouvelle, le roi Hérode fut troublé et tout Jérusalem avec lui, il rassembla tous les grands prêtres et les scribes du peuple, et leur demanda où le Christ devait naître. Ils lui dirent : à Bethléem de Judée [...].*

*Alors Hérode appela en secret les mages et il se fit préciser par eux le temps où l'étoile était apparue. [...]*

*Après avoir entendu le roi, ils s'en allèrent, et voilà que l'étoile qu'ils avaient vue se lever les précédait et vint se placer au-dessus de l'enfant. À la vue de l'étoile, ils se réjouirent d'une fort grande joie.*

(Saint Matthieu II, 1-10)

On retrouve une trace historique de cette même comète sur la tapisserie de Bayeux (voir p. 72), en haut de l'image[31] célébrant la conquête de l'Angleterre par Guillaume le Conquérant en 1066.

Remarquée par Ambroise Paré vers 1530 et observée en 1835 et en 1910, elle fut photographiée sous tous ses angles par trois sondes spatiales lors de sa dernière apparition en 1986. Nous la reverrons maintenant en 2062.

— Alors, j'ai une chance de la voir à son prochain passage ?

— Toi, bien sûr. Cela te donnera une occasion de penser à ton grand-père !

— Girard, on ne plaisante pas sur ce sujet.

— Mais si, mais si. D'ailleurs, à cette époque-là, tu seras peut-être grand-mère et tu expliqueras les merveilles de l'astronomie à tes petits-enfants !

LA COMÈTE DE HALLEY SUR LA TAPISSERIE DE BAYEUX

En haut de l'image, on peut lire : ISTI MIRANT STELLA, « Ceux-ci regardent une étoile » (sans doute la comète de Halley).

— Alors, Girard, si je résume ce que je sais : le Soleil est au centre d'une orbite quasi circulaire, que la Terre parcourt en 365 jours 1/4. Pendant toute sa course autour du Soleil, la Terre, en un peu plus de 24 heures, fait un tour complet sur elle-même et, tout en tournant inlassablement, elle expose la moitié de sa surface aux rayons du Soleil, ce qui provoque pour les habitants de la Terre une succession de jours et de nuits.

— Julie, tu as parfaitement résumé la situation. Je te ferai simplement remarquer que le Soleil nous aveugle quand il nous éclaire et qu'il disparaît pendant toute la nuit.

— Ça, c'est pas un scoop !

— C'est ça, vas-y, moque-toi ! Mais en ce qui concerne la Lune, nous ne la connaissons vraiment que depuis que des astronautes américains ont pu fouler le sol de cet astre le 20 juillet 1969.

— Oui, je les ai vus à la télévision. Ils avaient l'air de faire des sauts à chaque pas, et je comprends maintenant leur drôle de façon de marcher : c'est parce que la pesanteur sur la Lune est 6 fois moins importante que sur la Terre.

— J'ajouterai que c'est le Soleil qui apporte à la Terre, sous forme de rayonnement, toute l'énergie dont elle a besoin.

Mais de temps en temps, il se produit un phénomène, qui est rare, mais très impressionnant : le soleil disparaît en plein jour.

## *Les éclipses*

— Attends, je sais. C'est le phénomène des éclipses. Une éclipse totale du Soleil, c'est lorsque, à nos yeux incrédules, la Lune vient se glisser entre la Terre et le Soleil. Pour nous, sur la Terre, nous voyons un disque noir (la Lune) qui vient progressivement cacher complètement le disque solaire.

Mais tu m'as dit que le diamètre du Soleil (1 392 530 km) est 100 fois plus grand que celui de la Terre (12 756 km), qui est lui-même 4 fois plus grand que celui de la Lune (3 476 km)[32]. Alors, comment est-il possible que la toute petite Lune puisse nous cacher le gros Soleil ?

— Julie, tes remarques précédentes étaient trop judicieuses pour que tu ne puisses pas trouver toute seule la réponse à cette question !

— Oui, oui, j'ai trouvé ! Si la petite Lune nous cache la totalité du gros Soleil dont le disque est 400 fois plus grand, c'est que la Lune est 400 fois plus proche de nous !

— Julie, tu m'impressionnes.

— Mais j'ai une autre question. Le Soleil est-il une exception dans l'Univers ?

— Pas du tout. Parmi toutes les étoiles de sa catégorie, le Soleil est au contraire une étoile très banale comme il y en a des centaines de milliards, rien que dans notre propre galaxie. La naissance du Soleil remonte à 4,5 milliards d'années. C'est une boule de gaz incandescents qui produit sa propre énergie.

## *L'énergie solaire*

— Et cette énergie, d'où provient-elle ?

— Ce sont les noyaux d'hydrogène présents à l'intérieur du Soleil qui se transforment en noyaux d'hélium en produisant cette énergie qui, elle-même, provient de la disparition d'une masse de matière, qu'on a pu évaluer à près de 4 millions de tonnes d'hydrogène par seconde. À ce rythme, on peut prévoir que le Soleil disparaîtra dans environ 5 milliards d'années[33].

— Girard, non, ne me dis pas une chose pareille ! Je ne peux pas le croire, c'est trop triste !

— Il faut pourtant s'y faire, et il y aura bien longtemps que toi et moi, nous aurons disparu… Donc, je continue…

Pour que cette production d'énergie extraordinaire puisse prendre naissance dans le cœur du Soleil, il est nécessaire que la température s'y maintienne dans les environs de 16 millions de degrés, tandis que la surface du Soleil, de son côté, reste à l'extérieur à une température de seulement 7 000 °C environ[34]. Le Soleil est donc une énorme boule de feu qui va produire le rayonnement solaire, unique source d'énergie alimentant non seulement la Terre mais aussi toutes les planètes du système solaire.

— Girard, est-ce que je me trompe en pariant que maintenant tu vas me parler de l'origine de la Lune ?

## *La Lune*

— Tu as gagné ! On pourrait presque dire que la Lune est un enfant de la Terre : elle est très probablement née du choc d'un gros astéroïde avec la Terre. Les morceaux résultant de cette collision se sont ensuite amalgamés au point de former un satellite compact, qui s'est refroidi au cours des millénaires. Ce satellite est situé à 385 000 km de la Terre, ce qui signifie que la lumière lunaire met un peu plus d'une seconde pour nous parvenir.

Le rayon de la Lune ne dépasse pas le quart de celui de la Terre, sa masse est 80 fois plus petite que celle de la Terre, et sa pesanteur y est 6 fois plus faible.

— Est-ce qu'on peut dire que, par rapport au Soleil, de qui nous tenons toute notre énergie, la Lune ne peut nous être d'aucune utilité ?

— Il n'y a qu'un seul domaine où la Lune peut nous apporter un peu d'énergie.

C'est l'attraction lunaire qui est responsable des marées sur la Terre. Les mouvements de flux et de reflux de la mer dans l'estuaire d'un fleuve, comme celui de la Rance, près du Mont-Saint-Michel, ont rendu possible la production d'une petite quantité d'énergie électrique en France.

Mais revenons à la Lune. On n'y trouve ni eau ni atmosphère et elle est constamment bombardée par des astéroïdes qui laissent des traces de cratères éparpillés sur toute la face que nous pouvons voir. On n'en sait pas beaucoup plus.

— Tu sais, Girard, je dormirai très bien avec cette petite pointe d'ignorance, mais par contre j'aimerais bien en savoir un peu plus sur la Terre, et par exemple apprendre si on a pu mesurer le tour de la Terre dans l'Antiquité.

## *La mesure de la Terre*

— Le tour de la Terre a été mesuré pour la première fois au IIIe siècle avant J.-C. par un savant grec du nom d'Ératosthène, qui vivait à Alexandrie, en Égypte.

Rappelle-toi, Julie, je t'en ai déjà parlé. Il était, avec Aristarque de Samos, l'un des premiers savants à considérer que c'était la Terre qui tournait autour du Soleil, et non pas l'inverse.

En partant de l'observation de la lumière du Soleil à Alexandrie et à Assouan au moment du solstice d'été, il avait réussi à mesurer avec précision la distance entre ces deux villes[35], puis à calculer que le tour de la Terre était d'un peu plus de 40 000 km. C'est un résultat qui est tout proche du chiffre communément accepté aujourd'hui.

— Mais c'est formidable ! Il était génial, ton Ératosthène, dont je n'avais jamais entendu parler !

— Oui. Tu vois, par la simple observation des ombres produites par les rayons du Soleil et la mesure de quelques angles, Ératosthène est parvenu à nous donner une valeur du tour de la Terre très proche de celle que nous utilisons aujourd'hui après l'avoir photographiée avec des instruments de plus en plus précis.

Mais tu vas voir, l'histoire ne s'arrête pas là.

— Tu veux dire que dans l'Antiquité il y a eu d'autres mesures du tour de la Terre ?

— Oui, mais c'était beaucoup moins brillant : un autre savant grec, Ptolémée (90-168), connu pour son célèbre ouvrage l'*Almageste*...

— ... et aussi pour avoir enseigné que c'était le Soleil qui tournait autour de la Terre. Tu me l'as déjà dit. Girard, attention, tu te répètes !

— Oui... et Ptolémée s'était aussi trompé sur la mesure du tour de la Terre. Il avait indiqué 180 000 stades, c'est-à-dire 28 500 km, ce qui est très loin des 40 000 km officiellement reconnus de nos jours. Ce qui est curieux, c'est que cette erreur a eu pour conséquence inattendue la découverte de l'Amérique.

— Qu'est-ce que tu me racontes là ?

— Écoute, lorsque, à la fin du XVe siècle, Christophe Colomb envisage de rejoindre les Indes en partant des côtes portugaises, il construit un globe terrestre en se fondant sur cette mesure erronée donnée par Ptolémée. Christophe Colomb avait ainsi évalué la différence de longitude entre le Portugal et les Indes à 125°, alors qu'en réalité cette différence était de 240°. Il est bien probable qu'il ne se serait pas lancé dans cette aventure s'il avait prévu un trajet de cette importance. C'est donc en partie grâce à cette erreur de calcul de Ptolémée que Christophe Colomb, alors qu'il pensait débarquer aux Indes, découvrit les Antilles.

À ce propos, j'ai une petite devinette à te proposer :

RÉCRÉATION

**UN GALLINACÉ AU NOM GÉOGRAPHIQUE**

Quel volatile rappelle par son nom la mésaventure de Christophe Colomb arrivant en Amérique alors qu'il croyait débarquer aux Indes ?

RÉPONSE : la *dinde*, qui a d'abord été appelée *poule d'Inde*.

— Girard, jusqu'ici nous avons parlé des dimensions de la Terre, mais tu ne m'as rien dit de son âge. Je connais seulement l'âge du Soleil : il a 4,56 milliards d'années.

## *L'âge de la Terre*

— Les savants ont mis beaucoup de temps à se faire une idée un peu précise de l'âge de la Terre.

Au XIXe siècle, le physicien et chimiste anglais Rutherford, en s'appuyant sur la radioactivité des roches, arrivait à 2,5 milliards d'années, ce qui est encore assez loin des mesures les plus récentes : 4,5 milliards d'années pour la Terre.

— Et que s'est-il passé depuis ces temps immémoriaux ?

— Notre planète, qui était très chaude à l'origine, s'est lentement refroidie mais elle a gardé en son centre un noyau en fusion, au sein duquel se sont formés des courants de matière fondue, riches en fer liquide, qui sont à l'origine de terribles explosions volcaniques et qui expliqueraient en partie son champ magnétique[36].

Petit à petit, est apparue une croûte solidifiée, immobile et sans vie. Au-dessus de cette croûte s'est formée une couche gazeuse, qu'on appelle l'*atmosphère*, qui contenait énormément de vapeur d'eau, et qui s'est ensuite condensée sous forme de pluie. Au bout de quelques millions d'années, cette pluie a provoqué la formation d'immenses océans.

— Dis-moi, Girard, l'atmosphère, c'est quoi exactement ?

— C'est une couche d'environ 70 km d'épaisseur composée de gaz et de petites particules solides qui se sont accumulées au cours des millénaires. Cette couche nous protège – en particulier contre les météorites – tout en exerçant une pression sur la Terre.

## *La pression atmosphérique*

Cette pression, qui diminue très rapidement en fonction de l'altitude, a été mesurée pour la première fois par le savant italien Torricelli. Julie, sais-tu qui est Torricelli ?

— Je n'en ai pas la moindre idée. Pour moi, c'est le nom de la rue où habitaient tes parents quand tu étais petit.

— Quand on donne aux rues de Paris des noms de grands hommes, cela ne suffit donc pas pour que les jeunes sachent pourquoi leurs noms sont restés célèbres ! Alors, je vais te parler un peu de Torricelli.

**TORRICELLI OU L'HORREUR DU VIDE**

Evangelista TORRICELLI (1608-1647)

Torricelli était un savant italien, disciple de Galilée, et qui avait la réputation d'être un très habile expérimentateur. Ses travaux portaient sur l'existence du « vide ». À cette époque, cette nouvelle notion excitait beaucoup les philosophes, qui trouvaient suspecte l'idée d'une réalité vide de matière et dont on ne savait pas grand-chose sinon que « *la nature avait horreur du vide* ».

Torricelli imagina une expérience qui fut finalement réalisée par son ami Vincenzo Viviani (1622-1703), et qui prouvait l'existence du vide. Elle permit également de mesurer avec précision la pression atmosphérique.

## *L'expérience de Torricelli*

Pour montrer l'existence du vide, Torricelli a imaginé un dispositif très astucieux. Il a pris un tube de verre d'environ 1 m et de faible diamètre, dont il a obturé une extrémité en faisant fondre le verre. Il a ensuite rempli de mercure, à ras bord, cette longue éprouvette, qu'il a maintenue fermée avec son pouce. Puis, avec beaucoup de précautions, il a retourné l'éprouvette et plongé son extrémité, toujours bouchée avec son pouce, au fond d'une cuve pleine de mercure. Enfin, tout doucement, il a desserré son pouce et mis en communication le mercure présent dans le tube avec le mercure de la cuve et alors…

— … Je retiens mon souffle !

— Il a alors constaté que le mercure descendait dans le tube, en le laissant vide sur environ une vingtaine de centimètres. Il a attendu que les niveaux se stabilisent et il a ensuite observé que le mercure ne remplissait plus qu'aux trois quarts l'éprouvette renversée sur la cuve : le sommet de la colonne de mercure s'était stabilisé à 760 mm au-dessus du niveau du mercure dans la cuve.

**L'EXPÉRIENCE DE TORRICELLI**

En A s'exerce la pression atmosphérique et en B la pression due à la colonne de mercure.

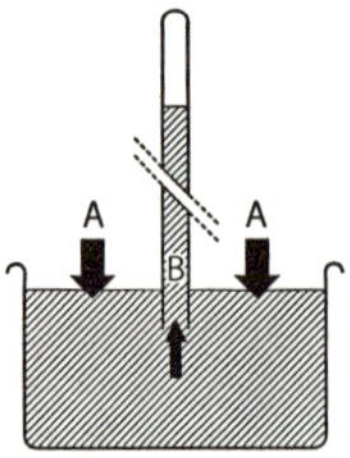

— Conclusion ?

— Ne sois pas impatiente. J'y viens. Réfléchissons maintenant, puisque tu me le demandes, sur ce que signifie cette expérience.

Elle prouve tout d'abord que dans le volume resté libre de mercure, il ne peut y avoir que du vide puisque, auparavant il était plein de mercure et qu'aucun gaz n'y avait été introduit.

Cette expérience avait donc permis d'affirmer, d'une part que le vide existe, et d'autre part que la pression atmosphérique est d'environ 760 mm de mercure. Elle a aussi ouvert la voie à d'autres travaux sur la pression atmosphérique, comme ceux de Pascal en particulier.

RÉCRÉATION

**PASCAL, PHILOSOPHE ET SAVANT**
Blaise PASCAL (1623-1662)

Pascal s'est rendu célèbre :

1. Pour avoir fait le pari de l'existence de l'Au-delà. Vrai ou faux ?
2. Pour avoir écrit le *Discours de la méthode.* Vrai ou faux ?
3. Pour avoir fait mesurer la pression atmosphérique en haut du Puy-de-Dôme, d'où le nom de *pascal* donné à l'unité de pression. Vrai ou faux ?
4. Pour avoir mis au point une machine à calculer. Vrai ou faux ?

RÉPONSES : 1. Vrai. 2. Faux. C'est Descartes qui a écrit le *Discours de la méthode*. 3. Vrai. 4. Vrai.

— Pourquoi dis-tu que la pression est « d'environ » 760 mm ?

— Parce que la pression atmosphérique dépend de l'altitude : plus on monte et plus la pression diminue. C'est Pascal qui en fera la démonstration quelques années plus tard : de santé fragile, il avait demandé à son beau-frère de mesurer la hauteur du mercure au sommet du Puy-de-Dôme.

Les résultats de ces mesures ont été :

– une pression de 690 mm, à 800 m d'altitude,

– 658 mm, à 1 200 m, et environ

– 630 mm, au sommet (1 465 m).

Ce faisant, Pascal apportait une vérification de son hypothèse : la pression atmosphérique diminue avec l'altitude.

Il a ensuite été convenu que la pression atmosphérique au niveau de la mer serait définie comme égale à 760 mm de mercure.

**UNITÉS DE PRESSION, MÉTÉOROLOGIE ET MÉDECINE**

On a beaucoup hésité sur la dénomination des unités de pression, mais la seule unité de pression légale est aujourd'hui le *pascal* (*Pa*), qui a une très faible valeur. C'est pourquoi, pour les prévisions météorologiques, on utilise de préférence son multiple, l'*hectopascal* (qui vaut *100 pascals*).

En médecine, on conserve encore une unité ancienne, les *mm de mercure*, pour mesurer la pression artérielle, qui varie généralement entre 70 et 130 mm de mercure (c'est-à-dire entre 7 et 13 cm) : quand le médecin constate que la tension de son patient est de 8-13, cela signifie qu'elle est au minimum de 8 cm de mercure et au maximum de 13 cm de mercure.

D'autres mesures, faites grâce à des ballons pouvant évoluer dans la stratosphère (c'est-à-dire au-dessus de 10 000 m d'altitude), ont permis d'observer qu'à 10 000 m la pression tombait à 198 mm et qu'à 40 000 m elle n'était plus que de 2 mm, c'est-à-dire que la pression était presque nulle : on était dans le vide.

Julie, à part l'expérience de Torricelli dont nous venons de parler, connais-tu d'autres expériences qui font appel au vide ?

## *Le vide*

— Oui, justement, l'autre jour, notre prof de physique a fait devant nous une expérience en nous montrant un bocal où il avait fait le vide, c'est-à-dire d'où avait été chassé tout l'air qu'il contenait. Son but était de nous prouver que l'air avait un certain poids. Il a mis sur un plateau de sa balance un bocal d'un litre, dans lequel il avait fait le vide grâce à une pompe, et qu'il avait fermé avec un robinet étanche. Après avoir fait la tare du bocal en mettant des poids sur l'autre plateau, il a ouvert le robinet. J'ai entendu le sifflement de l'air qui remplissait le bocal et j'ai vu l'aiguille de la balance qui indiquait 1,293 g. On peut donc affirmer qu'un litre d'air pèse 1,293 g.

# Petite récapitulation ludique sous forme de charades

Mon 1^er^ est un garçon
Mon 2^nd^ est une grande étendue d'eau à l'intérieur des terres
Mon 3^e^ est une affirmation en réponse à une phrase négative
Mon tout est un amas d'étoiles

***gars + lac + si = galaxie***

&

Mon 1^er^ sert à additionner
Mon 2^nd^ est une métaphore courante chez les cinéphiles
Mon tout est un astre lumineux

***et + toile = étoile***

&

Mon 1^er^ est un poisson plat
Mon 2^nd^ se respire
Mon tout est un adjectif formé à partir du nom d'une étoile située à 150 millions de km de la Terre

***sole + air = solaire***

&

Mon 1^er^ est un fruit pressé
Mon 2^nd^ est un oiseau voleur
Mon 3^e^ a pour satellite la Lune
Mon tout est la plus grosse planète du système solaire (318 fois la Terre)

***jus + pie + Terre = Jupiter***

&

Mon 1^er^ administre une ville
Mon 2^nd^ est un traitement de remise en forme
Mon tout est une des 4 planètes telluriques

***maire + cure = Mercure***

&

Mon 1^er^ a été apprécié
Mon 2^nd^ est un très gros poisson qui peut être blanc ou rouge
Mon tout est la planète la plus éloignée du Soleil

***(il a) plu + thon = Pluton***

## 4. AUTOUR DU FEU

*Julie découvre l'art de faire du feu et de créer la métallurgie. Elle s'interroge aussi sur la nature et la transmission de la chaleur. Elle s'initie aux bienfaits de la vapeur et aux nouvelles énergies. Elle apprend enfin ce qu'est la chaleur latente et comprend qu'il est plus facile de « faire du chaud » que de « faire du froid ».*

### *La naissance du feu*

— Julie, sais-tu comment les premiers hommes s'y prenaient pour « faire du feu » ?

— Je n'en ai aucune idée.

— On pense qu'ils attendaient patiemment qu'au cours d'un orage la foudre mette le feu à la forêt. Leur problème était alors de ne pas laisser ce feu s'éteindre, en conservant précieusement quelques braises.

— Nos ancêtres étaient-ils vraiment capables de maintenir longtemps du feu dans leurs grottes et ensuite de transporter des braises d'un campement à un autre ?

— Cela paraît incroyable, et pourtant nous avons un exemple indiscutable de maintien d'un feu pendant des années.

**LES NAUFRAGÉS DE TROMELIN**

En 1761, à la suite d'une tempête, le trois-mâts français *L'Utile* s'échoue sur les récifs de Tromelin, un petit îlot situé au large de Madagascar. Quelques dizaines de naufragés parviennent à survivre plusieurs années sur cette île minuscule, qui était balayée par les ouragans et où ils ne disposaient que de quelques cocotiers et d'un peu d'eau saumâtre. Les survivants, parmi lesquels une femme et un petit enfant, étaient parvenus à conserver du feu jusqu'au jour de leur délivrance en 1776, c'est-à-dire 15 ans plus tard[37] !

Il n'est pas exclu que les survivants de cet îlot aient employé des méthodes que certains peuples lointains appliquent toujours aujourd'hui.

— Attends, je sais que les premiers hommes avaient appris à enflammer des brindilles sèches en faisant tourner rapidement entre leurs paumes une baguette de bois très dur contre le bois d'un tronc bien sec.

— C'est un bon exemple de transformations successives d'énergie : l'énergie musculaire de l'homme se transforme en énergie mécanique par le biais de la baguette qui tourne. Celle-ci, en tournant, provoque des frottements donnant naissance à une énergie calorifique, ce qui a pour conséquence l'élévation de la température du bois. Lorsque la température atteint environ 200 °C, les brindilles s'enflamment spontanément et une réaction chimique se déclenche en produisant elle-même de l'énergie calorifique, ce qui permet au processus de combustion de se poursuivre :

| **Carbone** | + | **$O_2$** | ⇨ | **$CO_2$** | (+ énergie calorifique) |
|---|---|---|---|---|---|
| brindilles de bois | | oxygène de l'air | | gaz carbonique | |

— Ça ne devait pas être facile. À vrai dire, je ne croyais pas que c'était possible, mais je l'ai vu dans le film de Jean-Jacques Annaud, *La Guerre du feu.*

— Ah ! Alors, si tu l'as vu au cinéma…

— Girard, tu te moques de moi et pourtant tu m'as dit que c'était un très bon film.

— Le film est très bon mais j'aime bien plaisanter. Reprenons donc l'histoire du feu.

— Justement, c'était quand, la découverte du feu ?

— On estime que l'utilisation la plus ancienne du feu remonte environ à 400 000 ans…

— Et l'homme, il était là depuis longtemps ?

— Pour l'*Homo sapiens*, qui est le stade le plus abouti des hominidés, autrement dit l'homme moderne, après l'*Homo habilis* (– 3 millions d'années) et l'*Homo erectus* (– 1,5 million d'années à 500 000 ans)[38], on estime qu'il remonte en Europe à environ 35 000 ans[39]. Mais nos plus anciens ancêtres (vers – 400 000 ans)[40] avaient déjà compris qu'en installant un grand feu à l'entrée de leur caverne ils se protégeaient des bêtes féroces, qui n'osaient pas s'approcher des flammes. À l'abri derrière leur feu de bois, les premiers hommes pouvaient donc se réchauffer et se nourrir tranquillement du produit de leur chasse.

Mais ce n'était pas tout. Petit à petit, ils ont appris à utiliser cette énergie tombée du ciel. Ils avaient d'abord réussi à améliorer leur alimentation en faisant cuire ou fumer la viande qu'ils voulaient conserver, et aussi à fabriquer des outils et des armes, par exemple en durcissant dans le feu les pointes de leurs bâtons. Plus tard, ils deviendront habiles à tailler les pierres, et ils frotteront ensemble des morceaux de silex contre des pierres à briquet de façon à obtenir des étincelles et à enflammer de la mousse bien sèche. Les premiers objets réalisés grâce à la maîtrise du feu ont été des récipients en terre cuite. Les hommes étaient dès lors prêts pour découvrir la métallurgie.

— Quoi ? La fabrication des métaux ?

## *Naissance de la métallurgie*

— Ils y parviendront plus tard. À ce stade, l'homme primitif, devenu apprenti métallurgiste, avait sans doute très vite constaté qu'en soufflant sur les braises, la combustion s'intensifiait, mais qu'en revanche, la moindre pluie éteignait le feu. L'homme des cavernes avait compris qu'il fallait installer le foyer dans une grotte à l'abri des intempéries, tout en ménageant une cheminée pour évacuer la fumée.

Dès cette époque lointaine, il se peut que les premiers hommes, assis en rond autour d'un nouveau foyer, aient vu tout à coup avec surprise ruisseler à travers les braises un petit filet de métal en fusion. Ils avaient probablement vite déduit le lien entre ce métal en fusion et la nature du terrain dans lequel avait été installé le foyer. Ils ont cherché à en tirer parti. C'est de ce jour que date la métallurgie.

— Donc, ils ont cherché à découvrir des gisements de minerais métalliques. Ils les ont trouvés ?

— Lorsqu'ils pensaient avoir trouvé un gisement à exploiter, c'était généralement parce qu'aux alentours ils avaient repéré de beaux cristaux, comme ceux de la pyrite, dont ils découvriront plus tard qu'il s'agit d'un minerai de fer...

— … Tu sais, Girard, la pyrite, je connais très bien. J'ai même un très beau cristal qui a la forme d'un cube parfait, et toutes ses faces sont brillantes comme des miroirs. C'est ma grand-mère qui me l'a offert.

— Tu as bien de la chance. Mais revenons à la naissance de la métallurgie. Les techniques de la métallurgie naissante se résumaient alors à mélanger du minerai finement broyé avec les braises, puis à souffler énergiquement sur le tout pour que se produise à haute température la décomposition du minerai, par exemple l'oxyde d'étain en étain. On peut résumer cette opération dans une formule bien connue des chimistes :

oxyde d'étain + carbone (contenu dans le bois) + chaleur ⇨ oxyde de carbone + étain (en fusion)

C'est que le métal fondu qui coulait du foyer était en réalité le plus souvent un alliage et non pas un métal pur, et chacun des alliages avait ses qualités propres.

Prenons l'exemple du minerai de fer. Selon l'usage auquel on le destinait, on choisissait donc, comme minerai, le « fer » de tel ou tel gisement. S'agissait-il de faire une épée ? Il fallait fabriquer un métal à la fois résistant et souple, c'est-à-dire proche de l'acier. Mais voulait-on forger une ancre ? La fonte était alors préférable, car elle ne se déforme pas.

— Girard, tu me parles de fer, d'acier, de fonte… Tout ça, c'est des synonymes ? Quelle différence entre l'acier et la fonte ?

— C'est une différence de composition chimique. Seul le métal pur est du fer, mais en réalité il est très difficile d'obtenir du fer parfaitement pur. Il reste toujours, dans le fer, un peu de carbone : s'il en reste moins de 3 %, on obtient de l'acier et, entre 3 et 6 %, on obtient de la fonte. Tu as bien compris que l'acier et la fonte sont tous deux des alliages de fer et de carbone, mais leurs propriétés mécaniques sont très différentes : l'acier est souple et la fonte est cassante.

— Je vois. Et de quand datent les premiers objets en métal ?

— On pense que les premiers objets en métal étaient en or. Ils datent de 6 000 ans avant notre ère. Beaucoup plus tard sont apparus des outils en cuivre et en bronze. Quant aux objets en fer, ils ont le grave inconvénient de s'oxyder et de rouiller. À la longue, ils sont réduits en poussière d'oxyde de fer. Donc, on n'a pratiquement aucune trace d'objet en fer remontant à plusieurs millénaires. Et si, grâce à l'*Odyssée*, on sait que les Grecs maîtrisaient les arts du feu, aucun objet en fer de cette époque n'a pu parvenir jusqu'à nous[41].

**VULCAIN, FORGERON OFFICIEL**

Avec la foudre, c'est Jupiter (Zeus chez les Grecs) qui détenait la forme divine du feu, celle qui tombe du ciel et embrase les forêts.

Mais dans la mythologie, tout ce qui touchait aux arts du feu et au travail des métaux relevait du dieu du feu, Vulcain (Héphaïstos pour les Grecs). Tous les progrès de la métallurgie antique lui étaient attribués.

Installé au fond des volcans, Vulcain avait forgé l'armure d'Achille, le trident de Neptune (Poséidon chez les Grecs), la cuirasse d'Hercule (Héraklès chez les Grecs) et même le sceptre de Jupiter.

## *Les métaux*

— Julie, si tu veux bien, faisons le point : quels sont les métaux que tu connais ?

— Alors là, j'en connais beaucoup : le fer, le cuivre, l'étain, le plomb, l'argent, l'or, l'aluminium…

— Ce n'est pas mal, mais tu as oublié le mercure…

— J'y ai bien pensé, mais il est liquide.

— Il est vrai que c'est le seul métal à demeurer liquide entre – 39 °C et + 357 °C. En dehors de la fabrication des thermomètres (ancien modèle) et des expériences de laboratoire, le mercure n'a plus beaucoup d'utilité, sinon pour l'extraction de l'or, avec lequel le mercure natif forme une sorte d'amalgame, qu'on parvient ensuite à dissocier.

Tout à l'heure, tu m'as cité plusieurs métaux, mais dans le désordre. Or tu sais sans doute que chaque métal a une densité différente, ce qui implique une utilisation spécifique.

— Mais, Girard, tu vas encore dix fois trop vite. Rappelle-moi d'abord ce qu'est la densité d'un métal.

— Prenons justement l'exemple du mercure. La densité du mercure, c'est le rapport entre le poids d'un litre de mercure et le poids d'un litre d'eau. Cette densité est de 13,6, ce qui veut dire que, si tu remplis de mercure une bouteille d'un litre, ta bouteille pèsera 13,6 kilos. C'est énorme, tu ne trouves pas ?

Mais dis-moi, d'après toi, quel est le métal le plus lourd ?

— Le plomb, bien sûr !

— Il est en effet très lourd (d = 11,3), mais pas autant que le platine (d = 21,4), qui est presque deux fois plus lourd que lui.

Et quel est le métal le plus léger ?

— Je crois que c'est l'aluminium.

— Il y a encore plus léger, c'est le magnésium, dont la densité est de 1,7. L'aluminium et le magnésium n'ont été découverts qu'au XIXe siècle, tandis que le zinc, le fer, le plomb, le cuivre, l'étain et surtout le bronze, qui est un alliage…

— Attends, ne me dis pas, je sais. C'est un alliage de cuivre et d'étain.

— Ces deux métaux sont connus depuis l'Antiquité, et surtout le bronze, qui est un alliage composé de 2/3 de cuivre et de 1/3 d'étain, et qui sert à faire des armes ainsi que des cloches et des bijoux.

**DU PLATINE AU MAGNÉSIUM :**
**DENSITÉ DES MÉTAUX**

Du plus lourd au plus léger, voici le classement des métaux d'usage courant :

| Métal | Densité |
|---|---|
| Platine (**Pt**) | 21,4 |
| Or (**Au**) | 19,3 |
| Tungstène (**W**) | 19,3 |
| Mercure (**Hg**) | 13,6 |
| Plomb (**Pb**) | 11,34 |
| Argent (**Ag**) | 10,5 |
| Cuivre (**Cu**) | 8,92 |
| Nickel (**Ni**) | 8,9 |
| Étain (**Sn**) | 7,86 |
| Fer (**Fe**) | 7,28 |
| Zinc (**Zn**) | 7,14 |
| Titane (**Ti**) | 4,54 |
| Aluminium (**Al**) | 2,7 |
| Magnésium (**Mg**) | 1,75 |

Attention ! Il est très rare de trouver des métaux à l'état natif, mais c'est précisément à l'état natif qu'existent le plus souvent les métaux les plus rares, comme l'or ou le platine.

— Qu'est-ce que ça veut dire « à l'état natif » ?

— Cela signifie qu'on peut trouver ces métaux à l'état pur, sous forme de paillettes ou de pépites de métal, et non pas sous forme de composés chimiques. En filtrant le sable de certaines rivières, on récupère des trésors de pépites ou de la poussière d'or, et on peut devenir riche comme Crésus.

RÉCRÉATION

**RICHE COMME CRÉSUS**

L'expression *riche comme Crésus* fait allusion au roi de Lydie, Crésus, qui vivait au VI$^{e}$ siècle av. J.-C. et qui avait acquis des richesses considérables grâce aux sables aurifères de la petite rivière qui traversait son pays.

Quel est le nom de cette rivière, qui est généralement utilisé pour caractériser un gain important ?

RÉPONSE : le *Pactole*, ce qui a donné naissance à l'expression : « C'est un vrai pactole », c'est-à-dire une vraie mine d'or.

— Que faisait-on de ces pépites d'or pur ?

— Devine, Julie !

— Des bijoux ?

— Bien sûr. Tu sais, on peut dire que la majorité des objets découverts par les archéologues dans les tombeaux sont des bijoux en or car, non seulement la rareté de ce métal faisait tout le prix des objets qu'on voulait conserver jusque dans la tombe, mais c'est surtout parce qu'ils sont insensibles à toute oxydation et à toute attaque chimique qu'ils nous ont été conservés tels qu'ils étaient en ces temps reculés.

— Est-ce que la métallurgie a consisté d'abord à trouver des métaux à l'état pur ?

— Non. La métallurgie, à ses débuts, a consisté à chercher à atteindre les températures les plus hautes possibles pour pouvoir traiter les minerais. Au fur et à mesure de leurs progrès dans l'art de la métallurgie, les hommes ont pu d'abord traiter les minerais simples (les oxydes et les sulfures métalliques) pour en extraire de nouveaux métaux, ce qui leur a permis de les travailler pour en faire des armes, des outils ou des bijoux.

Aujourd'hui, si l'on excepte le mercure (qui reste liquide jusqu'à – 39 °C) ainsi qu'un métal rarissime, le gallium, qui fond à 30 °C, on sait que le métal dont le point de fusion est le plus bas est l'étain (232 °C). Vient ensuite un groupe de métaux dont les points de fusion sont compris entre 300 °C et 1 000 °C (le plomb et le zinc ainsi que le magnésium et l'aluminium). On trouve ensuite, autour de 1 000 °C, l'argent, l'or et le cuivre, puis, autour de 1 500 °C, des métaux de la famille du fer et du nickel. Les métaux précieux (et rares) de la famille du platine ne fondent que vers 2 000 °C. Enfin, couronnant le tout, le tungstène ne devient liquide que vers 3 400 °C. C'est pourquoi on l'utilise pour fabriquer les filaments des ampoules électriques.

**DU MERCURE AU TUNGSTÈNE : TEMPÉRATURES DE FUSION DES MÉTAUX**

| | |
|---|---|
| Mercure (**Hg**) | – 39 °C |
| Gallium (**Ga**) | 30 °C |
| Étain (**Sn**) | 232 °C |
| Plomb (**Pb**) | 327 °C |
| Zinc (**Zn**) | 419 °C |
| Magnésium (**Mg**) | 651 °C |
| Aluminium (**Al**) | 658 °C |
| Argent (**Ag**) | 961 °C |
| Or (**Au**) | 1 063 °C |
| Cuivre (**Cu**) | 1 083 °C |
| Manganèse (**Mn**) | 1 250 °C |
| Nickel (**Ni**) | 1 455 °C |
| Fer (**Fe**) | 1 535 °C |
| Platine (**Pt**) | 1 773 °C |
| Titane (**Ti**) | 1 800 °C |
| Tantale (**Ta**) | 3 000 °C |
| Tungstène (**W**) | 3 370 °C |

Voilà, tu sais presque tout sur les températures de fusion des métaux, mais tu as encore beaucoup à apprendre sur la chaleur et sur son rôle primordial pour la survie de l'être humain.

## *La température et la chaleur*

— Girard, à ce propos, j'ai une question à te poser : quelle différence y a-t-il entre le chaud et le froid ?

— Ça, c'est une excellente question… à laquelle il n'y a malheureusement pas de réponse.

— Pourquoi ?

— Parce que le chaud et le froid sont des sensations et que les différences de sensation sont complètement subjectives. Tu peux trouver chaud ce que je trouve froid et réciproquement.

Tiens, on va faire une expérience : tu prends deux bols et tu remplis le premier d'eau froide, le deuxième d'eau chaude, et entre les deux bols tu en ajoutes un troisième où tu mélanges un peu de l'eau des deux autres pour obtenir un bol d'eau tiède. Et maintenant, tu laisses quelques instants ta main gauche dans le bol d'eau froide et ta main droite dans le bol d'eau chaude, puis tu mets tes deux mains dans le bol d'eau tiède…

— … Pour ma main gauche, l'eau tiède me paraît chaude et pour ma main droite, cette même eau tiède me semble froide.

— Tu vois donc que les notions de chaud et de froid sont très relatives, comme toutes les sensations. Ce qu'il faudrait, c'est pouvoir utiliser un instrument de mesure objectif qui permette d'obtenir une échelle des températures étalonnée une fois pour toutes.

— Mais ça existe déjà, ça s'appelle un *thermomètre.*

## *Le thermomètre*

— Oui, un thermomètre tout à fait comparable à celui que tu utilises lorsque tu as de la fièvre, un thermomètre à mercure. Mais maintenant on ne fait plus de thermomètres à mercure car les vapeurs de mercure sont très dangereuses à respirer.

— En tout cas, il n'y a pas longtemps, nous en avions un. Je me souviens très bien du jour où j'ai cassé notre thermomètre. J'étais très petite et j'ai laissé tomber le thermomètre sur le carrelage de la salle de bains. On a passé tout l'après-midi à ramasser les morceaux de verre et surtout les petites billes de mercure qui roulaient partout dès qu'on essayait de les attraper. C'était amusant de courir après... Mais je ne vois pas à quoi sert le mercure dans un thermomètre.

— Le principe du thermomètre repose sur la constatation que toute élévation de température d'un corps provoque une dilatation du volume de ce corps, et on a eu l'idée de choisir le mercure pour fabriquer des thermomètres car, comme tu le sais, c'est le seul métal qui reste liquide dans une large plage de température (de – 39 °C à + 357 °C). On introduit ce mercure avec mille précautions dans un petit réservoir prolongé d'un tube très fin, puis on fait le vide au-dessus du mercure, et enfin on ferme le tube en le soudant. Muni de cet instrument, que l'on nomme *thermoscope* – tant qu'il n'est pas gradué –, on met le réservoir dans un mélange d'eau et de glace et on grave sur le verre un trait là où la colonne de mercure s'est arrêtée : ce sera la température de 0 °C. Puis, on procède de même en mettant le réservoir dans de la vapeur d'eau en ébullition pour définir la température de 100 °C. Ensuite, une machine grave bien régulièrement 99 traits équidistants les uns des autres sur la tige de verre, entre 0° C et 100 °C, et on peut même prolonger la gravure au-dessous de 0 °C et au-dessus de 100 °C.

Mais, alors qu'il ne semble pas y avoir de limite au-dessus de 100 °C, en revanche du côté des basses températures, on se heurte à un mur.

— Comment ça ?

## *L'échelle des températures*

— Du côté des températures très élevées, on a calculé que la température externe du Soleil est proche de 6 000 °C, et les savants affirment aussi qu'au cœur des étoiles règnent des températures hallucinantes, de l'ordre de plusieurs millions de degrés. En revanche, en partant de 0 °C, on arrive vite à la température de solidification du mercure (– 39 °C), puis à celle de la liquéfaction du méthane, de l'air liquide, de l'hydrogène liquide, et enfin à la liquéfaction de l'hélium (– 269 °C), qui se solidifie vers – 272 °C. Mais il est impossible de dépasser ni même d'atteindre une température de – 273,15 °C. On a ainsi établi une gradation, qu'on a appelée *échelle des températures absolues*, ou *échelle Kelvin*, dont le zéro est à – 273,15 °C, et qui s'est révélée infranchissable. Ce zéro absolu correspond à une agitation thermique nulle : tous les éléments de la matière sont alors immobiles. Cette échelle doit son nom au savant sir William Thomson, lord Kelvin (1824-1907).

— Et dans la vie courante, est-ce qu'on utilise l'échelle Kelvin ?

— Non, dans la vie courante, on utilise seulement l'échelle centigrade qui a été établie par le physicien et astronome suédois Anders Celsius en 1742.

RÉCRÉATION

**DEGRÉS CELSIUS ET DEGRÉS FAHRENHEIT**

Quelle différence y a-t-il entre les degrés Celsius, employés dans la plupart des pays du monde, et les degrés Fahrenheit, encore utilisés dans certains pays de langue anglaise ?

RÉPONSE : au 0 °C, établi par Celsius à partir de la température de la glace fondante, correspond le 32 °F, établi auparavant par Fahrenheit, et au 100 °C (ébullition de l'eau) correspond le 212 °F.

Et puisque nous parlons de chaleur, sais-tu comment nous sommes chauffés dans cet appartement ?

— Oui, par un chauffage central.

## *Le chauffage central*

— Exact, mais sais-tu comment ça marche, un chauffage central ?

— Je sais seulement qu'il faut, à un bout, une chaudière alimentée au gaz, et, à l'autre bout, des radiateurs dans chaque pièce. Voilà tout ce que je sais.

— C'est déjà quelque chose, mais si tu veux en savoir plus, on va voir comment fonctionne un chauffage central, en essayant de suivre la transmission de la chaleur, à partir de la chaudière, jusqu'au radiateur de ta chambre.

— Mais d'où vient ce gaz ?

— En France, on a d'abord exploité une petite poche de gaz située dans la région de Lacq, près de Pau, mais elle s'est vite épuisée, et aujourd'hui la France importe d'Algérie, du Moyen-Orient, de la mer du Nord et de la Russie la quasi-totalité du gaz naturel qu'elle consomme. Comme tu vois, ce gaz naturel, qui est du méthane, on le fait venir de pays parfois très lointains, soit directement dans des gazoducs, soit en lui faisant subir une série de transformations successives.

— Et on le transporte comment ?

— Par gazoduc et par bateau : dans ce dernier cas, on liquéfie le méthane en le portant à – 160 °C et on le transporte à l'état liquide dans de très grands navires – les méthaniers – où il est maintenu à une température inférieure à – 160° C, jusqu'à un port de débarquement. Là, on le réchauffe pour qu'il redevienne gazeux et on le comprime pour pouvoir le distribuer plus facilement dans un immense réseau de canalisations alimentant toutes les villes et, dans ces villes, tous les immeubles, et dans ces immeubles, tous les appartements.

— Mais où sont-ils donc, tous ces tuyaux que je n'ai jamais vus ?

— Ils sont sous les trottoirs, dans des galeries souterraines, à côté des câbles électriques, des fils du téléphone et des fibres optiques de la télévision.

Mais revenons à notre chaudière. Elle est alimentée par une canalisation venant du réseau général, à travers un compteur à gaz qui mesure le nombre de mètres cubes de méthane que nous consommons. Ce méthane est le plus simple des hydrocarbures.

— Attends ! Est-ce qu'un hydrocarbure est bien un composé de carbone et d'hydrogène ?

— Oui, mais dans des proportions très précises : pour le méthane, la molécule réunit 1 atome de carbone (C) et 4 atomes d'hydrogène (H)…

— Donc, sa formule est $CH_4$.

— Je vois que tu aimes bien les formules chimiques. J'apprécie.

— Et qu'est-ce qu'il va devenir, ton méthane ?

— On va le faire brûler dans la chaudière, exactement comme on fait brûler du bois dans une cheminée. Cette combustion, c'est ce qu'on appelle en chimie une *réaction d'oxydation*, c'est-à-dire que l'oxygène contenu dans l'air va réagir à la fois sur le carbone du méthane pour donner du gaz carbonique, et sur l'hydrogène du méthane pour donner de l'eau. Rappelle-toi, tu as appris cela l'année dernière, en classe de chimie.

— Bien sûr, et je vais même te donner la formule de cette réaction d'oxydation, parce que j'aime bien ça :

méthane + oxygène de l'air ⇨ gaz carbonique + vapeur d'eau (+ chaleur)

Tu sais, c'était la première fois que je faisais de la chimie. Est-ce que l'on connaît la date de naissance de cette science ?

## *Naissance de la chimie*

— La seule indication dont on dispose date de la fin du XVIIIe siècle.

La première expérience importante en chimie a été faite par Lavoisier. Elle a consisté à faire brûler dans l'oxygène une certaine quantité de plomb, à recueillir le produit de cette combustion et à vérifier, en le pesant, que cet oxyde de plomb était plus lourd que le plomb initial. C'était la preuve qu'il y avait eu, du fait de la combustion, production d'un composé du plomb et de l'air ambiant. En refaisant l'expérience à partir de ce composé, c'est-à-dire en chauffant l'oxyde de plomb en vase clos, Lavoisier récupéra tout le plomb initial et put recueillir un certain volume d'oxygène, qu'il mesura.

Il avait ainsi réalisé la synthèse de l'oxyde de plomb.

Mais nous en étions à Lavoisier et à son apport à l'histoire de la chimie. Dès 1774, non seulement il avait compris le mécanisme de ces réactions chimiques mais il avait, pour chaque réaction, mesuré exactement les poids de matière et les volumes de gaz utilisés.

Parce qu'il avait multiplié les réactions de ce genre et surtout parce qu'il avait réussi à mesurer avec précision les masses et les volumes de chacun des composés, on peut dire que Lavoisier a été le créateur de la chimie. Il vérifiait ainsi dans chaque expérience l'application du principe fondateur de cette nouvelle science, selon lequel « Rien ne se perd, rien ne se crée, tout se transforme ». Nous en reparlerons encore, si ça t'intéresse.

**LAVOISIER, CRÉATEUR DE LA CHIMIE**

Antoine Laurent de LAVOISIER (1743-1794)

C'est à 25 ans que Lavoisier devient chimiste-adjoint à l'Académie des sciences. Trois ans plus tard, il épouse une jeune fille qui avait tout juste 14 ans, et qui deviendra aussi une collaboratrice de qualité.

Grâce à lui on abandonnera définitivement l'alchimie moyenâgeuse pour la chimie moderne, et Lavoisier deviendra l'un des grands chimistes de son temps.

Mais pour son malheur, en 1779 il acquiert une charge de fermier général et participe à la construction du mur d'octroi entourant Paris, qui était très critiqué et dont on disait : « *Le mur murant Paris rend Paris murmurant.* » Le mécontentement était si grand qu'en 1794, il est condamné à être guillotiné.

Comme il était sur le point d'aboutir dans ses recherches sur l'oxygène, il demande quinze jours de sursis au président du Tribunal révolutionnaire, qui lui aurait répondu sèchement : « *La République n'a pas besoin de savants.* » Et, le 8 mai 1794, voici le texte laconique qu'on peut lire dans le *Journal d'un bourgeois de Paris sous la Révolution* : « *Vent Sud, il fait assez beau, il a brouassé un peu l'après-midi [...]. On a tranché la tête aujourd'hui 8 May à 28 Fermiers Généraux : [...] Lavoisier, 50 ans. Ex-noble, Membre de la ci-devant Académie des Sciences [...] Homme de lettres et très savant*[43]. »

— Attends, Girard, je me souviens d'autre chose : quand notre prof a fait son cours sur le méthane, il avait ouvert le robinet du gaz, mais il ne s'était pas enflammé, et il avait fallu la flamme d'une allumette pour que la combustion démarre.

— Je vois que tu as bien observé. En effet, la combustion du méthane ne se produit que si le mélange air-gaz se trouve en contact avec une petite flamme ou même avec une simple étincelle.

— Quoi ! Une étincelle suffit ?

— Mais oui, et c'est comme ça que plusieurs fois par an, à la suite d'une fuite de gaz, des maisons, ou même des immeubles, sont complètement soufflés par l'explosion du mélange d'air et de gaz répandu accidentellement dans toutes les pièces. Une simple étincelle comme celle qui se produit dans un interrupteur électrique peut être la cause de ces catastrophes. En voulant allumer la lumière, on déclenche une explosion. En moyenne, le gaz est responsable en France d'une quarantaine d'accidents mortels chaque année[44]. Mais revenons à notre chaudière. La minuscule aide énergétique qui déclenche l'inflammation du gaz, et donc l'apport d'énergie à la chaudière, est fournie par une petite veilleuse qui brûle jour et nuit, et qui est prête à enflammer le gaz dès que le thermostat le lui demande.

— C'est quoi, exactement, un thermostat ?

— C'est un petit appareil qui ouvre ou ferme la vanne d'arrivée du gaz selon la température désirée dans l'appartement. Dès que cette température descend en dessous d'une certaine valeur – que tu fixes toi-même avec un petit bouton gradué en température –, la vanne s'ouvre, le gaz sort par de multiples orifices qui font office de brûleurs, et la combustion se déclenche. Les petites flammes bleues des brûleurs montent à plus de 1 000 °C car la réaction d'oxydation du méthane produit beaucoup de chaleur. La température de la flamme est si élevée qu'on peut le voir à sa couleur bleue – et non jaune comme celle de la flamme beaucoup moins chaude d'une bougie ou d'une allumette.

— Ah ! Il y a donc une relation entre la couleur et la température d'une flamme ?

— Oui, une relation très précise, dont je te reparlerai quand tu voudras, mais pour l'instant, nous allons continuer notre promenade dans l'installation du chauffage central de notre maison et tu comprendras au passage ce que sont les trois modes de transmission de la chaleur : par rayonnement, par conduction, par convection.

## *Rayonnement, conduction, convection*

Les flammes qui envahissent la chaudière sont donc commandées par le thermostat. Elles émettent un *rayonnement* qui sera absorbé par un gros tube à ailettes situé au milieu de la chaudière et dans lequel circule l'eau du chauffage central. C'est le mode le plus général de transmission de la chaleur.

Ces flammes produisent des gaz de combustion composés de gaz carbonique et de vapeur d'eau. Ils sont beaucoup plus chauds, et donc plus légers que l'air ambiant et ils s'échappent par la cheminée de la chaudière tout en réchauffant au passage ce gros tube à ailettes qui la traverse. Ce dernier, rendu brûlant par les gaz de la réaction, transmet alors sa chaleur par *conduction* – c'est-à-dire par contact – à l'eau qui circule à l'intérieur du tube. Et c'est cette eau qui, propulsée par une petite pompe, va aller réchauffer tous les radiateurs de l'appartement.

Mais ce n'est pas fini : l'air froid, qui vient par exemple du seuil de la fenêtre de ta chambre, et qui est plus lourd que l'air chaud, va ramper au ras du sol jusqu'au moment où il rencontrera les pieds du radiateur. Là, il va se trouver entraîné par la colonne d'air chaud qui monte le long du radiateur.

— Ah, je comprends pourquoi. C'est parce que l'air chaud est de plus en plus léger, et il sera d'une certaine manière aspiré vers le haut puisque, en se réchauffant, l'air est de plus en plus léger.

— C'est bien ça. Et, petit à petit, il se crée un courant d'air allant de la fenêtre au radiateur et du radiateur au plafond, de sorte que tout l'air de la chambre finira par se réchauffer. On parle alors de transport de chaleur par *convection*, c'est-à-dire par mouvement de l'air.

— Le chauffage central, c'est très bien, mais les radiateurs sont affreux. Je trouve qu'une cheminée, c'est beaucoup plus joli.

— D'accord, mais pour ce qui est du chauffage, il y a mieux. Quand j'avais ton âge, je passais quelquefois mes vacances de Noël à La Chartre-sur-Le-Loir, chez mes parents, dans une grande bâtisse sans chauffage central et pleine de courants d'air mais où il y avait, dans le salon, une assez vaste cheminée dans laquelle, le soir venu, on enfournait des troncs d'arbre que le jardinier avait sciés et fendus pendant l'été.

— Ça devait être très beau !

— Il est vrai que le rougeoiement des grosses bûches qui finissent de brûler, c'est un spectacle assez fascinant, mais sur le plan thermique, c'est désastreux : face à la cheminée nous recevions directement le rayonnement des grandes flammes, nous avions les joues en feu...

mais le dos glacé. Les trois quarts de la chaleur produite par la combustion des bûches s'envolaient en tourbillonnant dans le conduit de la cheminée qui, au passage, réchauffait tout de même un peu les murs de la chambre de mes parents, située au premier étage. Mais les autres pièces restaient glaciales. Seul le salon, vers lequel rayonnaient les braises rougeoyantes, finissait par être habitable.

— Girard, excuse-moi de t'interrompre, mais avec toutes tes histoires de chaleur, ça m'a donné chaud. Je vais aller faire un petit tour dehors...

## *Production de la chaleur*

— ... Julie, ne reste pas dehors. Viens, on va faire encore deux expériences sur la chaleur...

— J'arrive...

— Tes mains sont glacées. Frotte-les énergiquement. Qu'est-ce que tu constates ?

— Elles se réchauffent.

— En termes scientifiques, on dit que l'énergie mécanique engendrée par le frottement de tes mains l'une contre l'autre s'est transformée en énergie calorifique. C'est un grand savant anglais, James Joule, qui a été le premier à mesurer le rapport exact entre l'énergie mécanique et l'énergie calorifique.

L'EFFET JOULE : DE LA CHALEUR EN SUPPLÉMENT

James Prescott JOULE (1818-1889)

Chercheur et industriel anglais, Joule a été un très habile expérimentateur, en particulier pour mesurer la quantité de chaleur qui accompagne tout frottement dans une machine. Les résultats qu'il a obtenus ont ultérieurement servi à mesurer les quantités de chaleur produites par le passage du courant dans un fil électrique. C'est ce que l'on a appelé l'*effet Joule*.

Pour réaliser ses expériences sur l'équivalence entre le travail et la chaleur, Joule avait utilisé une sorte de batteur à œufs qui agitait l'eau contenue dans une bouteille thermos, c'est-à-dire...

— Girard, ne me dis pas ! Je sais : c'est une bouteille spéciale qui permet de conserver la chaleur du liquide qu'elle contient.

— Exact. Cette bouteille a la particularité d'avoir une double paroi qui isole le liquide du milieu extérieur et le maintient longtemps à une même température.

Après de nombreuses expériences avec cet appareil, Joule avait réussi à mesurer la quantité exacte de chaleur fournie par le batteur pour élever de 1 °C la température d'un litre d'eau : la température de l'eau augmente de 1 °C quand on lui fournit 1,2 kilowattheure sous forme d'énergie mécanique.

Et maintenant, quittons Joule, et voyons comment on peut fabriquer de la vapeur d'eau et ce qu'on peut en faire.

## *Denis Papin et sa « marmite »*

On va mettre de l'eau à bouillir dans un récipient sur lequel on va placer un couvercle. Au bout d'un certain temps, qu'est-ce que tu remarques ?

— Le couvercle se soulève par à-coups et retombe, et je vois de la vapeur sortir de la marmite.

— Si le couvercle se soulève, c'est que la vapeur d'eau exerçait sur lui une certaine pression. C'est à la suite de cette même observation qu'au milieu du XVIIe siècle on a eu l'idée d'utiliser la vapeur sous pression comme force motrice. Cette idée est due au physicien français Denis Papin.

**LA « MARMITE » DE PAPIN**

Denis PAPIN (1647-1714)

Physicien et ingénieur français, Denis Papin s'est rendu célèbre pour avoir mis au point différentes machines hydrauliques et pour avoir perfectionné un appareil connu sous le nom de « *marmite de Papin* ». Cet appareil, constitué par un cylindre de métal épais conçu pour résister à des températures élevées et à de fortes pressions, était aussi pourvu d'une soupape calibrée permettant de connaître la pression de la vapeur à l'intérieur du récipient. On peut considérer la marmite de Papin comme l'ancêtre des autoclaves utilisés aujourd'hui dans les laboratoires.

En outre, on peut aller jusqu'à dire que les recherches de Denis Papin visant à construire une machine à vapeur ont permis beaucoup plus tard de concevoir et de réaliser des locomotives pour les transports par chemin de fer.

## *Naissance des chemins de fer*

Bien avant la naissance des chemins de fer au début du XIXe siècle, c'est en 1770 que Joseph Cugnot (1725-1804) avait adapté une machine à vapeur sur un « *fardier* », qui était le véhicule précédemment utilisé pour le transport des pièces d'artillerie. L'engin ne dépassait pas 5 km/h mais il pouvait transporter des charges considérables.

À la même époque, le physicien et industriel anglais James Watt (1736-1819) mettait au point de véritables locomotives à vapeur, qui furent d'abord utilisées pour transporter le charbon dans les galeries des mines.

Petit à petit seront construites des voies ferrées sur lesquelles rouleront des wagons tirés par des locomotives de plus en plus puissantes. À la fin du XIXe siècle, l'Europe est recouverte d'une véritable toile d'araignée de voies ferrées tandis qu'en Amérique les chemins de fer ne sont, au début, que ceux des pionniers partant à la conquête de l'Ouest.

Un peu plus tard, les locomotives à vapeur seront remplacées par des motrices électriques, beaucoup plus économiques et surtout beaucoup plus propres. Tu te souviens de Jean Gabin dans *La Bête humaine* ?

— Oui, oui, il était sale, tout couvert de suie et il passait son temps à enfourner du charbon dans le foyer de sa locomotive.

— Mais, aujourd'hui, les conducteurs de train ont des conditions de travail beaucoup plus agréables et ils sont assistés par des ordinateurs pour diriger des trains à grande vitesse – les TGV – qui dépassent 300 km/h. Tu vois, tout change…

— … Tout change, mais on conserve quand même la roue. Dis-moi, Girard, la roue, ça date de quand ?

— L'idée de construire et d'utiliser la roue pour faciliter le transport des marchandises dans des chariots ou celui des hommes dans des chars est très ancienne : elle remonte à plusieurs millénaires.

Le char de combat à deux roues était déjà connu chez les Assyriens environ 2 000 ans avant J.-C., et rien ne change dans les moyens de transport jusqu'au XVIIIe siècle après J.-C. Pendant près de 4 000 ans, le seul mode de traction restera la traction animale : celle des bœufs pour les paysans et celle des chevaux pour les militaires.

— Donc, la machine à vapeur a été un moment très important dans l'histoire des transports puisque c'est la première fois qu'on commence à remplacer l'animal par une machine avançant sur des roues.

— Oui, mais aujourd'hui la roue est concurrencée par de nouveaux systèmes de transport.

## *Les nouveaux systèmes de transport*

Depuis une vingtaine d'années, on a mis au point des chemins de fer où les rails sont électrifiés et constituent avec l'ensemble du train les deux pôles d'un électro-aimant qui se repoussent, en soulevant légèrement le train – de quelques millimètres – ce qui supprime tous les frottements entre les roues et les rails puisqu'ils n'ont plus aucun contact. Le train peut alors atteindre, avec très peu d'énergie, des vitesses de plus de 400 km/h.

— Ton histoire de train qui se soulève me fait penser à un drôle de bateau que j'ai vu à Saint-Malo l'année dernière, quand j'étais en vacances. J'avais l'impression qu'il glissait au-dessus de l'eau.

— C'était sans doute un de ces nouveaux aéroglisseurs qui fonctionnent en s'appuyant sur un coussin d'air.

— Et comment on le fabrique, ce coussin d'air ?

— Grâce à de très puissants ventilateurs situés sous l'aéroglisseur, on souffle de l'air verticalement vers le bas, ce qui permet à cet engin de décoller et de rester suspendu à environ une dizaine de centimètres au-dessus de la surface de l'eau. Il suffit alors de mettre en route une hélice à l'arrière du bateau pour le faire glisser sans effort et sans craindre les vagues, car les frottements dus au contact avec l'eau ont disparu.

C'est un bon exemple de transformation d'énergie. En ce début du XXIe siècle, on ne sait toujours pas exactement d'où vient l'énergie, mais on sait seulement que les différentes formes d'énergie se transforment les unes dans les autres : l'énergie électrique, par exemple, en énergie chimique ou calorifique. Mais Julie, est-ce que tu connais d'autres transformations d'énergie, et surtout, quelles sont les différentes sources d'énergie ?

— J'aime mieux que ce soit toi qui me les dises.

### *Les sources d'énergie sur Terre*

— Elles peuvent être :

– mécaniques (c'est le cas de l'hydraulique et de l'éolien),

– chimiques (utilisation des combustibles),

– ou provenir du rayonnement (énergie solaire).

La principale énergie dont l'homme a bénéficié sur la Terre a été – et est encore – l'énergie solaire, qui est responsable de la vie et également de la naissance et du développement de tous les combustibles, mais la première énergie disponible, utilisable sur le plan pratique, a été celle du feu. Toutes les autres sources d'énergie, sauf l'énergie nucléaire et l'énergie des marées, proviennent de l'action directe ou indirecte du soleil.

### *Les combustibles*

Il y a d'abord tous les combustibles, fossiles ou non, comme..

— Attends, je sais : le charbon, le pétrole, le gaz naturel…

— Très bien, tu peux ajouter le bois, le lignite et la tourbe. Tous ces combustibles proviennent des végétaux, qui n'ont poussé que grâce à l'assimilation chlorophyllienne, dont le moteur est l'énergie solaire. Certains proviennent de forêts englouties depuis des millions d'années, mais tous ces combustibles ont en commun la propriété de s'enflammer en produisant du gaz carbonique et de la chaleur.

Une partie des combustibles fossiles sert à chauffer les fours industriels (comme ceux des raffineries, des cimenteries ou des aciéries) et surtout à fabriquer tous les carburants (mazout, fuel, essence, gaz) utilisés pour faire marcher les énormes pétroliers, les trains, les camions, les voitures et les avions. Pour comparer les formes d'énergie différentes, on a créé une unité, la TEP (tonne équivalent pétrole). Par exemple, si on compare l'énergie tirée du pétrole à l'énergie électrique, on trouve qu'une TEP équivaut à 11 600 kilowattheures.

## *L'énergie hydraulique*

Il faut aussi tenir compte de l'*énergie hydraulique* des chutes d'eau installées sur les rivières, et des barrages hydrauliques installés dans les montagnes. Cette énergie hydraulique est alimentée par les pluies et également par la fonte des glaciers, qui sont sous la dépendance du soleil. Autrefois, ces chutes d'eau faisaient tourner les roues à aubes des vieux moulins, mais aujourd'hui elles alimentent de puissantes turbines situées au pied de gigantesques barrages et produisent directement de l'électricité.

**CONSOMMATION D'ÉNERGIE EN FRANCE (2003)**[45]
En TEP (tonne équivalent pétrole)

| | | | |
|---|---|---|---|
| **COMBUSTIBLES** | | | |
| pétrole | 95 millions de TEP | | |
| gaz naturel | 40 millions de TEP | = 150 millions de TEP | **55%** |
| charbon | 15 millions de TEP | | |

*Ces trois sources d'énergie sont pratiquement importées en totalité. La France importe donc plus de la moitié de son énergie, à la fois pour le chauffage industriel et domestique, mais aussi comme carburant.*

| | | | |
|---|---|---|---|
| **ÉNERGIE NUCLÉAIRE** | 115 millions de TEP | | |
| | | = 120 millions de TEP | **45%** |
| **ÉNERGIE HYDRAULIQUE** | 5 millions de TEP | | |
| | | **TOTAL** = 270 millions de TEP | **100%** |

*Les énergies nucléaire et hydraulique sont utilisées sous forme d'électricité et assurent à elles seules plus de 85 % de la production d'électricité. Les 15 % restants sont assurés par les combustibles (pétrole, gaz naturel, charbon).*

## *L'énergie éolienne*

Depuis quelques années, les emplacements convenables pour la construction de grands barrages se raréfient et on s'est donc orienté vers une autre forme de l'énergie solaire, l'*énergie éolienne*. Très à la mode, ces éoliennes, que l'on appelait auparavant des *moulins à vent*, sont devenues gigantesques, avec des pales de près de 50 m de long.

— Moi, je les trouve très élégantes, ces éoliennes, même si elles sont un peu inquiétantes quand on s'en approche.

— Mais moi, je n'en ai vu qu'une fois un groupe d'une dizaine, qui tournoyaient ensemble, et je n'ai pas du tout supporté le bruit assourdissant de leurs hélices... On aurait dit une armée de mobiles à la Calder, qui se préparaient à donner l'assaut, dans un fracas épouvantable... Et encore, il n'y en avait qu'une dizaine, alors qu'on nous en promet des milliers. Mais il y a aussi l'énergie solaire.

### *L'énergie solaire directe*

— Ah ! ça, je connais ! C'est l'énergie qu'on reçoit sur le corps quand on se fait bronzer !

— Mais on peut aussi l'utiliser pour le chauffage de maisons bien isolées et bien ensoleillées. Il suffit d'installer des serpentins pleins d'eau sur le toit des maisons. Pendant toute la période d'ensoleillement de la journée, le soleil réchauffe l'eau qui circule dans ces serpentins. Le soir venu, on envoie cette eau chaude dans les radiateurs de la maison pour la réchauffer et dans un échangeur pour produire de l'eau chaude sanitaire.

— Mais c'est génial, ça ne coûte rien !

— Bien entendu, le grand avantage de l'énergie solaire, c'est en effet qu'elle est gratuite mais, malheureusement, elle n'est pas vraiment là quand on en a besoin, c'est-à-dire la nuit, et en hiver. Elle ne peut donc être qu'un chauffage d'appoint ou nécessiter une installation d'accumulation de chaleur, ce qui est très coûteux. Mais on peut aussi, de façon plus moderne, utiliser le rayonnement solaire pour produire directement de l'électricité au moyen de piles solaires. C'est la solution adoptée pour alimenter en électricité les fusées, les missiles interplanétaires et aussi, plus modestement mais avec beaucoup d'efficacité, tous les appareils de mesure et de contrôle utilisés par les techniciens de la météorologie et par les ingénieurs responsables des télécommunications.

— Girard, ça me suffit, je crois que j'en sais assez.

— Attends ! Il y a une dernière source d'énergie que tu connais bien et qui dépend essentiellement de la Lune...

### *L'influence de la Lune*

— L'énergie des marées !

— Tu as deviné ! Tu passes tous les ans devant l'usine marémotrice de la Rance quand tu vas en vacances à Lancieux. C'est une rareté technologique, je crois qu'il n'y en a qu'une douzaine dans le monde.

— Mais comment ça marche ?

— Dans une région à très fortes marées, on barre l'embouchure d'un fleuve par une digue équipée de turbines à double sens. À marée basse, lorsque le bassin se vide, l'eau fait tourner les turbines dans un sens et, quand la marée remonte, l'eau remplit le bassin en faisant tourner les turbines dans l'autre sens. Aucune pollution, mais un investissement très important, avec des problèmes d'ensablement du bassin de retenue en amont du barrage.

### *L'énergie nucléaire*

Enfin, il faut mettre à part l'énergie nucléaire. Un autre jour, je t'expliquerai comment fonctionne une pile atomique, mais pour l'instant il suffit que tu saches que certains métaux très particuliers, comme le radium ou l'uranium, produisent naturellement des particules qui, lorsqu'elles rencontrent un autre noyau d'uranium, sont capables de le briser tout en libérant une grande quantité d'énergie.

— Girard, excuse-moi, mais je dois partir. Ce soir, je dois encore lire le chapitre sur les changements d'état. Je viendrai te voir quand je l'aurai lu car je suis sûre que j'aurai des explications à te demander...

*(Le lendemain)*

### *Les changements d'état*

— Girard, je sais maintenant que tous les corps – s'ils ne se décomposent pas quand on les chauffe – peuvent exister sous trois états : solide, liquide et gazeux. Qu'est-ce qu'on peut dire de plus ?

— Tu vas voir. Prenons l'exemple de l'eau : tu connais la glace, l'eau liquide et la vapeur d'eau.

— Girard, tu me prends pour une débile ou quoi ?

— Mais non. Je sais bien que tu connais ces trois états, mais tu vas voir que le passage d'un état à un autre va te surprendre.

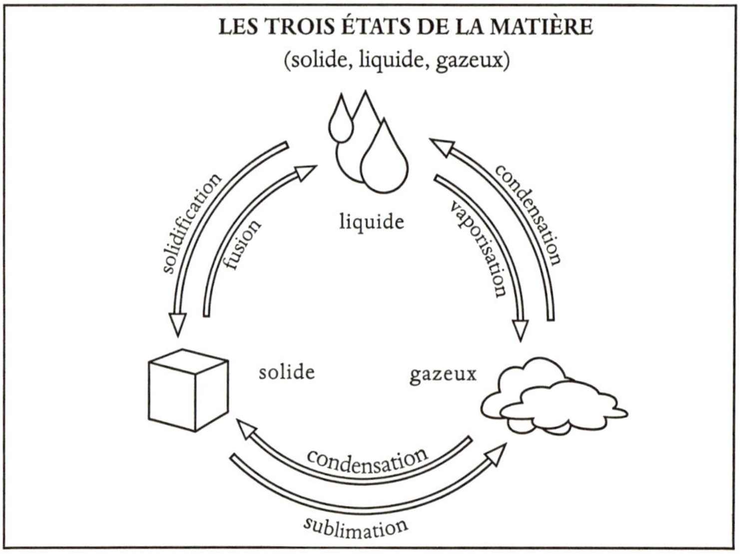


Commençons par la transformation solide-liquide. Sais-tu que l'on parle de *fusion* quand on passe du solide au liquide et de *solidification* dans l'autre sens ?

— Je ne savais pas... Mais jusqu'ici, je te suis.

— Attends un peu. Dans le verre que je t'ai préparé, il y a des glaçons qui flottent sur l'eau et tu peux lire sur le thermomètre, après avoir bien remué l'eau, que la température est exactement de 0 °C. Si je pose ce verre sur un radiateur, tu vas voir la glace fondre.

— Je vois... et la température de l'eau ne bouge pas.

— Elle restera constante à 0 °C tant qu'il restera un peu de glace.

— ... Voilà, ça y est, il n'y a plus de glace et la température de l'eau commence à monter.

— Parfait. Maintenant que l'eau est à + 5 °C, tu vas mettre le verre plein d'eau, avec le thermomètre, dans le congélateur et on va attendre quelques minutes...

À présent tu peux le sortir et le reposer sur la table. Que constates-tu ?

— ... que le thermomètre marque toujours 0 °C et qu'il s'est formé des cristaux de glace.

— Tout ça, c'est pour te montrer que, quelle que soit la façon dont on s'y prend, quand on a un mélange d'eau et de glace en équilibre, la température est toujours de 0 °C. Si on chauffe ce mélange, ce n'est pas l'eau qui se réchauffera, c'est la glace qui fondra, et si on le refroidit, ce n'est pas la glace qui se refroidira, c'est l'eau qui se transformera en glace. La glace ne commencera à se refroidir que lorsqu'il n'y aura plus d'eau, de même que l'eau ne commencera à se réchauffer que lorsqu'il n'y aura plus de glace.

Autrement dit, l'eau n'a que deux possibilités : ou la température du mélange est supérieure à 0 °C, et l'eau est à l'état liquide, ou la température est inférieure à 0 °C, et l'eau est à l'état solide, sous forme de glace. Il n'y a pas d'étape intermédiaire, comme par exemple un état pâteux. Dès que l'eau, même de façon imperceptible, est à une température en dessous de 0 °C, immédiatement apparaissent des cristaux aux formes géométriques bien définies, et de la glace dure commence à flotter sur l'eau.

— Alors ça, ça m'étonne.

— Il y a une autre chose encore plus étonnante dans cette petite expérience, c'est justement que la glace flotte sur l'eau, comme le ferait un morceau de bois. Cela tient à ce que, avant de passer à l'état solide, le volume de la future glace augmente de 10 %, c'est-à-dire que l'eau à l'état solide est plus légère que l'eau à l'état liquide. La glace flotte sur l'eau, ce qui est extrêmement rare pour un solide.

— Alors, c'est pour ça que les icebergs flottent sur l'océan ?

— Oui, et c'est un phénomène tout à fait exceptionnel. Dans la plupart des cas, tout corps à l'état solide est plus dense qu'à l'état liquide, qui est lui-même plus dense qu'à l'état gazeux. L'eau est une anomalie. La glace a une densité d'environ 0,9, ce qui signifie que 90 % de la masse d'un iceberg se trouve au-dessous de la surface de l'eau. Cette anomalie a provoqué de nombreux naufrages, dont le plus connu est évidemment celui du…

— … *Titanic*. J'ai revu le film à la télévision la semaine dernière, c'était impressionnant. D'après les costumes des acteurs, ça devait se passer avant la guerre de 14-18. Après avoir heurté un iceberg qui n'avait pas été repéré, le navire a sombré au large de Terre-Neuve et les secours ont mis beaucoup de temps à arriver. Il y a eu plus de 1 500 personnes noyées…

Bon, maintenant, reprenons. Si tu me parlais des autres changements d'état ? Par exemple l'ébullition, qu'on appelle aussi, je crois bien, la *vaporisation* ?

— Oh ! Julie ! « Mais quelle ardeur te brûle… »

— Ah ! non, Girard, ne me fais pas le coup de *Polyeucte*, tu me l'as déjà fait, avec « Et le désir s'accroît quand l'effet se recule[46] » !

— Que veux-tu, les citations, c'est ma faiblesse. Bon, oublions tout ça et retournons aux beautés de l'équilibre liquide-vapeur.

Pour passer du liquide à la vapeur, on parle de *vaporisation*, et dans l'autre sens, de *condensation* ou de *liquéfaction*. C'est ce qui se passe dans une bouteille de gaz butane, où l'on assiste à la liquéfaction du gaz, puis à sa vaporisation. Voici le détail de l'opération.

La bouteille de gaz butane est pourvue d'un manomètre indiquant la pression du gaz à l'intérieur de la bonbonne. À l'intérieur de cette bonbonne, il y a du gaz butane liquéfié, surmonté de butane gazeux, et ces deux gaz sont parfaitement en équilibre à la température de la cuisine, de sorte que chaque fois qu'on utilise le gaz en ouvrant le robinet du réchaud, une partie du butane gazeux sort de la bonbonne. Aussitôt, pour rétablir l'équilibre, une certaine quantité de butane liquéfié se vaporise à l'intérieur de la bonbonne, si bien que la pression du butane gazeux reste constante. Tant qu'il reste du butane liquéfié dans la bonbonne, le manomètre indique toujours la même pression. Mais lorsque la bonbonne ne contient plus que du butane gazeux, si l'on met le réchaud en route, ce dernier consomme ce butane gazeux et on peut alors voir tourner l'aiguille du manomètre.

— Excuse-moi si je passe du coq à l'âne, mais tu m'as dit un jour qu'on ne pouvait pas faire cuire un œuf en haut du Mont-Blanc. C'est vrai ?

— Mais oui, c'est vrai. Cela tient au fait que la pression atmosphérique à 4 810 m d'altitude, au sommet du Mont-Blanc, vaut pratiquement la moitié de la pression atmosphérique au niveau de la mer. Or, à cette altitude, l'eau entre en ébullition au voisinage de 80 °C. Mais à cette température, le blanc d'œuf ne coagule que très lentement et on aura donc du mal à obtenir un œuf bien cuit.

Pour te prouver que la diminution de la pression peut avoir une influence sur la température de vaporisation de l'eau, je ne peux pas t'emmener, avec un réchaud, en haut du Mont-Blanc, mais je peux te montrer ici tout de suite l'influence de la pression atmosphérique sur la vaporisation de l'eau : je mets de l'eau dans une casserole et je la pose sur la plaque chauffante... et on va attendre que l'eau bouille, c'est-à-dire qu'elle atteigne 100 °C.

— ... Voilà, ton eau bout.

— Maintenant, réduis un peu le chauffage pour que l'ébullition soit à tout petits bouillons... Voilà, parfait...

— Mais l'eau est toujours à 100 °C ?

— Tu vas voir, ça va changer : je vais mettre en route la hotte aspirante, ce qui va créer une légère dépression au-dessus de la casserole. Cette diminution de la pression va abaisser la température de l'équilibre liquide-vapeur, qui est normalement à 100 °C. Elle va passer à 95 °C, et l'eau va bientôt se mettre à bouillir à gros bouillons. Voilà, regarde...

— Girard, tu es trop ! Mais, dis-moi, est-ce qu'on en a fini avec la chaleur ?

— Non, Julie. Hier, je n'ai pas eu le temps de te parler de ce que les physiciens appellent la *chaleur latente*…

## *La chaleur latente*

— Qu'est-ce que c'est que ça, la « chaleur latente » ? Vraiment, tu as le chic pour utiliser des mots que personne ne connaît !

— C'est pourtant un mot très facile à comprendre. Cet adjectif vient du verbe latin *latere*, « être caché ». La chaleur latente, c'est la quantité de chaleur qu'il faut fournir à la glace pour qu'elle fonde tout en restant à 0 °C, ou à l'eau pour qu'elle se vaporise tout en restant à 100 °C. Cette chaleur est en quelque sorte « cachée » puisqu'elle ne provoque aucune élévation de la température. C'est le prix énergétique qu'il faut payer, uniquement pour changer d'état : pour passer de l'état solide à l'état liquide ou pour passer de l'état liquide à l'état gazeux.

— Tu peux me donner des chiffres ?

— Dans le cas de l'eau, ces chaleurs latentes sont très élevées : pour faire fondre 1 g de glace (déjà porté à 0 °C), il faut 80 calories, c'est-à-dire autant que pour élever la température de 1 g d'eau de 0 °C à 80 °C.

— Est-ce que c'est pour ça qu'on peut conserver la glace longtemps avant qu'elle ne fonde ?

— Exactement. C'est d'ailleurs ce qu'avaient compris nos ancêtres qui, en été, transportaient, sur des centaines de kilomètres, de la glace récoltée dans les montagnes, et qui n'avait toujours pas fondu après un voyage de plusieurs jours. Il suffisait de bien isoler la glace avec des plaques de liège et des couvertures pour en perdre très peu en route. On sait par exemple que le grand cuisinier de Louis XIV, Vatel, pouvait faire venir de la glace des montagnes jusqu'à Versailles, et servir au roi, en plein mois d'août, de délicieux sorbets.

— Est-ce que tu peux me donner un autre exemple de chaleur latente ?

— Oui, le passage de l'eau sous forme liquide à l'eau sous forme de vapeur. L'évaporation de 1 g d'eau déjà porté à 100 °C nécessite une chaleur latente importante pour arracher les molécules d'eau au liquide et les projeter dans l'air sous forme de vapeur : il faut environ 600 calories par gramme, c'est-à-dire 6 fois plus que pour chauffer l'eau de 0 °C à 100 °C.

Ce qu'il faut bien comprendre, c'est que si on force en quelque sorte l'eau à s'évaporer, le passage de l'eau de l'état liquide à l'état de vapeur n'en exigera pas moins ses 600 calories par gramme. Et si on ne les lui donne pas en lui apportant de la chaleur, l'eau les prendra quand même au voisinage, qui de ce fait se rafraîchira.

— Est-ce que ce n'est pas ce qui se passe quand je sors toute mouillée de la mer et qu'un petit vent frais souffle sur la plage ?

— Tout à fait. Le vent facilite l'évaporation des gouttes d'eau qui parsèment ta charmante nudité, et tu frissonnes parce que, pour s'évaporer, chaque goutte d'eau a besoin de disposer de sa chaleur latente et, faute de mieux, elle la prend à ta peau, qui se refroidit. Plus simplement encore, si tu as les mains humides et que tu les agites, elles vont se sécher plus vite et tu sentiras que tes mains, en devenant sèches, se seront refroidies.

— Est-ce que c'est la même chose quand on souffle sur du thé trop chaud pour le boire sans se brûler ?

— Exactement. En soufflant sur le thé, tu facilites son évaporation qui, en surface, va arracher des calories au thé – c'est-à-dire que l'évaporation va rafraîchir ton thé en surface – et tu vas pouvoir boire une gorgée légèrement refroidie, tandis que la température du reste de la tasse continuera à être trop chaude pour être buvable.

— Tu sais, Girard, je regarde souvent ma grand-mère faire la cuisine et il y a des choses qu'elle fait et que je ne comprends pas.

— Par exemple ?

— J'ai remarqué que lorsqu'elle fait des œufs à la coque, elle met les œufs dans l'eau bouillante (3 ou 4 minutes, pas plus !) et quand ils sont cuits, elle les sort de l'eau bouillante, un par un, avec une cuiller à soupe, et alors, pour les mettre dans les coquetiers, elle les prend avec ses doigts et elle ne se brûle jamais. Comment tu expliques ça ?

— C'est que l'œuf sort de l'eau bouillante à la fois chaud et humide. L'eau, en s'évaporant à la surface de l'œuf, refroidit sa coquille, et on sent moins sa chaleur. Mais ce n'est vrai que quelques instants car, dès qu'il n'y a plus d'eau sur la coque, il est temps de mettre l'œuf dans son coquetier, sinon tu vas te brûler les doigts.

Maintenant, Julie, que dit-on quand on passe d'un état gazeux (ou d'une vapeur) à un état liquide ?

— Là, je ne sais pas.

— On appelle ça la *condensation*, et c'est aussi le terme qu'on emploie quand on passe de l'état gazeux à l'état solide.

Et pour en finir avec les changements d'état, sache qu'on utilise le terme *distillation* quand on sépare deux liquides ayant des points d'ébullition différents, comme l'alcool (qui bout à 78 °C) et l'eau (dont le point d'ébullition est de 100 °C).

— Tu m'avais aussi parlé de la *sublimation*, mais je ne me souviens pas du tout de ce que c'était.

— La *sublimation*, qui est un phénomène difficile à observer, c'est le passage direct de l'état solide à l'état gazeux. Par exemple, si tu chauffes dans un tube à essai des paillettes d'iode cristallisé, tu verras s'élever dans le tube de très jolies volutes violettes d'iode sous forme gazeuse.

— Et après cette sublimation, le spectacle sera vraiment sublime ???

— Je vois que nous sommes aujourd'hui dans une humeur un peu badine ! En tout cas, je constate que tu as bien compris que, dans les changements d'état, la chaleur jouait un rôle essentiel.

Mais toutes les matières ne brûlent pas à la même température. Le papier, par exemple, ne brûle pas à la même température que le bois.

RÉCRÉATION

*FAHRENHEIT 451*

Le titre de ce film culte de François Truffaut (1966), inspiré du célèbre roman de Ray Bradbury, est deux fois mystérieux.

• Fahrenheit désigne une échelle de températures (établie par Daniel Gabriel Fahrenheit) en prenant 32 °F pour la température de la glace fondante (O °C) et 212 °F pour la température d'ébullition de l'eau (100 °C).

• La température de 451 °F (soit 233 °C) correspond à la température d'inflammation d'une certaine matière. Est-ce :

le coton ?
le bois ?
le papier ?
la résine ?

RÉPONSE : le papier. Le film de François Truffaut se déroule dans un pays imaginaire, où les habitants sont dirigés par un dictateur qui les contraint à brûler tous leurs livres. Les habitants résistent à leur manière en apprenant par cœur des œuvres littéraires afin de les perpétuer.

Le bois, de son côté, brûle à 200 °C. Dès que cette température de 200 °C est atteinte, l'oxygène de l'air se combine avec le carbone en produisant du gaz carbonique et de la chaleur. D'ailleurs, comme tu l'as vu dans *La Guerre du feu* de Jean-Jacques Annaud (1981), nos ancêtres avaient vite compris qu'en soufflant sur les braises ils faisaient apparaître les premières flammes : le feu prenait. Sans le savoir, en soufflant, ils augmentaient la quantité d'oxygène disponible et facilitaient la combustion du bois.

Ce qu'il faut retenir, c'est que toutes ces combustions sont des réactions d'*oxydation*, c'est-à-dire des réactions résultant de l'action de l'oxygène de l'air. Elles ont la propriété essentielle de produire de la chaleur, ce qui entretient la combustion tant qu'il y a du combustible.

— Mais, Girard, tu viens de dire une lapalissade ! Maintenant, plus sérieusement, dis-moi, est-ce que tout brûle ?

— Oui, à condition justement de maintenir le combustible à une température suffisante et de lui fournir assez d'oxygène. C'est cette méthode de combustion que l'on applique aux combustibles naturels, qui sont…

— Attends ! Je sais : le bois, et tous les végétaux transformés au cours de millions d'années en lignite, en charbon, en pétrole et en gaz.

— Connais-tu d'autres moyens pour produire de la chaleur ?

— Il y a bien la foudre, qui met quelquefois le feu aux arbres.

— Et encore ?....

— Je te dirais bien la lave des volcans, qui ruisselle du cratère, mais en France il y a très longtemps que les volcans sont éteints.

— C'est vrai, mais ça ne fait rien, c'était une bonne réponse. La lave sort des volcans à plus de 1 000 °C, en enflammant sur son passage tous les végétaux et en faisant fondre une partie des minéraux. Pour les tout premiers hommes, c'était la méthode la plus simple de faire du feu et, comme tu le sais, la capacité de faire du feu à volonté et de l'entretenir a dû apparaître il y a environ 400 000 ans, c'est-à-dire très longtemps avant les peintures rupestres dans les grottes qui, elles, ne datent tout au plus que de 32 000 ans[47].

**LA GROTTE CHAUVET**

Ce mégacéros est l'une des peintures rupestres illustrant les parois de la grotte Chauvet, qui se trouve en Ardèche, et qui renferme les peintures rupestres les plus anciennes que l'on connaisse.

Mais tu ne m'as pas cité la source la plus courante et la plus facile à utiliser...

— Tu veux dire l'électricité ? Enfin, Girard, c'est toi qui m'as dit l'autre jour que l'électricité n'était pas une source d'énergie mais simplement un moyen de transporter l'énergie.

— Tu as raison. Je voulais seulement m'assurer que tu ne tomberais pas dans le panneau ! On en a presque fini avec la chaleur. Encore que... on pourrait maintenant parler du froid.

— Quoi ? Le froid ? Mais ce n'est pas de la chaleur !

## *Le froid*

— Tu vas voir. Sais-tu par exemple comment marche un appareil que tout le monde utilise quotidiennement pour conserver les aliments, sans avoir la moindre idée sur la façon dont il fonctionne, je veux parler du...

— ... frigidaire !

— Ou plutôt du réfrigérateur, car *Frigidaire* est le nom d'une marque de réfrigérateurs.

On vient de voir qu'il y a beaucoup de manières de produire de la chaleur, tandis qu'il est difficile de produire du froid. Il a fallu attendre le milieu du XIX^e siècle pour résoudre ce problème.

— Mais aujourd'hui, comment fait-on ?

— Je vais t'expliquer, c'est très simple. Et pourtant tu peux demander à tous les linguistes que reçoit ta grand-mère, aux journalistes qui viennent l'interviewer, à ses collègues professeurs, aux avocats, aux médecins, eh bien ! aucun ne saura te répondre.

— Même pas Pierre ?

— Lui, il est polytechnicien, et puis il sait tout, il doit sûrement savoir, mais Brigitte et tous les passionnés de littérature, Jean-François et ses amis architectes, ton papa et ses amis artistes-peintres, toutes ces personnes cultivées ignorent tout de la production du froid et du fonctionnement d'un réfrigérateur.

— Mais pourquoi ? Est-ce si compliqué à expliquer ?

— Oui et non. Ce n'est pas vraiment difficile mais, comme je vais te le montrer, c'est un peu surprenant car, en réalité, on fait du froid avec du chaud.

— Girard, arrête de me parler par énigmes. Si ce n'est pas difficile à comprendre, dis-moi comment ça marche.

— Avant tout, il faut te rappeler une expérience de base : si tu chauffes un liquide, il bout, il s'évapore, c'est-à-dire que le liquide se vaporise et ce faisant, il utilise sa propre chaleur latente. Si tu mets de l'éther, qui bout à 34 °C, dans un ballon et que tu enserres le ballon avec tes deux mains (qui sont à 37,5 °C), l'éther va se mettre à bouillir et tu sentiras tes mains se glacer. Pour s'évaporer, c'est-à-dire pour changer d'état, et plus précisément pour passer de l'état liquide à l'état gazeux, l'éther a besoin d'un apport de chaleur. Cette chaleur, le liquide l'emprunte au voisinage, soit à tes mains (comme dans l'exemple que je viens de te donner), soit aux aliments mis dans le réfrigérateur.

En réalité, aujourd'hui, on n'utilise plus d'éther dans les réfrigérateurs mais des fluides plus performants. Cependant, pour mon explication, nous allons garder l'éther, qui a l'avantage de la simplicité.

Grâce à la chaleur prise aux aliments, l'éther passe à l'état de vapeur et commence à les refroidir. Mais cela ne suffit pas. Pour que le cycle recommence, il faut ensuite refroidir cette vapeur d'éther. Pour cela, on la fait passer dans une sorte de radiateur fixé à l'arrière et à l'extérieur du réfrigérateur. Il y aura alors, grâce à ce radiateur, un échange entre la vapeur d'éther et l'air plus frais de la cuisine. Au bout d'un certain temps, la vapeur d'éther, une fois refroidie, redeviendra un liquide et retournera dans le circuit.

Et en définitive, toute la chaleur extraite des denrées aura été rejetée dans l'air de la cuisine.

— Mais alors, un réfrigérateur, c'est une sorte de radiateur qui réchauffe la cuisine !...

— Ton professeur risque de ne pas apprécier cette définition, mais elle me convient.

*(Le lendemain)*

— … Girard, je suis dans la salle de bains, viens voir !

— Que j'aille dans la salle de bains pendant que tu prends ta douche, Julie, je n'ose !

— Ce que tu es bête, il y a longtemps que j'ai fini de prendre ma douche. Je voudrais que tu m'expliques pourquoi le miroir se couvre de buée. Dès que je prends ma douche, je ne me vois plus dans la glace.

## *La buée*

— Quel dommage !

— Non, c'est sérieux. Explique-moi. Pourquoi cette buée ?

— Comme toujours, tu veux que je t'explique des phénomènes très simples mais qui nécessitent de longues explications.

— Mais c'est ton rôle !

— D'accord. On part de l'air qui nous entoure. Il faut que tu saches que chaque mètre cube d'air contient quelques grammes de vapeur d'eau. Quand la température de l'air est de 10 °C, 1 $m^3$ d'air peut contenir au maximum 10 g d'eau, à 20 °C, il peut en contenir 20 g, à 30 °C, 30 g mais à 50 °C, il peut contenir jusqu'à 80 g d'eau. Plus l'air est chaud, plus il peut contenir d'eau, sous forme de vapeur invisible.

Maintenant, revenons dans ta salle de bains. Avant de prendre ta douche, tout l'air de la salle de bains, tous les murs et tous les miroirs sont à la température de l'appartement, disons à 20 °C.

Dès que tu prends ta douche, l'air se mélange avec l'eau chaude (40 °C) qui t'éclabousse, de sorte que, en quelques minutes, toute la pièce se trouve emplie d'un air chaud et humide, dont la température est voisine de 30 °C. Quand cet air chaud, qui contient 30 g d'eau au mètre cube, rencontre une paroi qui est restée à 20 °C, il se refroidit, de 30 °C à 20 °C. Mais à 20 °C, l'air ne peut pas contenir plus de 20 g d'eau par mètre cube, et il se débarrasse donc des 10 g qu'il a en excédent en les déposant sur les murs – et sur ton miroir – sous forme de fines gouttelettes. Voilà pourquoi tu ne vois plus très nettement ta jolie frimousse dans ton miroir qui s'est couvert de buée.

— Bon. Je crois que j'ai compris. C'est ce que tu m'avais expliqué l'autre jour quand le seau à champagne se couvrait de buée.

— Mais, dis-moi, est-ce que tu m'écouterais par hasard quand j'essaye de te rendre savante ?

— Tu sais Girard, le plus souvent j'écoute bien ce que tu dis, mais c'est toi qui n'es pas toujours très clair.

— C'est vrai. Et je vais essayer d'être un peu plus clair en prenant un exemple qui va te montrer l'importance pratique de la buée dans les voyages en ballon.

## *La force ascensionnelle de la vapeur d'eau*

Je vais te raconter une expérience qui a été faite avec deux montgolfières. L'une est gonflée avec de l'air sec à 37 °C et l'autre avec de l'air, toujours à 37 °C, mais saturé d'humidité, comme celui de ta salle de bains.

La température extérieure au sol est d'environ 15 °C et on lance les deux ballons, qui s'élèvent paisiblement dans les airs. Au bout de quelques minutes, ils atteindront une altitude de 1 000 mètres, et la température de l'air autour d'eux tombera à environ 8 °C, en refroidissant du même coup les deux ballons, mais différemment : dans le ballon rempli d'air sec, la température va chuter de 37 °C à 28 °C, et ce ballon commencera même à perdre de l'altitude, tandis que le ballon rempli d'air humide ne se refroidira pas aussi vite et continuera à monter allègrement car, en gagnant de l'altitude, il condense la vapeur d'eau qui remplit le ballon, et donc il récupère de la chaleur, ce qui facilite sa montée.

— C'est curieux, je ne vois pas du tout pourquoi l'air sec se refroidit plus vite que l'air humide.

— C'est comme le miroir de ta salle de bains. L'air du ballon étant saturé d'humidité, dès que sa température diminue – ne serait-ce que de 1 °C –, l'eau qu'il contient ne peut plus rester dans le ballon sous forme de fin brouillard, et cette vapeur va se condenser en gouttelettes sur l'enveloppe interne du ballon : on assiste alors à une très belle condensation, qui se manifeste par des ruisseaux d'eau condensée qui s'échappent du ballon.

Mais, rappelle-toi : cette condensation de la vapeur d'eau, c'est exactement le phénomène inverse de la vaporisation. Or, pour vaporiser de l'eau, il faut la chauffer, il faut lui apporter des calories. Donc, inversement, lorsque l'eau sous forme de vapeur se condense en eau liquide, elle cède à l'air intérieur du ballon la même quantité de chaleur que celle qu'il faudrait dépenser pour la vaporiser. On peut transcrire ce mécanisme d'échange sous forme d'une formule très simple, comme nous les aimons, toi et moi :

**Évaporation :** (eau) liquide + *chaleur* ⇨ vapeur (d'eau)
**Condensation :** vapeur (d'eau) ⇨ (eau) liquide + *chaleur*

— D'accord. Mais le ballon, jusqu'où peut-il monter ?

— Pour te répondre, il faut d'abord revenir au processus d'ascension de notre ballon à air humide. En se condensant, la vapeur d'eau dégage de la chaleur, ce qui ralentit le refroidissement du ballon par l'air extérieur et accélère donc sa montée. Plus il monte, plus l'air extérieur est froid et, plus l'air extérieur est froid, plus la vapeur d'eau présente dans le ballon va se condenser. Et plus la vapeur se condense, plus elle cède de calories à l'air du ballon, qui se réchauffe, et plus l'air se réchauffe, plus le ballon monte…

Ce très joli mécanisme va parfaitement fonctionner jusqu'au moment où le ballon, à une altitude d'environ 11 000 mètres, entrera dans la stratosphère, où la température reste constante, à – 56 °C, ce qui rend impossible toute nouvelle condensation. Le ballon s'arrêtera donc de monter. En fait, il pourra reprendre son ascension mais seulement à condition que son enveloppe ait été conçue pour absorber directement le rayonnement solaire de façon à transmettre des calories à la paroi interne du ballon, ce qui réchauffera tout l'air du ballon.

— Et maintenant, si on redescendait sur terre ?

— Très bonne idée, car justement, j'ai encore quelque chose à t'expliquer sur le rôle de la vapeur d'eau sur la Terre.

Lorsque la nuit est claire et que la Terre se refroidit en rayonnant de l'énergie vers un ciel sans nuage, peu à peu les couches d'air situées au voisinage du sol deviennent plus froides. Elles se saturent de vapeur d'eau et permettent à cette vapeur d'eau de se déposer en fines gouttelettes à la surface des plantes ou des objets situés au voisinage du sol. C'est ce qu'on nomme la *rosée*, qui est une forme particulière de la condensation de la *buée*. Et si le refroidissement par rayonnement continue, la température des gouttes de rosée peut descendre en dessous de 0 °C. Alors les gouttelettes d'eau vont se congeler en fins cristaux de glace et former ce qu'on appelle de la *gelée blanche*.

## *Petite récapitulation ludique sous forme de charades*

Mon $1^{\text{er}}$ est un véhicule de l'ancien temps
Mon $2^{\text{nd}}$ est un saut
Mon tout est un combustible solide

***char + bond = charbon***

&

Mon $1^{\text{er}}$ est une forme du verbe « aller »
Mon $2^{\text{nd}}$ fait trembler
Mon tout peut être obtenu en chauffant de l'eau

***va + peur = vapeur***

&

Mon $1^{\text{er}}$ est un lieu favorable à l'alpinisme
Mon $2^{\text{nd}}$ est une vaste échancrure le long d'une côte
Mon $3^{\text{e}}$ est un jour récent
Mon tout est un aérostat qui s'élève grâce à l'air chaud

***mont + golfe + hier = montgolfière***

&

Mon $1^{\text{er}}$ est un félidé, ami de l'homme
Mon $2^{\text{nd}}$ est fait pour tromper
Mon tout réconforte quand il fait froid

***chat + leurre = chaleur***

&

Mon 1er est une petite étendue stagnante
Mon 2nd est un insecte friand de tissus et de fourrures
Mon tout rappelle une expérience de Denis Papin

***mare + mite = marmite***

&

Mon 1er est une consonne grecque mettant en rapport le rayon
et la longueur de la circonférence
Mon 2nd est une cérémonie traditionnelle
Mon tout est un minerai de fer aux reflets brillants

***pi ($\pi$) + rite = pyrite***

&

Mon 1er est une conjonction de coordination
Mon 2nd est une plante aromatique voisine du serpolet
Mon tout est un métal entrant dans un alliage avec le cuivre pour obtenir
du bronze

***et + thym = étain***

&

Mon 1er équivaut à 100 $m^2$
Mon 2nd désigne un nombre indéterminé de personnes
Mon tout est un métal précieux beaucoup plus léger que l'or

***are + gens = argent***

&

Mon 1er sépare les cheveux
Mon 2nd est un département dont le chef-lieu est Auxerre
Mon 3e ne dit pas la vérité
Mon tout peut être une émission calorifique

***raie + Yonne + ment = rayonnement***

&

Mon 1er est une partie du cou
Mon 2nd est la largeur d'un tissu entre deux lisières
Mon 3e est indispensable à la vie
Mon tout qualifie une énergie liée à l'atome

***nuque + lé + air = nucléaire***

&

Mon 1$^{er}$ est ce que l'on cherche à atteindre
Mon 2$^{nd}$ est un équidé, moins valorisé que le cheval
Mon tout est un hydrocarbure saturé, facilement liquéfiable

**but + âne = butane**

&

Mon 1$^{er}$ n'est pas ici
On peut s'abriter sous mon 2$^{nd}$
Mon tout peut qualifier une chaleur produite par un changement d'état

***là* + tente = *latente***

&

Mon 1$^{er}$ peut nécessiter une visite chez le pédicure
Mon 2$^{nd}$ est un métal précieux de densité 19,3
Mon 3$^{e}$ est le symbole de l'iode
Mon tout est une unité de quantité de chaleur

**cal + or + I = calorie**

&

Mon 1$^{er}$ signifie « oui »
Mon 2$^{nd}$ est un des outils du menuisier
Mon 3$^{e}$ dérange
Mon tout est un des éléments gazeux facilitant la combustion

**oc + *scie* + gêne = oxygène**

&

Mon 1$^{er}$ est la fleur la plus connue
Mon 2$^{nd}$ est une conjonction de coordination
Mon tout est l'effet de la condensation de l'air ambiant quand la terre se refroidit

**rose + et = rosée**

&

Mon 1$^{er}$ se trouve sous terre
Mon 2$^{nd}$ est un rayon de lumière
De mon tout, on peut extraire un métal

**mine + *rai* = minerai**

&

Mon $1^{er}$ est une planète familière aux humains
On peut dire ou écrire mon $2^{nd}$
Mon $3^{e}$ est une unité de longueur
Mon tout est un instrument très utile aux médecins

**Terre + mot + mètre = thermomètre**

&

Mon $1^{er}$ est une grande étendue liquide
Mon $2^{nd}$ est conseillé pour reconstituer une santé déficiente
Mon tout est un métal qui reste liquide jusqu'à – 39 °C

**mer + cure = mercure**

## 5. AUTOUR DE L'ÉLECTRICITÉ

*Julie apprend qu'on peut se mettre à l'abri de la foudre grâce au paratonnerre de Benjamin Franklin. Elle comprend aussi comment fonctionne une pile électrique. Elle s'initie enfin aux mystères de l'aimantation et des boussoles en observant les liaisons intimes d'un aimant avec le courant électrique.*

— Julie ! Sais-tu depuis combien de temps on connaît l'électricité ?

— Tu veux dire : « la Fée électricité » ?

— Ça, c'est le nom qu'on lui a donné au début du XX$^{e}$ siècle, quand l'électricité a commencé à illuminer les beaux quartiers des grandes villes, quand on a su la produire et la distribuer. Mais on avait déjà été en contact avec celle qu'on pourrait qualifier de « naturelle ».

— Parce qu'il y a de l'électricité dans la nature ?

— Déjà, vers 600 av. J.-C., le grand savant grec Thalès, qui vivait à Milet, en Asie Mineure, avait remarqué que l'ambre jaune, lorsqu'on le frottait avec une peau de chat, attirait les petites plumes ou les brins de paille.

— Mais quel rapport avec l'électricité ?

— Cette attirance des petits objets légers par l'ambre était une manifestation de ce que l'on a appelé ultérieurement l'*électricité statique*, puis l'*électricité* tout court. Ce mot a été créé à partir du grec *elektron*, qui désignait justement l'ambre jaune.

— Ah ! C'est l'ambre dont on fait des bijoux. J'en ai vu de très beaux, où on découvrait en transparence de petits insectes qui s'étaient englués dans cette résine il y a des millions d'années.

— C'est bien ça. Et à partir du mot grec *elektron*, on a pu former toute une série de mots fort utiles en physique : *électrique, électricité, électrolyse, électron, électronique*, etc.

Mais ce qui est étonnant, c'est qu'entre Thalès et la première pile électrique, inventée par Volta en 1800, il va s'écouler près de 2 500 ans, pendant lesquels on ne réussira pas à produire du courant électrique.

On avait bien observé les effets de la foudre qui était capable de mettre le feu à une forêt, mais on ne savait ni diriger ni utiliser cette énergie gigantesque qui tombait parfois du ciel. En revanche, on allait bientôt apprendre à s'en protéger.

## *La foudre*

C'est l'arrivée à Paris du savant américain Benjamin Franklin qui a donné un sens aux expériences d'électricité qui passionnaient les savants des salons parisiens du XVIIIe siècle. Franklin a été le premier à faire l'hypothèse que la foudre était une énorme étincelle qui se produit entre la Terre et les nuages et aussi entre les nuages eux-mêmes.

— Attends, Girard, on dit que, par temps d'orage, la foudre tombe de préférence sur le sommet des sapins ou sur la pointe des clochers. C'est vrai ?

— Oui, et pour canaliser cette énergie électrique et empêcher la foudre de tomber n'importe où, Franklin avait imaginé de la guider en lui faisant suivre, à partir d'une tige métallique, un tuyau en cuivre partant du sommet du toit de sa propre maison et aboutissant au-dessous de ses fondations, ce qu'il réalisa pour la première fois en mai 1752 : il venait d'inventer le paratonnerre.

**LE PARATONNERRE DE FRANKLIN**

Benjamin FRANKLIN (1706-1790)

Quinzième enfant d'une famille de dix-sept enfants, Benjamin Franklin est né à Boston en 1706, d'un père chassé d'Angleterre pour des raisons religieuses et qui était devenu en Amérique fabricant de chandelles.

À 17 ans, n'ayant qu'un seul dollar en poche, Franklin quitte le logis familial et va chercher fortune à Philadelphie. Successivement journaliste, imprimeur et inventeur de paratonnerres (1752), il se préoccupe aussi du pavage et de l'éclairage de sa ville. Élu député au Ier Congrès américain, il participe à la rédaction de la Déclaration d'Indépendance des États-Unis (1776). Il est alors chargé de mission en France (1778) où il est accueilli avec enthousiasme et admiration. Après de longs séjours à Paris, il retourne en 1785 en Amérique, où il mourra à Philadelphie cinq ans plus tard.

— Dis-moi, est-ce qu'on a pu faire des expériences avec la foudre ?

— Le maniement de la foudre est évidemment trop aléatoire et surtout trop dangereux pour qu'on puisse l'utiliser en laboratoire dans des expériences électriques, qui nécessitent des sources d'énergie électrique stables et de puissance limitée.

Le moment était donc venu d'inventer la pile électrique.

## *La pile électrique*

L'idée de la pile électrique revient au physicien et médecin italien Luigi Galvani (1737-1798) qui s'intéressait au problème de l'électricité animale, celle par exemple des poissons torpilles et des gymnotes.

— C'est quoi, des gymnotes ?

— Ce sont des poissons – on les appelle aussi *anguilles électriques* – qui peuvent atteindre 2 m de long et qui sont capables d'électrocuter leurs adversaires par des décharges électriques pouvant atteindre 600 volts[48], c'est-à-dire trois fois plus que le voltage domestique habituel (220 volts). Galvani avait été mis sur la voie de l'existence de l'électricité animale par une expérience qu'il avait réalisée en 1780 : il étudiait sur son balcon les réactions d'une grenouille qu'il avait dépouillée de sa peau et étendue sur une grille en cuivre tout contre le bord du balcon. Chaque fois que le cuivre de la grille touchait le fer du balcon, la grenouille sursautait et les muscles de ses cuisses se contractaient, mais on ne savait pas encore pourquoi.

C'est le physicien Alessandro Volta (1745-1827) qui trouva l'explication de ce phénomène : les secousses électriques manifestées par la grenouille ne venaient pas des muscles de la grenouille, comme le pensait Galvani, mais du contact entre le fer et le cuivre, qui agit comme une pile électrique.

**L'INVENTEUR DE LA PILE ÉLECTRIQUE**

Alessandro VOLTA (1745-1827)

Le nom de ce physicien italien est associé à celui de la première pile électrique, qu'il a mise au point en 1800. Mais il avait aussi montré ses qualités de chimiste dès 1778 en isolant le méthane à partir du « gaz des marais » et il a été passionné par l'électricité pendant toute sa vie.

Il était doué pour les langues et il avait même, tout jeune étudiant, écrit un poème en latin sur le sujet et c'est en français qu'il avait rédigé sa lettre du 20 mars 1800 décrivant sa récente invention de la pile électrique à la Royal Society.

— Mais, dis-moi, Girard, excuse-moi de passer du coq à l'âne, j'ai aussi entendu dire que Volta avait peut-être inventé en Italie les gnocchi à base de pomme de terre. C'est vrai ?

— Oui, et c'est aussi presque à la même époque que Parmentier avait introduit la culture de la pomme de terre en France (vers 1785)[49].

— C'est drôle que Volta se soit aussi intéressé à la gastronomie italienne.

— En fait, son vrai domaine de recherche était depuis longtemps dirigé sur les propriétés électriques des métaux. Grâce à ses travaux, il avait montré que le contact de deux métaux (comme le cuivre et le zinc) provoquait l'apparition d'un courant, qui était suffisant pour exciter le système nerveux de la grenouille. La solution du problème n'était donc pas physiologique, mais chimique.

Volta imagina ensuite d'empiler des rondelles d'argent et de zinc, chaque couple de rondelles étant isolée du couple voisin par une rondelle de tissu imbibé d'une solution d'acide sulfurique : c'était la première pile électrique.

En 1800, non seulement Volta fit connaître sa découverte à la Royal Society de Londres mais il présenta en France son invention au Premier consul, qui eut l'idée d'offrir au laboratoire de l'École polytechnique une pile électrique qui allait permettre à tous les jeunes savants, dont les laboratoires allaient être pourvus de piles électriques, d'étudier les différents aspects d'une nouvelle discipline, l'*électromagnétisme*.

— Aïe aïe aïe ! Encore un mot incompréhensible !

## *L'électromagnétisme*

— Tu vas voir, c'est vrai que ce n'est pas simple, mais c'est très étonnant.

L'électromagnétisme est une discipline qui a été développée à la fin du XIXe siècle à la suite des travaux de quelques physiciens, menés dans la première moitié du XIXe siècle, et dont tu connais peut-être les noms sans savoir ce qu'ils ont découvert : tout d'abord Œrsted, puis Ampère, Arago, Fresnel, Faraday et surtout Maxwell.

— Girard, est-ce que tu pourrais être un peu plus clair sur cette discipline au nom interminable ?

— Oui, mais avant d'aller plus loin, il faut que tu puisses te familiariser avec cette merveille qu'est un aimant. Regarde, tu vois ces deux barreaux aimantés...

## *L'aimantation*

— Tu sais, Girard, j'ai déjà joué avec des aimants ! J'ai bien vu qu'ils s'attirent ou se repoussent suivant l'extrémité qu'on présente en face du premier barreau aimanté.

— Justement, je t'ai choisi des barreaux assez puissants pour que tu te rendes bien compte de la force d'un champ magnétique. Je voudrais que tu les mettes n'importe comment sur la table et que tu les rapproches tout doucement...

— Oui, je sais. Quand ils seront assez près l'un de l'autre, l'un des deux va se précipiter sur l'autre, quitte à faire un demi-tour complet pour pouvoir coller la face nord de l'un à la face sud de l'autre... Tu vois, ça y est, j'ai gagné !

— Très bien. Maintenant reprends-les, détache-les, puis retourne le second barreau et approche-le du premier, mais cette fois face nord contre face nord. Tu vas ressentir une sensation extraordinaire...

— Oh ! Je n'arrive pas à les faire se toucher ! C'est comme si, entre les deux barreaux, l'air était devenu une sorte de fluide épais, c'est fou !

— C'est ça que je voulais que tu ressentes, car c'est un cas unique où l'on peut sentir physiquement l'existence d'un champ de forces – ici, de forces magnétiques –, celles qui t'empêchent de rapprocher deux pôles magnétiques de même nature, et qui cependant restent invisibles.

Et maintenant, on va faire une autre expérience : tu vas poser sur la table le premier barreau face nord en l'air et tu vas approcher doucement la face sud du second barreau en le maintenant bien vertical au-dessus du premier barreau.

— Voilà, mais il ne se passe rien.

— C'est parce que tu es trop loin. Continue à rapprocher tout doucement ton aimant et tiens-le bien.

— Aïe ! Ça y est ! Je savais bien qu'il viendrait se coller à mon aimant, mais quand même, c'est brutal.

— Tu es une bonne expérimentatrice, bravo. Et maintenant, essayons de comprendre ce qui s'est passé.

L'aimant que tu as posé sur la table est resté bien en place, car il était maintenu par la force de la pesanteur, une force terriblement efficace et universelle, mais invisible. Puis, tu as approché le second barreau et alors, pour des raisons inexplicables, le premier barreau a paru se libérer du champ de la gravitation en s'élevant dans l'air et en venant, sous l'influence des forces magnétiques, se coller sur l'aimant que tu tenais à la main.

Le résultat est clair : dans cette expérience, les forces magnétiques étaient supérieures aux forces de la gravitation. Malheureusement, cela ne nous renseigne pas sur la nature de ces forces.

— Tout ça est vraiment incroyable !

— Julie, rappelle-toi, le rôle du physicien n'est pas de croire mais d'observer et de donner des phénomènes observés une description cohérente. Ce que nous ignorons, c'est leur nature profonde.

— Vous, les physiciens, vous n'êtes pas curieux !

— Détrompe-toi, nous le sommes ! Nous ne nous contentons pas d'étudier, par l'observation et l'expérimentation, comment les corps s'attirent, mais nous essayons d'analyser les relations entre ces phénomènes. En fait, nous nous intéressons davantage au comment qu'au pourquoi.

Mais revenons à nos aimants. J'ai encore quelques informations à te donner pour que tu deviennes une brillante physicienne.

— Qui t'a dit que je voulais être une brillante physicienne ?

— Je le croyais. Mais reprenons.

Il y a très longtemps que l'on connaît les pierres à aimanter. Il y en avait plusieurs gisements en Grèce, dans la région centrée autour de la mer Égée et dont les cités les plus importantes, Éphèse, Milet, Pergame et Magnésie étaient toutes des villes florissantes vers le VIe siècle av. J.-C.

### *Magnésie : un même nom pour deux villes*

Il y avait à cette époque deux villes portant le même nom, *Magnésie* : *Magnésie du Méandre*, aujourd'hui une ville située en Ionie, et *Magnésie du Sipyle*, située en Lydie, aujourd'hui *Manisa*, en Turquie. De l'une venait la *magnésite*, une sorte de minerai blanchâtre appelé aussi *écume de mer*, dont on fait des pipes et qu'on utilise en pharmacie. De l'autre venait la *magnétite*, un oxyde de fer de couleur noire. C'est ce dernier qui a des propriétés magnétiques, c'est-à-dire qu'il attire la limaille de fer. C'est grâce aux propriétés magnétiques de cet oxyde de fer qu'on a pu fabriquer les aiguilles des boussoles.

### *La boussole*

Les premières observations sur les propriétés de ce minerai d'oxyde de fer magnétique avaient sans doute été faites en Grèce au VIe siècle av. J.-C. par le mathématicien Thalès, mais il est probable que les Chinois l'avaient devancé. Ils ont été les premiers à remarquer que si on laissait tourner une petite aiguille aimantée sur un pivot, l'une des extrémités de l'aiguille s'orientait toujours dans la même direction, celle du nord. Plus tard, ils avaient mis au point la première boussole, vers l'an 1000 apr. J.-C., mais ce n'est qu'en 1190 que l'usage de la boussole a été introduit en Europe.

En Europe, les premières études précises sur ces phénomènes seront conduites bien plus tard, par un médecin de la reine d'Angleterre Élisabeth 1re, William Gilbert (1544-1603), qui publia en 1600 un traité sur le magnétisme, *De magnete* « De l'aimant ».

— J'ai aussi appris que tout l'art de la navigation s'est trouvé transformé par l'utilisation de la boussole… Mais, Girard, je vois que je suis déjà en retard…

— Bon ! Ça suffit pour aujourd'hui. Demain nous essaierons de comprendre comment fonctionne un moteur électrique. Allez, sauve-toi !

— À demain après-midi, parce que le matin, j'ai cours de géographie.

— Ah, ça tombe bien, demande donc à ton professeur où sont les deux villes nommées *Magnésie*, je suis sûr qu'il n'en sait rien.

— Bonne idée, mais s'il ne sait pas, je vais me faire mal voir car il n'est pas commode.

*(Le lendemain)*

— Alors, Julie, comment ça s'est passé avec ton professeur ?

— Assez mal, parce qu'il a continué à m'affirmer qu'il n'y avait qu'une ville appelée *Magnésie* et que c'était des environs de cette ville que l'on extrayait de l'oxyde de fer magnétique, qui est de couleur noire. Il a ensuite ajouté que cette ville était située sur les bords du célèbre fleuve Méandre, mais il était vexé. Je m'attends au pire…

— Ne t'inquiète pas, Julie. Il verra bientôt qu'il ne connaît qu'une partie du sujet, celle de l'origine de la *magnétite* (c'est-à-dire de l'oxyde de fer magnétique), mais qu'il ignore tout de la *magnésite*, celle qu'on utilise en pharmacie et qui est de couleur blanche… En attendant, nous allons nous occuper de la naissance de l'électromagnétisme, une discipline qui rassemble tous les phénomènes communs à l'électricité et au magnétisme.

## *La naissance de l'électromagnétisme*

Toutes les lois de la physique sur les rapports entre les aimants et les courants électriques découlent d'une seule découverte fondamentale, faite par le physicien danois Œrsted en 1820.

Nous allons refaire cette expérience : je pose la boussole sur la table et j'oriente le nord du cadran en face de la partie sombre de l'aiguille. Elle reste immobile. Maintenant, je tends un fil de cuivre juste au-dessus de l'aiguille aimantée…

— Il ne se passe rien !

— Attends. Je vais à présent raccorder les deux extrémités de mon fil de cuivre aux deux pôles d'une pile électrique pour former une bobine… Voilà !

— L'aiguille s'est mise en mouvement, puis elle s'est arrêtée, et maintenant, elle ne désigne plus le nord, elle désigne l'est.

**INFLUENCE D'UN COURANT ÉLECTRIQUE SUR UNE BOUSSOLE**

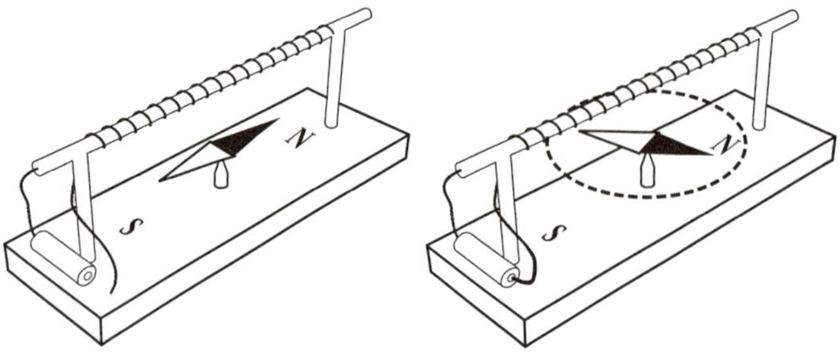


Le courant ne passe pas, la boussole est immobile. Elle indique bien le Nord.

La pile est branchée, l'électricité passe, la boussole est en mouvement, (influencée par le courant).

— Faisons une contre-expérience : j'enlève mon fil et la pile électrique, et j'approche un petit aimant de la boussole. Que vois-tu ?

— L'aiguille s'est de nouveau mise en mouvement, et ça veut donc dire que ton bout de fil électrique joue le même rôle qu'un aimant.

— Voilà, tu as tout compris : le simple fait de faire passer du courant électrique dans une bobine faite d'un fil conducteur la transforme en aimant et crée autour d'elle un véritable champ magnétique qui fait bouger la petite aiguille.

Avec cette découverte d'Œrsted, c'était la première fois qu'était mise en évidence la relation, jusque-là insoupçonnée, entre le magnétisme et l'électricité. Cette expérience allait transformer la vie de tous les hommes : on pouvait créer un aimant avec un simple fil électrique parcouru par un courant continu. Cela ouvrait la voie à la création du moteur électrique.

**ŒRSTED, À L'ORIGINE DE L'ÉLECTRODYNAMIQUE**

Hans Christian ŒRSTED (1777-1851)

C'est en 1820, au cours d'une expérience à l'université de Copenhague où Œrsted avait été nommé professeur de physique, que se produisit un miracle : alors qu'il expliquait à ses étudiants le fonctionnement d'une pile électrique et qu'il reliait par un long fil les deux pôles de la pile, il s'aperçut avec stupeur que le passage du courant coïncidait avec une nette déviation de l'aiguille d'une boussole située par hasard sur sa table d'expérimentation. Or jusque-là personne n'était parvenu à prouver qu'il pouvait y avoir une relation entre le magnétisme et l'électricité.

Pour Œrsted, ce fut la gloire. Il reçut de nombreuses récompenses mais la plus précieuse fut sans doute de constater l'ampleur étourdissante que prenait sa trouvaille entre les mains d'Ampère, d'Arago et de Faraday, qui en firent une nouvelle branche de l'électricité : l'électrodynamique.

Et maintenant, approche ton fil de la boussole, et enroule sur ton doigt quelques dizaines de spires, c'est-à-dire de tours de fil électrique isolé : si tu réunis leurs extrémités à ta pile, tu vas pouvoir influencer ta boussole de beaucoup plus loin. Essaye…

— Oh là là ! Girard, elle ne fait pas que dévier. Elle devient vraiment folle !

— Cela signifie que l'aimantation augmente si on augmente le nombre de tours de fil électrique. Mais cette propriété, c'est à un autre savant, Ampère, qu'on la doit.

La diffusion de cette découverte fut, elle aussi, spectaculaire et souleva l'intérêt de la communauté scientifique.

Le 11 septembre 1820, Œrsted invite son collègue français, Arago, à venir voir l'expérience, ce qui rend Arago enthousiaste et qui l'incite à poursuivre des recherches dans la même direction. Il était alors professeur à Polytechnique, où il avait été intégré à la suite d'un oral mémorable.

**COMMENT ARAGO A PASSÉ L'ORAL DE POLYTECHNIQUE**

François ARAGO (1786-1853)

François Arago, qui était le fils d'un caissier de la Monnaie de Perpignan, était un jeune homme ambitieux… et impertinent.

À l'âge de 17 ans, il prépare seul le concours d'entrée à Polytechnique et passe l'oral avec l'illustre géomètre Monge qui était, ce jour-là, de fort méchante humeur car le candidat précédent avait été nul.

— *Si vous êtes aussi mauvais, il est inutile que je vous interroge.*

— *Interrogez-moi tout de même, c'est votre devoir.*

— *Vous le prenez de bien haut, jeune homme. Nous allons voir si la bonne opinion que vous avez de vous-même est justifiée !*

Monge interroge Arago pendant deux heures, au bout desquelles, passant d'un extrême à l'autre, il se lève, embrasse Arago et lui déclare qu'il serait reçu premier de sa promotion[50].

Il se trouve qu'un autre physicien français, Ampère, assistait aussi à cette expérience. Ce dernier comprend tout de suite l'importance de cette découverte, et se met lui aussi immédiatement au travail. Et une semaine plus tard, le 18 septembre 1820, Ampère annonce sa propre découverte : deux fils électriques parallèles réagissent l'un sur l'autre en augmentant la puissance de l'aimantation. Cette découverte conduira à la généralisation du solénoïde pour fabriquer des aimants.

— Mais c'est quoi, un solénoïde ?

— C'est la bobine de fil électrique isolé que tu viens de manipuler et qui, quand elle est alimentée en courant électrique, joue le rôle d'un aimant. Plus le nombre de tours de fil est grand, plus grande est la puissance magnétique de l'aimant. Cette propriété va permettre de faire des aimants 100 fois ou 1 000 fois plus puissants que les aimants naturels.

— D'où sort ce mot bizarre, *solénoïde* ?

— Il vient d'un mot grec, *sôlên,* qui signifie « canal, tuyau », auquel on a ajouté le suffixe *-oïde*, que tu connais déjà (*astéroïde*, qui a une forme d'étoile, ou *ovoïde*, en forme d'œuf).

**AMPÈRE, SAVANT ET... POÈTE**

André-Marie AMPÈRE (1775-1836)

André-Marie Ampère était un enfant surdoué. À 13 ans, il se passionne pour l'algèbre et, afin de pouvoir lire les ouvrages du grand mathématicien Euler, il apprend le latin et il s'y intéresse tellement qu'il se récite par cœur des passages entiers de Virgile.

À l'âge de 21 ans, il tombe éperdument amoureux d'une jolie jeune fille blonde à laquelle il envoie, vingt ans avant *Le lac*, des poèmes tout pétris de romantisme lamartinien :

*« Ô Fanny ! C'est ici que mon âme éperdue*
*Nourrira les chagrins dont je suis déchiré !*
*J'y dirai tous les jours : c'est là que je l'ai vue !*
*En me disant adieu, c'est là qu'elle a pleuré... »*

Devenu professeur à Polytechnique, il est alors considéré comme l'un des meilleurs mathématiciens d'Europe. À la suite des découvertes du physicien danois Œrsted sur les courants électriques et les aimants, il participera aux premiers travaux d'électrodynamique.

D'une originalité frisant la distraction, d'une érudition sans limites, mais toujours à court d'argent, en proie à la passion, au doute et au mysticisme, il meurt au cours d'un voyage à Marseille en 1836[51].

— Donc, Œrsted et Ampère sont des physiciens très importants dans ce domaine. Mais tout à l'heure, tu m'as cité d'autres noms.

— Oui. De leur côté, d'autres savants, comme Faraday et Fresnel, vont apporter leur contribution à la connaissance des phénomènes électromagnétiques.

**FARADAY, À LA FOIS CHIMISTE ET PHYSICIEN**

Michael FARADAY (1791-1867)

Né aux environs de Londres en 1791, Faraday était le fils d'un maréchal-ferrant. À l'âge de 13 ans, il est placé en apprentissage chez un relieur. Pendant que les feuillets sèchent, il jette un coup d'œil sur les ouvrages qu'il doit relier, et un jour il tombe sur un ouvrage qui lui fait découvrir la chimie. Il réussit alors à obtenir le droit d'aller au Royal Institute suivre les cours du grand chimiste anglais Sir Humphry Davy, qui finit par l'engager comme aide-préparateur. En tant que chimiste, Faraday réussira à liquéfier de nombreux gaz, parmi lesquels le gaz ammoniac ($NH_3$), le gaz chlorhydrique (ClH) ou l'éthylène ($C_2H_4$).

Mais Faraday a aussi participé au développement de l'électrodynamique. Après sept ans de recherches, il annoncera la découverte de l'induction et des courants induits et montrera qu'en faisant alternativement entrer et sortir un aimant d'une bobine, on peut obtenir de l'électricité de façon plus souple et plus économique qu'avec une pile. La présence de ces courants induits laissait entrevoir la création prochaine de la dynamo et des turbo-alternateurs ainsi que la mise au point des futures immenses centrales hydro-électriques[52].

— L'électromagnétisme, c'est donc une nouvelle science très importante ?

— Oui, et le destin de cette nouvelle discipline a été fulgurant. En moins de cinquante ans, on allait tout inventer en électricité.

La micro-électronique, avec ses transistors et ses ordinateurs, n'est apparue que plus tard, au milieu du XXe siècle.

Mais déjà à cette époque, d'autres expériences ont été réalisées.

— Girard, ces expériences, est-ce qu'on peut les faire ensemble ?

— D'accord, on va faire une de ces expériences. Viens dans mon atelier, j'ai fabriqué pour toi une petite machine, qui est la transposition en meccano de la machine imaginée en 1828 par le physicien anglais Peter Barlow (1776-1862).

— Girard, tu joues encore au meccano à ton âge ?

— Oui, tu vois, il y a quelques années, j'avais déjà construit pour ton père une maquette de la fameuse *Machine à fabriquer du chocolat* de Marcel Duchamp, et aujourd'hui j'ai bricolé pour toi ce que les physiciens appellent une « *roue de Barlow* ». C'est une expérience qui fait partie de l'histoire de la physique.

## *La roue de Barlow, un précurseur du moteur électrique*

— Oui, je vois, tu as pris un gros aimant en forme de fer à cheval et une roue dentée en cuivre, et tu t'es arrangé pour que toute la moitié inférieure de la roue tourne entre les deux branches de ton aimant et soit donc soumise à un champ magnétique intense, perpendiculaire à la roue… Et alors ?

— Julie, comme tu es impatiente ! Il me reste à relier l'un des pôles d'une pile à l'axe de la roue, et l'autre pôle aux dents de la roue.

Ainsi, à tout moment, il y a un des rayons de la roue dentée qui est parcouru par un courant électrique tout en étant soumis au champ magnétique du gros aimant en fer à cheval. Dans ces conditions, le rayon est soumis à une force qui le fera tourner…

Maintenant, regarde bien, j'appuie sur l'interrupteur… et la roue tourne !

LA ROUE DE BARLOW

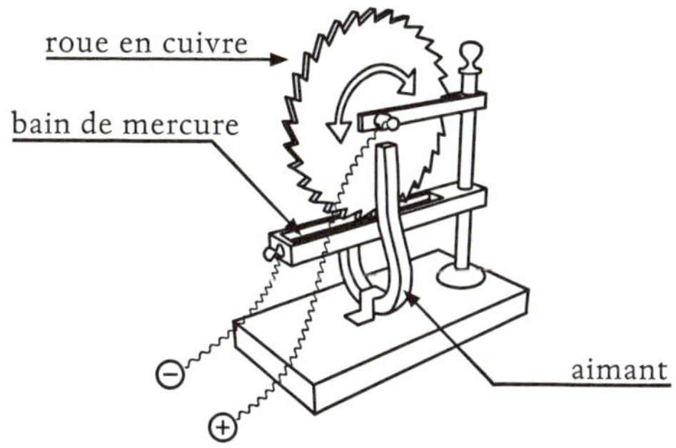


Attends, tu n'as pas tout vu. Dans cette expérience, on a d'abord transformé l'énergie de la batterie en énergie électrique envoyée dans le circuit, puis en énergie mécanique, celle qui fait tourner la roue... Maintenant, je débranche la batterie et je raccorde les deux fils à un appareil de mesure... Il ne se passe rien... Je fixe une manivelle sur l'axe de la roue et c'est moi qui vais tourner la manivelle... Alors ?

LA ROUE DE BARLOW : SCHÉMA EXPLICATIF

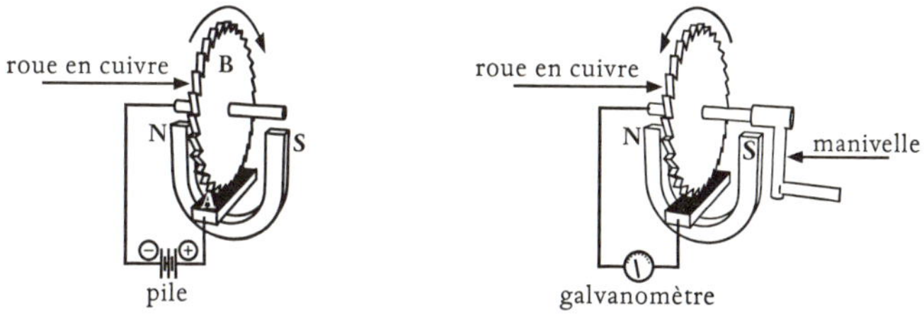


Roue de Barlow motrice
Le courant va de A vers B, le champ magnétique est dirigé de N vers S, la force fait tourner la roue

Roue de Barlow génératrice
En tournant la manivelle, on produit du courant

— Je vois que l'aiguille de ton appareil de mesure indique qu'il passe du courant.

— Nous avons donc transformé en énergie électrique de l'énergie musculaire – mais cela pourrait être n'importe quelle énergie mécanique (celle d'un moulin, par exemple) – en énergie électrique.

C'est aussi ce qui se produit quand tu fais fonctionner l'éclairage de ton vélo, qui n'éclaire que lorsque la roue fait tourner la dynamo.

En conclusion, on peut dire que la roue de Barlow, aussi primitive soit-elle, peut être considérée comme l'ancêtre de tous les moteurs électriques fonctionnant en courant continu. L'application la plus usuelle est celle de la petite roue que tu vois tourner dans ton compteur électrique. Mais j'aimerais bien te parler encore de l'induction.

## *L'induction*

Quand j'étais en classe de seconde, on nous avait fait une expérience mettant en présence un aimant et une bobine de fil électrique et montrant que lorsque l'aimant est immobile, il ne se passe rien, mais que si on modifie la position de cet aimant, on modifie le flux magnétique que reçoit la bobine. Cette seule modification provoquait dans la bobine un courant électrique. C'est ce qu'on appelle un *courant d'induction* ou *courant induit*. Et pourtant il n'y avait, dans cette expérience, aucune pile ni aucune source d'électricité.

— Tu peux l'appeler comme tu voudras, c'est quand même extraordinaire de fabriquer du courant électrique sans pile, uniquement grâce à un aimant et à une grosse bobine. Mais tu sais, Girard, je crois que je suis un peu saturée.

— Allez, sauve-toi ! Mais on n'en a pas fini avec l'électricité. La prochaine fois on parlera du courant alternatif et du transport de l'énergie électrique.

(*Le lendemain*)

## *Le transport de l'énergie électrique*

— Julie, jusqu'ici, nous nous sommes surtout intéressés au courant continu, celui qui est produit par une pile ou par un générateur de courant continu du genre roue de Barlow. Il nous reste à parler du courant alternatif.

— Et c'est quoi, le courant alternatif ?

— C'est ce courant alternatif que nous utilisons dans la vie de tous les jours, et qui change de sens 5 fois par seconde. Ce courant, on l'obtient en faisant tourner régulièrement un aimant autour d'un axe. Le flux magnétique balaye régulièrement la bobine, qui reçoit un flux continuellement variable, et qui produit en conséquence un courant induit alternatif. En réalité, on utilise beaucoup plus le courant alternatif que le courant continu dans l'industrie et dans la vie de tous les jours parce qu'il est beaucoup plus facile à transporter.

— Mais quel avantage y a-t-il à utiliser ce courant alternatif plutôt que du courant continu ?

— Je viens de le dire, c'est que le courant alternatif permet de transporter l'énergie électrique beaucoup plus économiquement que le courant continu.

— Pourquoi ?

— Parce que le courant alternatif se prête à l'utilisation d'un appareil qu'on nomme *transformateur*, et qui permet d'élever ou d'abaisser le voltage à son gré.

— Et comment il fonctionne, ton transformateur ?

— Dans son principe, un transformateur est un appareil qui est alimenté d'un côté par du courant alternatif – par exemple à 220 volts –, et qui peut fournir de l'autre côté du courant alternatif à un autre voltage, plus bas ou plus élevé. Cette souplesse dans la valeur du voltage obtenu permet de choisir le voltage le plus économique compte tenu des conditions de transport du courant sur le plan géographique.

— Donne-moi un exemple des différentes étapes de ce transport d'énergie électrique.

— Dans la distribution de l'énergie électrique dans un réseau, on part généralement d'un alternateur qui fournit de l'électricité à 5 000 volts. Grâce à un premier transformateur, on élève la tension à près de 500 000 volts parce que, dans un transport d'énergie électrique par câbles, la déperdition est d'autant moins grande que le voltage est plus élevé. On achemine ainsi l'énergie électrique, généralement par des câbles suspendus à d'énormes pylônes, vers les villes. Un peu avant d'arriver dans une ville, on abaisse la tension, d'abord à 5 000 volts pour fournir de l'électricité aux industries, puis à 380 volts pour alimenter les grands immeubles, et enfin à 220 volts pour la distribution dans les appartements.

— Girard, à ce propos, dis-moi, quand les plombs sautent dans un appartement, qu'est-ce qui se passe ? Et comment peut-on arriver à rétablir le courant ?

## *Des plombs qui sautent*

— Si les plombs sautent, c'est qu'on a dépassé les possibilités de notre installation électrique et, pour éviter les conséquences dramatiques que pourrait entraîner ce dépassement, on provoque la coupure automatique du courant grâce à la mise en place d'un fusible. C'est là une des premières applications de l'effet Joule que nous connaissons déjà, et qui élève la température de tous les appareils électriques en fonctionnement.

— Ah, je comprends maintenant pourquoi, quand on arrive dans le rayon éclairage d'un grand magasin, on crève de chaud.

— Et pourtant, ces lieux sont conditionnés de manière à abaisser la température ambiante.

Bon, je continue. Si l'on veut protéger un appareil ou l'ensemble des ampoules d'une pièce, il faut limiter l'intensité du courant qui circule dans l'installation. Pour cela, en amont de l'appareil à protéger, on intercale un fusible, constitué d'un mince fil d'un alliage plomb-étain, qui a une température de fusion beaucoup plus basse que celle du cuivre. Lorsqu'on allume successivement toutes les lampes de la pièce, l'intensité du courant est de plus en plus forte, ce qui provoque, par effet Joule, un dégagement de chaleur dans tout le circuit et donc la fusion du fusible. Cela entraîne l'interruption générale du circuit électrique. On dit alors que les fusibles ont fondu, ou encore que « les plombs ont sauté ».

Pour rétablir le courant, il faut éteindre une ou deux lampes et remplacer les fusibles, éventuellement par des fusibles plus gros, qui laisseront passer le courant sans trop chauffer et donc sans risquer de fondre.

En réalité, aujourd'hui toute l'installation électrique d'un appartement est protégée au niveau du compteur par un disjoncteur qui coupe l'arrivée du courant dès que l'intensité de celui-ci est trop élevée par rapport aux capacités de l'installation.

— Girard, excuse-moi, mais je reviens un peu en arrière, à propos des fusibles. Pourquoi as-tu précisé que si on choisissait un alliage d'étain, c'était parce que sa température de fusion était beaucoup plus basse que celle du cuivre ?

— Je pensais que tu savais que tous les fils d'une installation électrique sont en cuivre parce que le cuivre est un bien meilleur conducteur de l'électricité que les alliages d'étain. Tous les matériaux solides ont d'ailleurs été classés en plusieurs catégories : ceux qui conduisent l'électricité, comme les métaux et plus particulièrement le cuivre, l'argent et l'or, et les isolants, comme l'alumine, le quartz ou le caoutchouc, qui ne laissent pas passer le courant.

### *Semi-conducteurs et transistors*

Entre ces deux catégories, on a découvert plus tard des matériaux qui, suivant les conditions d'emploi, laissent passer ou ne laissent pas passer le courant électrique. Ainsi, le silicium métallique est un *semi-conducteur*. En effet, c'est un bon isolant électrique quand il est pur, mais lorsqu'il contient des impuretés d'arsenic ou de gallium, il devient conducteur.

— Donc, les semi-conducteurs, c'est un peu ce qu'on trouve dans une poubelle !...

— Au contraire ! Ces impuretés, on les compte une à une et on les dépose dans le semi-conducteur dans des conditions extrêmement contrôlées.

— Est-ce qu'un transistor est un semi-conducteur ?

— Un transistor, c'est en fait un assemblage de deux ou de plusieurs lames de semi-conducteurs.

Le transistor a été inventé aux États-Unis en 1948, et il est une des inventions les plus importantes des soixante dernières années, qui ont vu la naissance des radios portatives (que l'on a d'ailleurs d'abord appelées des *transistors*), de la télévision, des ordinateurs, des téléphones portables... Ce qui fait le mérite du transistor, c'est d'abord qu'il est bon marché et qu'il consomme peu d'énergie. Son succès a conduit les industriels à participer à une course à la miniaturisation, qui réduit à la fois la taille et le prix de ses composants.

— Girard, maintenant, j'aimerais bien que tu me résumes en quelques phrases tout ce qu'on vient de voir sur l'électricité car j'ai peur de m'y perdre un peu.

— Voilà : le savant italien Volta découvre en 1800 la pile électrique, qui restera pendant près d'un quart de siècle la seule source d'électricité. En 1820, le savant danois Œrsted fait ses premières observations sur les propriétés magnétiques du courant électrique. À sa suite, et en moins d'un an, Ampère en France et Faraday en Angleterre dégageront, chacun de son côté, les grandes lois de l'électromagnétisme.

— Et après 1820, est-ce qu'il n'y a plus eu de grands progrès dans l'étude de l'électricité ?

— Au contraire, ce n'était qu'un début. Des physiciens ont alors avancé à grands pas dans ce domaine : des savants français, comme Arago et Laplace (1749-1827), et plus tard des savants allemands comme Ohm (1789-1854) et Hertz (1857-1894), dont nous reparlerons bientôt. À cette même époque, le savant anglais Joule (1818-1889), dont nous avons déjà parlé à propos de la chaleur, avait montré que la production d'énergie calorifique est inévitable dans un système électrique en fonctionnement.

Mais c'est un demi-siècle plus tard, en 1873, que le travail de synthèse sera fait magistralement, avec la publication par le savant écossais Maxwell (1831-1879), d'une théorie complète de l'électromagnétisme et de la propagation dans l'espace des rayonnements électromagnétiques. Il y inclura la propagation de la lumière ainsi que les ondes radio, qui seront mises en évidence en 1886 par le physicien allemand Hertz.

# Petite récapitulation ludique sous forme de charades

Mon 1er existe dans le domaine de la noblesse,
des calculs et de la littérature
Mon 2nd est le symbole de l'intensité électrique
Mon 3e n'est pas habillé
Mon tout peut qualifier un courant

***(comte, compte, conte) + i + nu = continu (courant)***

&

Mon 1er est une onomatopée familière indiquant
qu'on n'a pas bien entendu
Mon 2nd est un insecte dont la femelle pique les mammifères
pour sucer leur sang
Mon 3e est une note de musique, une conjonction ou un outil de menuisier
Mon 4e est une consonne ou une boisson
Mon tout se mesure en ampères

***hein + taon + (si, si, scie) + ( t, thé) = intensité***

&

Mon 1er plane ou dérobe
Mon 2nd est un monticule
Mon tout est à la fois un savant et un promoteur de la pomme de terre

***vole + tas = Volta***

&

Mon 1er est à la fin
Mon 2nd est par terre
Mon tout oriente

***bout + sol = boussole***

&

Mon 1er n'est pas côté jardin
Mon 2nd dure 8 765 heures
Mon tout peut être électrique

***cour + an = courant***

&

Mon 1$^{er}$ est l'allure la plus lente du cheval
Mon 2$^{nd}$ est le nom du dieu du Soleil en Égypte
Mon 3$^{e}$ correspond à 1 000 Kg
Mon 4$^{e}$ est une époque
Mon tout est une sorte de parapluie contre la foudre

***pas + Râ + tonne + ère = paratonnerre***

&

Mon 1$^{er}$ est le nom abrégé d'un sport comprenant les barres asymétriques
Mon 2$^{nd}$, il est bon d'en prendre quand on suit un cours
Mon tout est un poisson capable d'envoyer une décharge électrique

***gym + notes = gymnote***

&

Mon 1$^{er}$ est un amoncellement
Mon 2$^{nd}$ abandonne
Mon tout a donné son nom à un théorème de géométrie universellement connu

***tas + laisse = Thalès***

&

Mon 1$^{er}$ est le nom d'un compositeur français d'origine belge du XIX$^{e}$ s.
Mon 2$^{nd}$ est une plante oléagineuse à fleurs bleues
Mon tout est le nom d'un savant américain dont le prénom est Benjamin

***Franck + lin = Franklin***

## 6. AU FIL DES ONDES

*Julie commence à ne plus confondre l'excitation et la sensation. Elle mesure la vitesse du son, elle se perd ensuite un peu au milieu des ondes et des rayonnements et découvre que la lumière blanche contient toutes les couleurs de l'arc-en-ciel. Elle associe enfin le bruit du train à l'explosion du big bang et redécouvre l'effet de serre ainsi que les dangers des rayons infrarouges.*

### *La loi de Fechner*

— Girard, le prof de physique nous a parlé de la loi de Fechner comme si tout le monde le connaissait. Tu le connais, toi, ce type ?

— Oui, bien sûr. Gustav Theodor Fechner (1801-1887) est un philosophe allemand, qui avait été médecin puis professeur de physique, et qui a étudié les rapports entre la psychologie et la physiologie chez l'homme.

— Alors est-ce que tu veux bien me dire ce que c'est que cette loi de Fechner ?

— Je vais t'expliquer, mais, auparavant, on va faire tous les deux une petite expérience. Ne crains rien, je vais simplement te pincer un peu le bras.

— Tu ne me feras pas mal ?

— N'aie pas peur, dès que tu auras mal, je m'arrêterai. Viens, donne-moi ton bras. D'abord je t'effleure à peine… tu ne sens pratiquement rien.

— C'est vrai, mais j'ai peur !

— Ne crains rien. Là, je commence à te pincer tout doucement. Tu sens quelque chose ?

— Oui.

— Maintenant je te pince un peu plus fort. Tu sens bien mes doigts, mais cela ne te fait pas mal.

— Non, mais je sens que tu me pinces.

— Continuons, je serre un peu plus fort. C'est supportable ?

— Arrête ! Tu me fais mal !

— J'insiste un peu : cela ne te fait pas plus mal ?

— Je ne sais pas, mais ça me fait mal.

— Bon, j'arrête. Et maintenant, résumons notre expérience. Il s'agissait de mesurer l'évolution de tes sensations sous l'effet d'un pincement. Tout d'abord, tu n'as rien senti, puis ta sensation s'est précisée au fur et à mesure que je te pinçais, et enfin tu as ressenti une vraie douleur, mais cette douleur ne semblait pas augmenter alors que je te pinçais de plus en plus fort. C'est ce qu'on appelle la *loi de Fechner*.

Curieusement, cette loi de Fechner s'applique à tous nos sens, non seulement au toucher, mais aussi à la vue, à l'ouïe, et même au goût.

— Pour le goût, je crois que j'ai trouvé, c'est quand on sale un plat : d'abord, c'est fade, puis, après avoir mis une certaine dose de sel, on sent un petit goût salé. Ensuite, plus on rajoute du sel, plus cela semble salé. Enfin, à un certain moment, c'est tellement salé qu'on ne sent plus que le goût du sel, et en rajouter ne change rien, c'est toujours aussi salé.

— Bravo, tu es une vraie cuisinière, un vrai chef, en quelque sorte.

— Girard, arrête ! Je ne plaisante pas.

— Mais je suis sérieux. Reprenons.

Pour la vue, c'est la même chose. Viens avec moi à la cuisine. Éteins la lumière et allume le four. Tout d'abord on ne voit rien, puis tout doucement, dans le four, on voit la résistance qui rougit. Plus on attend, plus la résistance reçoit d'énergie et plus elle rougit. Tu peux la regarder, mais tu commences à être éblouie. Si maintenant tu allumes la lumière dans la cuisine et si tu regardes directement l'ampoule du plafond, tu vas être totalement éblouie, et si je te prends en photo, la lumière du flash te sera insupportable.

— Et quelle expérience peut-on faire pour l'ouïe ?

— Il suffit que tu mettes en route ton baladeur et que tu augmentes le volume progressivement en tournant le bouton : d'abord, tu n'entends rien, puis petit à petit le son s'amplifie, puis cela devient insupportable, et si tu continuais, tu finirais par te crever le tympan.

C'est ça, la loi de Fechner : d'abord un seuil d'excitation, en dessous duquel on n'a aucune sensation, puis la sensation augmente avec l'excitation, puis enfin un seuil de douleur, au-dessus duquel la sensation plafonne dans la douleur, quelle que soit la puissance de l'excitation.

Dans la plupart des cas, la difficulté n'est pas de mesurer l'intensité de l'excitation, lumineuse ou sonore, parce qu'elle est généralement reliée à une source d'énergie électrique, variable à volonté, et qu'elle est ainsi facilement mesurable. Non, la grande difficulté est de définir une échelle de sensations. C'est d'ailleurs pratiquement impossible pour le goût – à l'exception de quelques goûts fondamentaux comme le salé, le sucré, l'amer, l'acide –, ou pour le toucher. En revanche, c'est tout à fait possible pour l'ouïe.

(*Le lendemain*)

— Julie, aujourd'hui, j'aimerais que nous nous intéressions aux mouvements ondulatoires. Et tout d'abord sais-tu ce qu'est un mouvement ondulatoire ?

## *Les mouvements ondulatoires*

— Je me rappelle que, l'autre jour, tu avais attaché une corde à un arbre et que tu l'avais fait monter et descendre verticalement en secouant régulièrement l'autre extrémité : on voyait la corde onduler comme un serpent. Pour moi, c'est ça, un mouvement ondulatoire.

— Oui, c'est un mouvement ondulatoire simple. Mais il y en a bien d'autres. Par exemple il y en a un, plus spectaculaire, que tu peux observer quand tu vas pêcher à la ligne : la surface de l'eau est immobile et ton bouchon flotte paisiblement. Tout à coup, un poisson s'intéresse à l'asticot accroché à ton hameçon et ton bouchon plonge brusquement. Mais en reprenant sa place, il a déclenché autour de lui, à la surface de l'eau, la formation d'une série de petites vagues concentriques qui s'éloignent bien régulièrement. Note au passage que la feuille qui flotte près de ton bouchon n'est pas entraînée par le mouvement de l'eau. Elle monte et descend seulement à chaque passage de l'onde mais elle n'avance pas : ce n'est pas l'eau qui avance, c'est simplement un mouvement ondulatoire qui se propage. La distance entre les deux vaguelettes concentriques qui se forment autour de ton bouchon, c'est ce qu'on appelle la *longueur d'onde*. Cette longueur d'onde exprime la distance parcourue par une vibration au cours d'une période.

— Une période ?

— On dit qu'un mouvement est périodique quand il se reproduit régulièrement de façon identique. C'est le cas du mouvement créé autour du bouchon que l'on peut représenter par le schéma suivant :

**LONGUEUR D'ONDE**

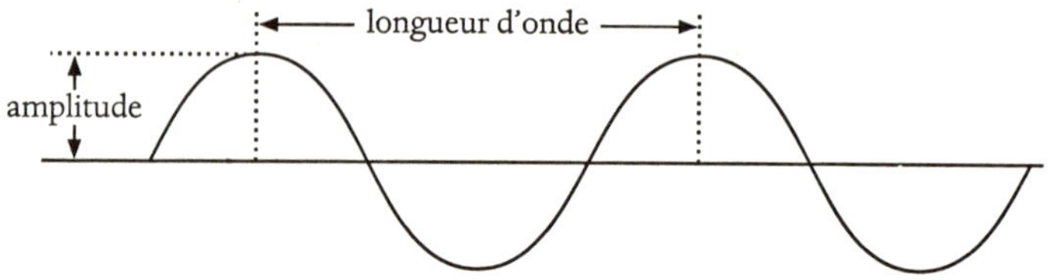


La **longueur d'onde** est la distance entre deux crêtes, et la **fréquence** est le nombre de crêtes reçues par seconde, c'est-à-dire le nombre de vibrations par seconde.

— Et il y a encore beaucoup d'autres types de mouvements ondulatoires ?

— Oui. À côté de ces ondes mécaniques qui se propagent comme le font les vibrations dans l'eau ou dans l'air, il existe une autre catégorie d'ondes beaucoup plus mystérieuses : les ondes électromagnétiques, dont nous reparlerons bientôt.

## *La mesure du bruit*

Pour le son, ou plutôt pour le bruit, on a des appareils fonctionnant de façon analogue à notre tympan, et qui donnent une échelle des bruits qui nous environnent.

— Dis-moi, Girard, je remarque que, de temps en temps, tu dis « *des sons* » et, de temps en temps, tu parles de « *bruits* ». Est-ce que c'est la même chose ?

— Non. Le bruit résulte d'un mélange de sons inorganisés, comme celui que produit la chute d'une paire de ciseaux sur un carrelage, alors que le son se rapporte à un bruit bien défini, comme celui d'une note de guitare.

Pour mesurer l'intensité du bruit, on utilise un appareil gradué en décibels (dB), et qui a été étalonné, depuis l'absence de bruit jusqu'au bruit insupportable d'un réacteur d'avion fonctionnant à pleine puissance.

— Girard, combien de décibels faut-il pour que ça commence à faire mal aux oreilles ?

— Je vais te donner une progression : une intensité de 10 décibels correspond à l'absence quasi totale de bruit. On l'obtient, avec difficulté, dans une chambre sourde ou un studio d'enregistrement. Vers 20 décibels, on a une mesure du bruit à la campagne, loin de toute habitation. C'est un calme qui se remarque. De retour en ville, dans un appartement ou un bureau tranquille, l'appareil indique environ 40 décibels. Vers 60 décibels, on est dans un restaurant bruyant ou une usine métallurgique, et vers 80 décibels, c'est le niveau sonore d'un grand orchestre jouant un passage fortissimo. Au-delà, et à partir de 100 décibels, on est à quelques mètres d'un réacteur d'avion à pleine puissance. Et là, il faut vite fuir si on ne veut pas devenir sourd.

— Pourquoi appelle-t-on ces unités des décibels ?

— C'est en mémoire du physicien américain Graham Bell, l'un des inventeurs du téléphone, que l'on a créé le *bel* et son sous-multiple, le *décibel.*

**GRAHAM BELL ET LE TÉLÉPHONE**

Alexander Graham BELL (1847-1922)

Né en Écosse, Graham Bell a surtout vécu aux États-Unis. Fils d'un professeur de diction, il se consacre tout d'abord à l'étude de la phonétique et enseigne aux sourds le langage des signes. Ses travaux en acoustique médicale l'amèneront à l'invention du téléphone en 1876, une invention qui lui apportera une grande célébrité. Vingt ans plus tard, il inventera le *gramophone*, rival d'un appareil similaire, le *phonographe* de Thomas Edison (1847-1931).

Le *décibel* est une unité très commode mais un peu particulière, car elle n'est pas linéaire.

— Qu'est-ce que tu veux dire par là ?

— Voilà : un niveau de bruit de 60 décibels n'est pas le double d'un niveau de 30 décibels. Supposons que tu prennes ta petite radio et celle de ta grand-mère et que, séparément, tu les règles à un niveau de bruit qui te paraisse le même, disons 40 décibels : quand tu mettras les deux radios ensemble dans le salon, le bruit ne sera pas de 80 décibels (ce qui serait insupportable), mais seulement de 43 décibels.

Inversement, si, dans un atelier de confection, il y a 10 machines à coudre qui font ensemble un bruit d'un niveau de 50 décibels et si on arrête toutes les machines sauf une, c'est-à-dire que si l'on divise par 10 les sources de bruit, ce dernier ne sera pas divisé par 10 mais passera seulement de 50 à 40 décibels.

— Mais est-ce qu'on peut diminuer le bruit ?

— Il est très difficile de diminuer le bruit que tu entends, par exemple, quand les voisins font une fête car les murs transmettent les vibrations de l'air provoquées par leur musique. C'est en vibrant à leur tour que les murs de ta chambre reproduisent – en les atténuant, bien sûr – les vibrations de l'air produites par cette musique.

— Alors là, Girard, tu m'étonnes ! Ce sont les murs de ma chambre qui, en vibrant sous l'influence de la musique de mes voisins, me restituent, en moins fort, la même musique ?

— Oui, et si tu ne voulais plus les entendre, il faudrait isoler ta chambre en construisant une enceinte en matériaux épais et poreux. On ne le fait généralement pas, car cela coûterait très cher, mais tu as peut-être vu qu'Isabelle a mis des doubles vitres à ses fenêtres pour atténuer le bruit des voitures qui passent dans la rue et qui, quelquefois, font vibrer ses vitres.

— Alors, c'est le bruit de la rue qui fait vibrer les vitres.

— Bien sûr ! Comment crois-tu que se fabrique un son ? Tout simplement en faisant vibrer l'air. S'il n'y avait pas d'air, on n'entendrait rien. Mais l'air peut être mis en vibration de multiples manières. Ce peut être la vibration d'une corde sous l'action d'un archet, dans le cas du violon, ou d'une colonne d'air dans le cas d'une trompette ou d'une clarinette. Ce peut être aussi tout simplement la voix humaine.

Et pour transmettre tous ces sons, depuis le début du XX$^{e}$ siècle, on sait, à l'aide d'un micro, transformer les vibrations sonores en impulsions électriques et, réciproquement, grâcc à un haut-parleur, utiliser ces impulsions électriques pour reconstituer les sons venant d'un micro ou de tout autre support (bande magnétique, cassette, disque, disquette, DVD, etc.). Ces haut-parleurs font partie de tous les appareils producteurs de sons, il y en a dans chaque radio, chaque télévision, chaque téléphone et bien entendu dans chaque téléphone portable.

La partie essentielle d'un haut-parleur est constituée d'une sorte de membrane en carton ou en matière synthétique, qui reçoit les vibrations de l'air et qui les retransmet. Celles-ci font vibrer ton tympan et te donnent la sensation de sons, c'est-à-dire qu'elles te permettent d'entendre de la parole ou de la musique. Si tu poses ton doigt sur la membrane du haut-parleur, tu la sentiras vibrer et si tu empêches la membrane de vibrer, tu obtiendras un son déformé, ou même plus de son du tout.

— Et c'est cette membrane qui transmet la musique ou les paroles enregistrées ?

— Oui. Aujourd'hui, on est tellement habitué à écouter la radio, les cassettes ou le téléphone, que personne ne s'étonne plus des performances de cette petite membrane. Et pourtant, cette membrane en carton est assez surprenante puisqu'elle peut te transmettre n'importe quel mélange de sons, n'importe quelle conversation, n'importe quelle musique. Les sons très graves ou très aigus souffrent un peu de ce traitement, mais la technique se perfectionne tous les jours, en particulier grâce à la miniaturisation.

— Je me demande quelles sont les fréquences les plus aiguës que l'on peut réaliser.

## *Sons et ultrasons*

— La voix humaine, par exemple, est capable d'émettre des sons entre 90 et 900 hertz.

— Attends, Girard, ça ne va pas, nous étions bien tranquilles avec les décibels, et maintenant, tu me parles de hertz. Dis-moi d'abord ce que c'est qu'un hertz.

— Le hertz est une unité de fréquence qui est égale à une vibration par seconde. Le nom de cette unité lui a été donné en hommage à Heinrich Hertz (1857-1894), le physicien allemand qui a découvert expérimentalement les ondes électromagnétiques, qu'on mesure donc en hertz.

Par rapport à la voix humaine, l'étendue des possibilités du piano est beaucoup plus large puisqu'il étale ses 8 octaves d'un premier *la* (27 hertz) au huitième *la* (3 480 hertz). Certains instruments à vent, et tout particulièrement les petites flûtes, peuvent atteindre jusqu'à 4 000 hertz. On est ici dans le domaine des *sons musicaux,* qui vont de 16 hertz à 5 000 hertz, mais l'étendue des *sons audibles* est beaucoup plus large puisqu'ils vont de 10 hertz à 20 000 hertz. Au-delà, ce sont des ultrasons. Mais la production de ces sons très aigus n'est pas vraiment un problème, c'est leur réception qui en est un.

— Pourquoi dis-tu ça ?

— Parce qu'à partir de 20 000 hertz, l'homme ne les entend plus : son tympan n'est pas capable de vibrer à une fréquence aussi élevée, et pourtant ces ultrasons existent. Certaines espèces animales sont d'ailleurs capables à la fois d'émettre et d'entendre des ultrasons d'une fréquence de plusieurs dizaines de milliers de hertz, c'est-à-dire de plusieurs dizaines de milliers de vibrations par seconde.

**SONS ET ULTRASONS**

Sont audibles :

| | |
|---|---|
| pour les oiseaux, les **sons** ayant une fréquence inférieure à ... | 10 000 hertz |
| **pour l'homme,** ............ | **20 000 hertz** |
| pour le chat, les **sons** et **ultrasons** ayant une fréquence inférieure à ............ | 25 000 hertz |
| pour le chien, ............ | 35 000 hertz |
| pour les dauphins, ............ | 90 000 hertz |
| pour certaines chauves-souris, ............ | 100 000 hertz |

Les chauves-souris utilisent des ultrasons pour repérer leurs proies la nuit.

— Mais, Girard, tu ne m'as toujours pas dit à quoi ça servait de mesurer le bruit.

— C'est parce que le bruit, dans une société industrielle moderne, est une source de nuisance, qu'il s'agisse d'un marteau-piqueur ou d'une moto dans la rue, ou encore d'un avion au moment de son décollage. Il faut donc pouvoir le mesurer pour étudier ses composantes et tenter de le réduire.

— Je vois. C'est bien intéressant, mais maintenant je dois partir en vitesse.

— Allez, sauve-toi très vite, mais en tout cas pas à la vitesse du son, dont nous parlerons demain.

(*Le lendemain*)

### *La vitesse du son*

— Girard, hier tu m'as dit que nous allions parler de la vitesse du son. Est-ce que le son ne se propage pas toujours à la même vitesse ?

— Justement pas. La vitesse dépend de plusieurs facteurs.

Tu te souviens que le son est une vibration qui peut se propager dans n'importe quel support matériel, aussi bien dans un gaz que dans un solide mais jamais dans le vide. Heureusement d'ailleurs, sans quoi on entendrait le bruit de tous les astres du cosmos et ce serait sans doute assourdissant.

— Ah ! Mais tu ne m'avais pas dit qu'il y avait du vide entre les astres.

— Oui, l'espace interstellaire est vide, même si ce vide n'est pas parfait.

Que cette vibration se propage dans l'air, dans un liquide ou dans un solide, de toute façon, pour l'entendre, il faut en fin de compte que cette vibration arrive à notre oreille et que l'air fasse vibrer notre tympan. Donc l'essentiel, c'est de s'occuper de la propagation des vibrations qui parviennent à notre oreille en produisant des sensations très diverses.

Est-ce qu'il ne t'est pas arrivé un jour de te trouver dans la rue au moment où une ambulance arrive à toute vitesse en faisant fonctionner son avertisseur sonore ?

— Bien sûr, et à chaque fois je suis pétrifiée de peur.

— Mais n'as-tu rien remarqué dans le bruit que faisait l'avertisseur ?

## *L'effet Doppler*

— Il y a une chose que j'ai remarquée, c'est que le bruit de cet avertisseur change de ton brutalement au moment où la voiture passe devant moi.

— Julie, tu as donc bien noté que, lorsque la source d'un bruit (celui de l'avertisseur) se déplace (avec la voiture), ce déplacement modifie le son que tu perçois. Tu as dû remarquer aussi qu'il grimpe d'abord dans les aigus, quand la voiture s'approche de toi et qu'il descend dans les graves quand la voiture s'éloigne.

En réalité, la vitesse de la voiture modifie l'onde sonore émise par l'avertisseur : elle augmente sa fréquence (vers les sons aigus) quand la voiture vient vers toi, et elle la diminue (vers les sons graves) quand la voiture s'éloigne.

C'est un mathématicien et physicien autrichien, Christian Doppler (1803-1853), qui a le premier observé ce phénomène[53] et qui en a tiré une loi très précise, qui s'énonce ainsi : « La variation relative de fréquence d'un son émis par une source en mouvement est proportionnelle à la vitesse de la source divisée par celle du son. » C'est ce qu'on a appelé l'*effet Doppler*, que nous retrouverons bientôt en observant comment les étoiles s'éloignent les unes des autres.

— Un autre phénomène qui m'a toujours fascinée, c'est celui de l'écho : en poussant un cri dans certaines montagnes, on entend le cri se répéter. Est-ce qu'on peut mesurer la vitesse de propagation de ce cri ?

— Pour pouvoir mesurer la vitesse du son dans l'air, une expérience très importante a été imaginée en 1822 sous la direction de l'Académie des sciences : du haut de la vieille tour de Montlhéry, dans la banlieue de Paris, des expérimentateurs avaient tiré, la nuit, en direction de la

**ÉMISSION D'UN SON**

DU PLUS AIGU AU PLUS GRAVE, ET DU PLUS GRAVE AU PLUS AIGU

Quand l'émetteur d'un son est IMMOBILE,
l'observateur perçoit ce son sans modification

Quand l'émetteur d'un son SE DÉPLACE,
l'observateur perçoit ce son modifié

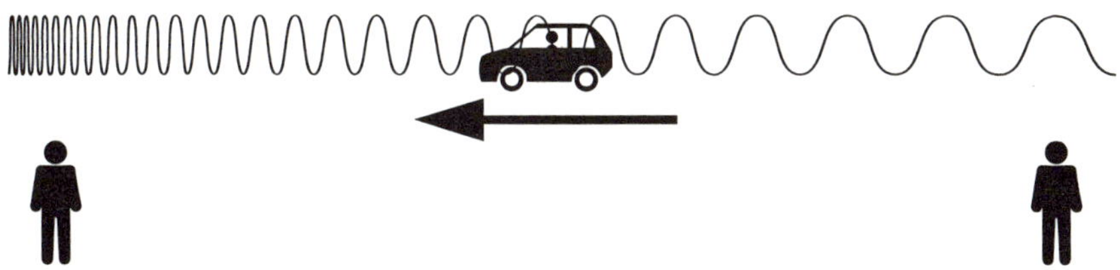

S'il SE RAPPROCHE de l'observateur, le nombre de vibrations par seconde perçu par l'observateur augmente, et il entend un son PLUS AIGU

S'il S'ÉLOIGNE de l'observateur, le nombre de vibrations par seconde perçu par l'observateur diminue, et il entend alors un son PLUS GRAVE capitale, un coup de canon à blanc – c'est-à-dire sans obus mais avec beaucoup de poudre. Dès que, des hauteurs de Montmartre, les observateurs avaient aperçu la lueur due à l'inflammation de la poudre sur la tour de Montlhéry, ils s'étaient mis à compter les secondes jusqu'au moment où ils avaient entendu le bruit du coup de canon. L'attente avait duré 85 secondes et, comme la distance à vol d'oiseau entre Montlhéry et Montmartre est de 29 km, ils avaient pu calculer la vitesse du son en divisant la distance (29 000 m) par le temps écoulé (85 secondes) : la vitesse du son est donc de 340 m par seconde. Tu te rends compte, c'est énorme, puisque cela équivaut à une vitesse de plus de 1 200 km/h, c'est-à-dire à une vitesse supérieure à celle des grands avions de transport modernes (950 km/h).

— Tu m'avais raconté quelque chose comme ça au sujet des orages pendant lesquels on voit l'éclair bien avant d'entendre le tonnerre.

— Oui, mais dans ce cas, comme on ne sait pas où tombe la foudre, on ne peut pas faire de mesure. On peut tout de même en déduire quelque chose sur le déplacement de l'orage…

— Plus il se passe de temps entre la lueur de l'éclair et le bruit du tonnerre, et plus l'orage s'éloigne, c'est ça ?

— Exact. Si on compte 10 secondes entre les deux, c'est que l'orage est à 10 fois 340 m, soit 3,4 km et si, au cours d'une seconde expérience, on compte 20 secondes, c'est que l'orage s'est éloigné, puisqu'il est à 6,8 km.

— Alors, est-ce qu'on peut dire que la vitesse du son dans l'air est d'environ 1 000 km/h ?

— Oui, mais la transmission du son dans l'eau est cinq fois plus rapide – plus de 6 000 km/h – et elle est dix fois plus rapide dans un métal (12 000 km/h). Et il y a des engins de guerre qui dépassent de beaucoup la vitesse du son.

Déjà, à la fin de la Seconde Guerre mondiale, les Allemands avaient lancé sur les environs de Londres plus de 3 000 fusées – les V2 –, qui étaient de véritables bombes volantes. Leur propulsion était réalisée par un mélange d'alcool et d'oxygène liquide dont la combustion explosive expulsait à l'arrière, à plus de 2 500 °C, et à très grande vitesse, une énorme quantité de gaz. Ces fusées étaient capables de transporter 1 tonne d'explosif à plus de 300 km. Les V2 étaient lancés à la verticale, et leur vitesse, au bout d'une minute, atteignait 5 000 km/h. La propulsion était alors stoppée et l'engin retombait sur terre en chute libre.

Ce que voulaient les Allemands, c'était provoquer un effet de panique parmi la population civile. Résultat obtenu car les V2 avaient une caractéristique qui les rendait psychologiquement redoutables : comme ils tombaient du ciel à une vitesse cinq fois supérieure à celle du son, ils explosaient d'abord et on les entendait arriver ensuite, d'où une impression d'insécurité extrêmement traumatisante et une dramatique inefficacité de la défense antiaérienne.

Et puisqu'on est dans l'aviation, je te pose une dernière question : en parlant d'un avion, que veut dire « *voler à mach 2* » ?

— Ce n'était pas la vitesse du Concorde quand il traversait l'Atlantique ?

— Tu as raison, mais pourquoi donner un nom particulier à cette vitesse ?

— Attends. Est-ce que ça n'a pas un rapport avec le « mur du son » ?

— Voilà, tu es sur la voie. Quand un avion à réaction vole moins vite que le son, ses réacteurs font un bruit d'enfer (100 à 120 décibels) et les ondes sonores ainsi produites, tant qu'elles vont plus vite que l'avion, s'écartent de ce dernier et tout va bien. Mais si le pilote augmente la vitesse, il arrive un moment où l'avion atteint la vitesse du son et se trouve donc au centre d'une perturbation qu'il crée et qu'il subit tout à la fois, ce qui se manifeste par un énorme bruit qui peut être entendu à des kilomètres à la ronde. C'est ce qu'on a appelé, de façon imagée, le franchissement du « *mur du son* ».

Bien entendu, le pilote fait de son mieux pour sortir le plus vite possible de cette situation inconfortable et qui peut devenir dangereuse car l'avion est alors déstabilisé.

C'est un savant autrichien, Ernst Mach (1838-1916), qui a donné son nom à un nombre désignant le rapport entre la vitesse d'un engin et la vitesse du son dans l'air. On a pu dire, par exemple, que le Concorde volait à mach 2 quand il traversait l'Atlantique au double de la vitesse du son, c'est-à-dire à environ 2 000 km/h. Certains prototypes d'essai ont atteint mach 4, et une navette spatiale, quand elle revient sur Terre, vole à haute altitude à mach 25 (près de 20 000 km/h).

— Voilà, merci, Girard, je t'adore, avec toi, on ne s'ennuie pas, mais maintenant j'en sais assez sur le petit père Mach, je me sauve.

(*Le lendemain*)

## *Les ondes électromagnétiques*

— Julie, tu te souviens peut-être que je t'avais promis de te parler des ondes électromagnétiques : ce qu'il y a d'extraordinaire dans ces ondes électromagnétiques, c'est qu'elles se propagent sans aucun support matériel, non seulement dans l'air mais aussi dans le vide.

— Mais alors, dans ce vide, qu'est-ce qui peut vibrer ?

— Ce n'est pas facile de te répondre. Ce qui vibre, c'est une structure invisible, composée d'un champ électrique associé à un champ magnétique. Les deux seules choses que nous savons sur cet ensemble, c'est qu'il transporte de l'énergie et qu'il se propage dans le vide à la vitesse hallucinante et indépassable de 300 000 kilomètres par seconde.

## *Les longueurs d'onde*

Les longueurs d'onde peuvent varier sans limite et être extrêmement proches de zéro. Et maintenant, peux-tu me dire quelles sont les longueurs d'onde que tu connais ?

— Girard, attends, je peux t'en parler savamment… parce que j'étais tout juste en train de réviser cette partie du cours.

D'abord il y a les ondes qu'on reçoit dans des postes de radio : les grandes ondes, les ondes moyennes et les ondes courtes.

— Très bien. Tâche de te souvenir des valeurs des longueurs d'onde : les grandes ondes et les ondes moyennes ont des longueurs d'onde comprises entre 1 000 m et 10 m, tandis que les petites ondes de la radio et celles de la télévision utilisent des longueurs d'onde comprises entre 10 m et 10 cm.

J'aimerais bien maintenant saluer au passage les émissions de 1 m de longueur d'onde, qui sont celles que j'utilise pour retrouver ma voiture dans un parking et déverrouiller les portières à distance.

— Bon. Girard, je continue donc la liste des longueurs d'onde que je connais :

| | | |
|---|---|---|
| les rayons **infrarouges** | : | à partir de 0,8 micron |
| les rayons **visibles** | : | de 0,8 à 0,4 micron |
| les rayons **ultraviolets** | : | vers 0,4 micron. |

Ces derniers, je les connais bien parce qu'Isabelle m'offre toujours des crèmes pour que ces rayons UV ne me donnent pas de coups de soleil. Au-delà, je ne sais plus très bien, sinon qu'il y a les rayons X.

— Sur ce tableau des longueurs d'onde (voir page suivante), tu vois que seule la partie centrale (*optique*) est visible par l'œil humain. Mais, comme le précise Hubert Reeves dans son livre *Oiseaux, merveilleux oiseaux*[54], certains animaux, les chats par exemple, et les serpents, peuvent distinguer des objets dans l'infrarouge, et certains oiseaux, la mésange bleue, par exemple, perçoivent l'ultraviolet.

Et maintenant, entre les ondes courtes et les ondes infrarouges, tu aurais pu me signaler plusieurs applications, et en particulier un appareil dont tu te sers sans arrêt...

— Mon portable !

— Mais oui, tes conversations interminables et tous tes textos amoureux arrivent dans ton portable grâce à des ondes très courtes, de l'ordre du centimètre et même du millimètre. Et il y a encore une autre application que tu utilises souvent.

— Je ne vois pas.

— Voyons, le four à micro-ondes !

— Alors là, tu m'apprends des choses !

— J'espère bien ! Mais console-toi, personne ne sait vraiment comment ça marche et pourtant c'est très simple...

— Girard, quand tu parles comme ça, tu m'agaces !

## TABLEAU DES LONGUEURS D'ONDE

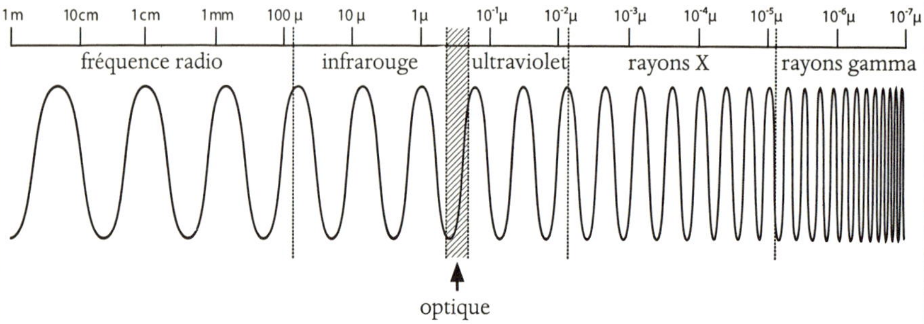


L'œil humain ne perçoit qu'une partie de l'ensemble des ondes électromagnétiques, celles qui sont regroupées ci-dessus sous le terme optique : elles vont du rouge au violet en passant par le jaune, le vert et le bleu[55].

— Excuse-moi. Laisse-moi tout de même te raconter une curieuse histoire. Tout a commencé en Angleterre au début de la Seconde Guerre mondiale, lorsque les avions allemands bombardaient Londres toutes les nuits. Quelques années auparavant, dans le plus grand secret, les physiciens anglais avaient mis au point les premiers radars. En utilisant des ondes très courtes – entre quelques centimètres et quelques millimètres –, ils étaient arrivés à envoyer une onde en direction d'un avion et à récupérer l'onde réfléchie par cet avion, ce qui leur permettait de savoir où il était situé, dans quelle direction et à quelle distance. Les Allemands ne comprenaient pas comment il se faisait qu'il y avait toujours des avions anglais qui les attendaient, quand ils venaient bombarder l'Angleterre...

Mais ce n'est pas fini. Les techniciens anglais du radar avaient aussi remarqué que leur thé, qui infusait dans une théière en porcelaine placée au voisinage des émetteurs de radar, se réchauffait tout seul alors qu'il faisait très froid dans les hangars d'avions où ils travaillaient. En examinant de plus près ce phénomène, les savants avaient découvert qu'un rayonnement utilisé pour le radar, d'une longueur d'onde d'environ 12 cm, était exactement le même rayonnement que celui qui entrait en résonance avec les molécules d'eau (de leur thé). Autrement dit, cette radiation particulière était absorbée par les molécules d'eau (du thé) et toute l'énergie de ce rayonnement provoquait l'agitation de ces molécules qui, de ce fait, réchauffait l'eau.

Or, des molécules d'eau, il y en a partout dans les aliments : les boissons, la viande, le poisson, les légumes, les fruits, et c'est à partir de cette découverte qu'on a pu utiliser les propriétés des petites ondes pour construire un four d'un nouveau type, le four à micro-ondes. À l'intérieur de ce four, ces petites ondes vont traquer toutes les molécules d'eau, où qu'elles se trouvent dans l'aliment que l'on veut réchauffer ou cuire. La viande, attaquée de l'intérieur par les micro-ondes, se réchauffe et cuit beaucoup plus rapidement – et beaucoup plus uniformément – que si on la mettait dans de l'eau bouillante ou dans un four traditionnel, où l'air circule pourtant à 200 ou 300° C.

— Pourquoi ?

— Parce que dans un four traditionnel, la chaleur ne se transmet que par l'extérieur et progresse lentement jusqu'au cœur de la viande. Il peut même arriver, si la température est trop élevée, que l'extérieur du rôti brûle et que le cœur de la viande reste froid. Au contraire, dans un four à micro-ondes, la chaleur naît au sein même de l'aliment à chauffer, au cœur de chaque molécule d'eau et, en quelques minutes, il est parfaitement cuit.

— Mais dis-moi, Girard, est-ce que la température des filaments des ampoules électriques est plus élevée que celle d'un four traditionnel ?

— Bien sûr ! Les filaments des ampoules électriques sont en tungstène et ils sont capables de supporter jusqu'à près de 3 500° C, mais ils sont loin d'atteindre une telle température dans les ampoules que tu connais.

— Et le Soleil ?

— Le Soleil, dont la température extérieure est d'environ 6 000° C, nous envoie des ondes que nous percevons comme des rayons lumineux correspondant à des longueurs d'onde situées entre l'infrarouge et l'ultraviolet, c'est-à-dire autour de 0,5 micron. Mais pour des longueurs d'onde inférieures à 0,4 micron et supérieures à 0,6 micron, le rayonnement continue à agir mais nous ne le percevons plus car notre rétine n'est pas capable de le « voir ». Notre œil ne voit rien mais notre peau, elle, absorbe ces rayonnements ultraviolets, ceux qui provoquent le phénomène tant désiré de bronzage et, si on insiste, de brûlure.

— Oui, mais on peut mettre de la crème anti-UV !

— En effet, mais il faut bien comprendre que lorsqu'on dit que le Soleil, avec sa température extérieure de 6 000 °C, émet un rayonnement de 0,5 micron de longueur d'onde, cela veut dire que c'est la majorité de son rayonnement qui est située autour de 0,5 micron. Mais, en réalité, cette émission est beaucoup plus large, et nous recevons de l'énergie, bien qu'en plus faible quantité, à partir des lointains rayons infrarouges (10 microns) jusqu'aux lointains rayons ultraviolets (0,1 micron). C'est pourquoi les crèmes que te donne Isabelle ne peuvent pas te protéger de tous les rayonnements que t'envoie généreusement le Soleil.

Et maintenant, je vais te dire quelques mots des rayons infrarouges que tout le monde ignore, et toi la première, alors que tout le monde les utilise.

— À quoi ils servent, ces rayons infrarouges, puisqu'on ne les voit pas ?

— Ce n'est pas parce qu'on ne les voit pas qu'ils n'existent pas. Rappelle-toi la résistance électrique du four, au début elle restait noire et pourtant, si tu en avais approché ta main, tu te serais affreusement brûlée. Elle émettait des rayons infrarouges que tu ne voyais pas mais qui auraient pu détruire les cellules de ta peau.

Les ingénieurs militaires ont réussi à mettre au point des appareils pouvant enregistrer les différents types de rayons infrarouges, et donc distinguer en pleine nuit ce qui est chaud de ce qui est froid. Ces appareils permettent de voir sans être vus, ce qui a toujours été le rêve des chasseurs et des militaires. Ces appareils émettent des rayons infrarouges permettant de voir tous les dégradés, du noir foncé au gris clair, en fonction de la température des différents objets observés. Grâce à ces appareils, on distingue nettement, en pleine nuit, un homme ou un chat – qui sont des éléments chauds et qui apparaissent donc en noir au milieu des maisons ou des arbres, qui, eux, sont des corps plus froids, et qui sont donc vus en gris.

Encore un mot. Toi qui fréquentes beaucoup les musées avec ton papa, il faut que tu saches que ces rayons infrarouges – tout comme les rayons ultraviolets – sont utilisés pour étudier les vieux tableaux car, en les éclairant avec ces rayons, on découvre des signatures recouvertes de peinture et même d'autres tableaux sur lesquels l'artiste, ou quelquefois un faussaire, a repeint une autre scène[56].

— Donne-moi un dernier exemple de rayons infrarouges que nous utilisons tous sans le savoir.

— Chaque fois que tu changes de chaîne de télévision avec ton « zappeur », tu envoies un rayon infrarouge qui agit sur un dispositif situé à l'intérieur de ta télévision.

Mais, Julie, avant que tu ne partes, résumons, si tu veux bien, notre conversation à propos des rayonnements.

Les seuls rayonnements que notre rétine est capable de déceler sous forme de lumière colorée, ce sont ceux dont la longueur d'onde va de 0,8 micron, correspondant à un rouge profond, jusqu'à 0,4 micron, qui nous donne une sensation de bleu très foncé, en passant par un jaune lumineux vers 0,5 micron. On retrouvera toutes ces couleurs quand on parlera de l'arc-en-ciel.

Pour l'instant, je voudrais te rappeler que la bande des ultraviolets est très étroite puisqu'elle correspond à des longueurs d'onde de 1/10 à 1/100 de micron. Une des propriétés de ces rayons – en dehors du bronzage ! – c'est qu'ils rendent fluorescents certains produits chimiques. Les marchands de lessive utilisent quelques-uns de ces produits pour blanchir le linge.

— Mais, Girard, je crois que tu as oublié de me parler des rayons X.

— Tu as bien raison. Restent en effet les rayons X et les rayons gamma.

Les rayons X ont été découverts par hasard par le savant allemand Röntgen (1845-1923), qui fut le premier chercheur à recevoir un prix Nobel de physique. En demandant à son épouse d'interposer sa main entre le faisceau lumineux qu'il étudiait et un écran fluorescent, il vit, à son grand étonnement, apparaître sur l'écran le squelette de cette main, et encore plus nettement la bague en or qu'elle portait au doigt.

Comme on ne réussissait pas à comprendre la nature de ces rayons, on les a nommés des *rayons X*, puisqu'ils restaient inconnus. Aujourd'hui on les utilise couramment pour examiner l'intérieur du corps humain. Les chairs, qui contiennent essentiellement des atomes légers (hydrogène, oxygène, carbone), sont beaucoup plus transparentes aux rayons X que les os, qui contiennent des atomes plus lourds, comme le calcium et le phosphore. La radiographie fait apparaître ces différences.

Comme ces rayons X sont extrêmement pénétrants et par conséquent extrêmement dangereux, les radiologues se protègent le corps et les mains avec des tabliers et des gants à base de métaux lourds comme le plomb.

— Et les rayons gamma ?

**RADIOGRAPHIE D'UNE MAIN**
**Prise le 23 janvier 1896 par Wilhelm Conrad Röntgen**
**(main de l'anatomiste Albert von Kölliker).**

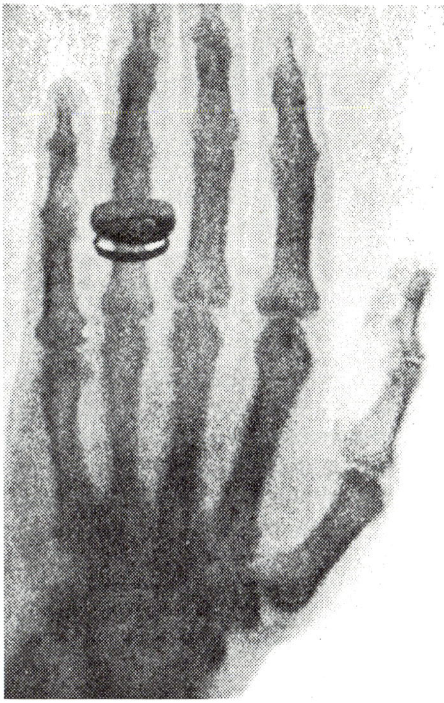



— Ce sont des rayons très pénétrants, émis par exemple lors de la désintégration des corps radioactifs.

## *Réflexion, réfraction, diffraction*

Je voudrais maintenant te parler de la lumière de façon très générale en précisant ce que sont les phénomènes de réflexion, de réfraction et de diffraction : la réflexion se produit lorsque le rayon lumineux heurte une surface polie, la réfraction intervient lors du passage d'un rayon lumineux d'un milieu transparent dans un autre, par exemple de l'air dans l'eau, et la diffraction s'observe lors du passage d'un rayon lumineux à travers un faible orifice.

Enfin, j'aimerais te faire prendre conscience d'un autre phénomène, qu'on ne remarque plus – tellement on y est habitué – et qui pourtant reste assez surprenant. On le nomme d'un terme scientifique peu répandu, la *chiralité*.

## *La chiralité*

Si tu veux savoir ce qu'est la chiralité, viens avec moi dans la salle de bains et regarde-toi dans la glace qui est au-dessus du lavabo. Que remarques-tu ?

— Je ne sais pas, je me vois à côté de toi dans la glace.

— Prends ta brosse à dents dans ta main.

— Girard, à quoi on joue ?

— On ne joue pas, on observe, et tu n'observes pas bien.

— Mais qu'est-ce que je dois voir ?

— Julie, je ne savais pas que tu étais gauchère !

— Mais je ne suis pas gauchère !

— Comment, tu n'es pas gauchère ! Regarde bien ton image dans la glace : elle tient bien une brosse à dents dans sa main gauche, non ?

— Mais oui, c'est vrai !

— L'image de ta main droite réfléchie dans le miroir apparaît comme étant la main gauche de ton image dans le miroir, et ton image dans le miroir est bien celle d'une gauchère puisqu'elle tient de sa main gauche sa brosse à dents.

— C'est incroyable, je ne m'en étais jamais aperçue, depuis le temps que je me coiffe devant ma glace !

— Ce phénomène de symétrie droite-gauche se nomme la *chiralité*, un nom formé sur le grec *kheir*, « main », parce que l'observation de la superposition de nos deux mains, paume contre paume, illustre bien la notion de symétrie à travers un miroir. Notre main gauche apparaît comme le reflet de notre main droite dans un miroir vertical.

Cette caractéristique d'inversion entre la gauche et la droite grâce à un miroir est mise en application dans les voitures de la police à l'avant desquelles tu as dû remarquer le mot *police* écrit de droite à gauche :

Ǝ Ɔ I ⅃ O ꟼ

C'est pour que le conducteur qui regarde dans son rétroviseur puisse lire de gauche à droite, sans difficulté, le mot :

POLICE

— Mais, Girard, Qu'est-ce qui te fait sourire ? Ce n'est pas drôle.

— C'est à Cocteau que je pensais, lui qui aimait jouer sur les mots et qui disait : « *Les miroirs feraient bien de réfléchir un peu plus avant de renvoyer les images.* »

Tous ces phénomènes, qu'il s'agisse de réflexion, de réfraction ou de diffraction, font partie du domaine de l'optique.

Comme je viens de te le dire, la réflexion, ce sont les images qui peuvent se former dans un miroir, tandis que la réfraction, c'est le passage d'un rayon lumineux d'un milieu transparent dans un autre milieu transparent et, dans ce cas, le rayon lumineux ne se propage pas en ligne droite mais change de direction.

## *La réfraction*

Tu peux vérifier ce phénomène de réfraction dans la mer en regardant un poisson dans l'eau.

RÉFRACTION DANS L'EAU

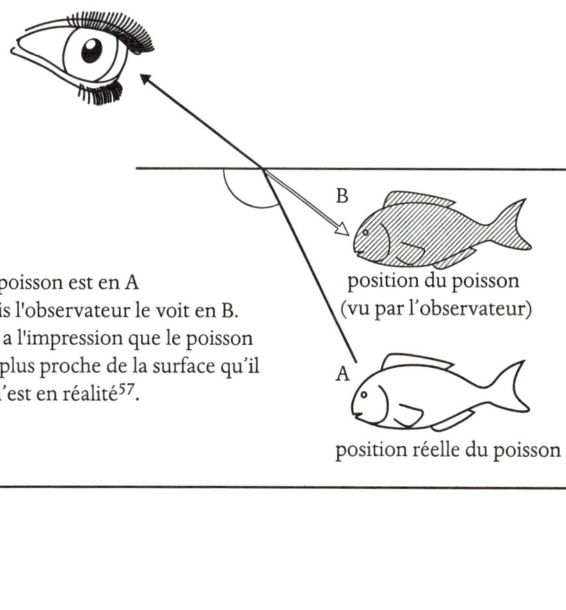


Le poisson est en A mais l'observateur le voit en B. On a l'impression que le poisson est plus proche de la surface qu'il ne l'est en réalité[57].

L'air et l'eau étant les éléments transparents les plus répandus à la surface de notre globe, c'est généralement lors du passage d'un rayon lumineux, de l'air dans l'eau, que se produisent des phénomènes de réfraction.

Il en est un cependant qui se produit entre différentes couches d'air et qui a lieu tous les matins et tous les soirs, au lever et au coucher du soleil.

— Girard, arrête avec tes mystères qui n'en sont pas !

— Attends, tu vas aimer.

Comme l'atmosphère qui nous entoure est de moins en moins dense à mesure que l'on s'élève au-dessus du sol, les rayons du soleil, en traversant les différentes couches de l'atmosphère, subiront par réfractions successives un changement de direction à chaque traversée de l'une de ces couches. De sorte que, lorsque nous voyons une grosse boule rouge au ras de l'horizon, il y a déjà longtemps que le vrai Soleil est couché, et ce que nous voyons n'est que l'image du Soleil à travers les différentes couches d'air successives, d'indices de réfraction différents. Le Soleil – déjà couché – paraît encore présent.

— Dis-moi, Girard, la lumière, au fond, c'est quoi ?

— Dans l'Antiquité et au Moyen Âge, on a commencé par penser que la lumière était constituée d'une multitude de petites particules lumineuses qui se déplaçaient très rapidement à la manière des balles de fusil. On pouvait ainsi expliquer assez facilement les phénomènes de réflexion et de réfraction dont nous venons de parler et, jusqu'à Newton lui-même, on acceptait cette hypothèse, qui pourtant n'expliquait pas tout. Pour cela, il aurait fallu d'abord tenir compte des phénomènes ondulatoires et donc se préoccuper des interférences entre mouvements ondulatoires voisins. C'est ce qui constituera ultérieurement la théorie ondulatoire de la lumière.

## *La théorie ondulatoire de la lumière et les interférences*

Tu te souviens peut-être que je t'avais expliqué qu'on pouvait se représenter un mouvement ondulatoire en voyant se déplacer des petites vagues circulaires nées sur l'eau calme d'un étang quand le bouchon de ta ligne venait troubler la surface de l'eau.

Si, maintenant, au lieu d'un seul bouchon, on lance en même temps à une petite distance l'un de l'autre non plus un, mais deux bouchons, il arrive un moment où certaines vaguelettes, provenant du premier bouchon, se heurtent par leur sommet en provoquant une vague plus importante. Inversement, si d'autres vaguelettes se heurtent au contraire par leur partie la plus creuse, elles donneront naissance à un creux de vague plus important. Vient enfin le cas le plus intéressant, celui où un sommet des vagues du premier bouchon vient heurter un creux de la série de vagues issues du second bouchon : on constate alors que les deux vagues se neutralisent et créent un point de repos. Tous ces phénomènes se regroupent sous ce qu'on appelle des *interférences lumineuses*[58].

Transposée dans le domaine de la lumière, cette interférence de deux groupes d'ondes successives doit donc produire tantôt une lumière plus forte et tantôt l'obscurité. C'est le grand savant anglais Thomas Young qui avait, dès 1801, exposé cette théorie ondulatoire de la lumière à la Royal Society de Londres, mais sans aucun succès.

**YOUNG, UN SAVANT AUX DONS MULTIPLES**

Thomas YOUNG (1773-1829)

Enfant réellement prodige, le petit Thomas Young s'intéressait à tout, aux mathématiques bien sûr, mais aussi à l'étude des langues. À 14 ans, en dehors de l'anglais, il avait déjà une bonne connaissance du latin, du grec et de l'hébreu, un peu plus tard, de l'italien, du persan et de l'arabe. À l'âge de 22 ans, il est reçu docteur en médecine à l'université de Göttingen. Ce touche-à-tout de génie savait aussi jouer de plusieurs instruments de musique, et il s'était enthousiasmé pour le déchiffrement des hiéroglyphes. Il aurait été le premier à avoir compris que les « cartouches » de la pierre de Rosette étaient écrits avec des signes à valeur phonétique. Enfin, dans le domaine de l'optique, il remit au goût du jour les anciennes idées de Huygens sur la théorie ondulatoire de la lumière. Célèbre dans toute l'Europe, il mourut à Londres en 1829.

Il a fallu attendre les travaux d'Arago et de Fresnel, pour que la théorie ondulatoire de la lumière soit finalement acceptée.

**LES LENTILLES DE FRESNEL**

Augustin FRESNEL (1788-1827)

Né dans un petit village de Normandie, à Broglie, en 1788, Augustin Fresnel n'a pas été un enfant prodige mais il était d'une exceptionnelle habileté pour réaliser des expériences d'optique. Devenu ingénieur des Ponts et Chaussées, il avait réussi, sans laboratoire et sans instruments, à refaire avec les moyens les plus simples – par exemple une goutte de miel pour constituer une lentille – les délicates expériences d'Arago et de Young sur les interférences lumineuses, ce qui lui avait permis d'envoyer un mémoire à l'Académie des sciences. Ses travaux sur la diffraction et la propagation de la lumière lui valurent en outre d'être élu à l'unanimité à l'Académie des sciences en 1823. Malgré une santé fort déficiente, il avait réussi, dans des conditions très pénibles, à mettre au point un nouveau type de très grandes lentilles pour les phares, dites *lentilles à échelons*. Épuisé par tout ce travail, il mourut en 1827, âgé d'à peine 39 ans.

— Girard, tu peux me donner un exemple d'interférences dans le domaine de la lumière ?

— Le plus beau que je connaisse, c'est l'expérience de Newton, celle qui a abouti à ce qu'on a appelé les *anneaux de Newton*, un phénomène que l'on ne peut expliquer que si on accepte la théorie ondulatoire.

Julie, on va d'ailleurs refaire cette expérience ensemble. Nous allons prendre une lentille concave, d'une bonne taille, et tu vas la poser, sans précaution particulière, sur un miroir plan… Alors, que vois-tu ?

— Je vois toute une série de cercles concentriques autour du point où le contact se fait entre la lentille et le miroir.

— C'est ça, les « *anneaux de Newton* », un phénomène que l'on ne peut expliquer que si on accepte la théorie ondulatoire.

Par ailleurs, Huygens, contemporain de Newton, avait aussi développé la théorie ondulatoire de la lumière.

**HUYGENS, PHYSICIEN ET ASTRONOME**

Christian HUYGENS (1629-1695)

Né à La Haye en 1629, Christian Huygens a également vécu à Paris où, nommé académicien, il occupera une partie de son temps à étudier l'équilibre du pendule et le fonctionnement des horloges et des montres. Dans son *Traité de la lumière*, il adopte la théorie ondulatoire, qui lui permet d'expliquer clairement les phénomènes de réflexion et de réfraction. Habile manipulateur, il avait taillé lui-même les lentilles d'une lunette astronomique grâce à laquelle il avait pu observer un satellite de Jupiter. Enfin, il s'était associé avec Denis Papin pour mettre au point une « machine à feu », celle que nous connaissons sous le nom de *machine à vapeur*.

Couvert d'honneurs, il mourut à La Haye en 1695.

Cette théorie donnait une explication précise de tous les phénomènes d'interférences. La lumière pouvait dès lors être replacée dans l'immense échelle des rayonnements électromagnétiques, en devenant un rayonnement particulier, d'une longueur d'onde située entre 0,4 et 0,8 micron.

— Dis-moi, Girard, j'ai aussi entendu parler de la lumière blanche. C'est quoi ?

## *La lumière blanche est pleine de couleurs*

— Julie, tu as raison de me poser cette question. On a fait le tour de tous les rayonnements électromagnétiques qui nous environnent et dont les longueurs d'onde varient de quelques milliers de kilomètres à un millionième de micron, mais on n'a pas parlé de la lumière du Soleil, c'est-à-dire de la lumière blanche.

Ton professeur ne vous a-t-il pas montré comment on décomposait la lumière avec un prisme ?

— Ce que le prof nous a montré, c'est qu'en traversant un prisme de verre, la lumière du soleil se décomposait en toute une série de rayons colorés, du rouge au bleu-violet.

— C'est un début. Il a dû vous dire aussi quelles étaient les longueurs d'onde de ces rayons colorés.

— Oui, sans doute, mais je ne m'en souviens pas.

— Ce n'est pas grave. Je te rappelle que, lorsque la couleur passe du rouge au bleu, la longueur d'onde passe de 0,8 à 0,4 micron. Et ce qui est merveilleux c'est que l'on peut, avec des prismes, opérer la décomposition d'un faisceau de lumière blanche en 7 faisceaux de lumière colorée et sa recomposition sans perdre aucun faisceau de lumière colorée.

## *Décomposition et recomposition de la lumière blanche*

Newton a été l'un des premiers à réaliser avec deux prismes en verre l'une des plus élégantes expériences d'optique.

Avec un premier prisme, il a décomposé un faisceau de lumière blanche en 7 faisceaux de lumière colorée, puis il a repris tous ces faisceaux colorés sur un second prisme inversé et il a recomposé le faisceau de lumière blanche initial sans perdre aucun faisceau de lumière[59] :

**DÉCOMPOSITION DE LA LUMIÈRE DANS UN PRISME**

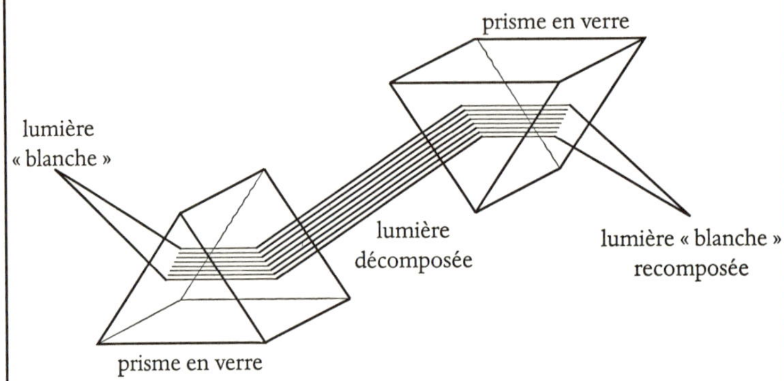


Sur ce schéma, on peut constater que la lumière « blanche » a d'abord été décomposée par un premier prisme en verre, puis recomposée par un autre prisme.

Ce qui reste étonnant, c'est qu'après avoir décomposé cette lumière, on puisse la recomposer, sans déperdition ni addition.

— Alors, la lumière blanche n'est pas une lumière particulière qui serait de couleur blanche, mais une couleur faite de toutes les couleurs !

— Tu as très bien compris, elle est faite de toutes les couleurs, ce que l'on peut encore vérifier par d'autres méthodes : au lieu de décomposer la lumière blanche avec un prisme, on peut aussi la décomposer en la faisant se réfléchir sur des raies extrêmement fines, comme celles d'un disque CD. C'est une expérience très facile à réaliser et qui donne sur une ligne très mince toutes les couleurs du spectre. Si tu approches le CD de ta lampe de bureau, tu vas obtenir un spectre coloré…

— … Girard, ça marche ! Et les couleurs sont merveilleuses. Je vais montrer ça à mes amies, elles n'en reviendront pas de voir en miniature un arc-en-ciel sur un CD.

## *L'arc-en-ciel*

— Tu as bien raison de parler de l'arc-en-ciel, ce spectacle étonnant d'une bande colorée qui apparaît parfois dans le ciel après un orage, quand le soleil revient dans un air saturé d'humidité. Peux-tu me citer les sept couleurs de l'arc-en-ciel ?

— C'est trop facile ! Les sept couleurs fondamentales sont : rouge, orange, jaune, vert, bleu, indigo, violet, mais je sais que ces divisions sont arbitraires et que l'on passe imperceptiblement par exemple du rouge à l'orange et au jaune, ou du vert au bleu. Et je vais d'ailleurs peut-être t'apprendre quelque chose : on a un seul mot, *glas*, en gallois, pour désigner ce qu'on nomme en français le *vert* et le *bleu*.

— Mais revenons à l'arc-en-ciel. Chaque gouttelette de pluie joue alors le rôle d'un prisme et toutes ces gouttes d'eau décomposent la lumière du soleil en un immense arc coloré, avec le rouge à l'extérieur et le violet à l'intérieur. Si on a un peu de chance on peut voir aussi un autre arc plus petit, et dont les couleurs sont inversées : c'est le violet qui est cette fois à l'extérieur.

Les Grecs avaient souvent observé ce phénomène que nous appelons *arc-en-ciel*. Ils le nommaient plus poétiquement l'*écharpe d'Iris* du nom de la fille de Zeus et de Héra.

— J'aimerais bien voir un arc-en-ciel. Je n'en ai vu qu'une seule fois, à la montagne.

— Ce n'est pas la peine d'aller si loin, et si tu y tiens, je vais t'en montrer un tout de suite.

— Quoi, tu vas me fabriquer un arc-en-ciel pour moi toute seule ?

— Mais oui. Viens avec moi dans le jardin. Regarde, je prends le tuyau d'arrosage et j'ouvre le robinet à pleine puissance, puis je le règle pour que le jet d'eau soit aussi éparpillé, aussi pulvérisé que possible et qu'il forme une sorte de brouillard. Et maintenant, tourne le dos au soleil, avec le jet d'eau devant toi…

— … Ça y est, je vois un arc-en-ciel sur le brouillard qui sort du jet d'eau… Mais dis-moi, Girard, qui a découvert que l'arc-en-ciel est dû à la dispersion des rayons solaires par les gouttes de pluie ?

— D'abord Descartes, puis Newton.

— Girard, excuse-moi, mais je voudrais revenir un peu en arrière. Il y a quelque temps, tu m'as fait tout un topo sur la vitesse du son et sur l'effet Doppler, et tu m'as dit qu'on en reparlerait bientôt.

## *L'effet Doppler-Fizeau*

— La loi établie par Doppler était une belle loi mais elle n'avait pas intéressé grand monde jusqu'au jour où un physicien français, Hippolyte Fizeau (1819-1896), s'avisa d'appliquer cette loi, conçue pour les phénomènes acoustiques, au domaine des radiations électromagnétiques. Que l'on observe des ondes sonores ou des ondes lumineuses, il s'agissait toujours de phénomènes ondulatoires, et la même loi devait pouvoir s'appliquer à l'un et l'autre domaine.

On donna le nom des deux physiciens à une nouvelle loi, *l'effet Doppler-Fizeau*, qui se définit comme la variation de longueur d'onde d'une source lumineuse quand cette source se déplace. Il en résulte que lorsque la source émettrice d'un rayonnement s'éloigne de l'observateur, la longueur d'onde observée se décale vers les infrarouges, et si au contraire la source se rapproche de l'observateur, la longueur d'onde se décale vers les ultraviolets.

En résumé, si l'on étudie, par exemple, la position des raies provenant du spectre de l'hydrogène dans un laboratoire sur la Terre, immobile par rapport à l'observateur, on note une certaine valeur, mais si on fait la même observation pour le spectre d'hydrogène provenant d'un astre s'éloignant de la Terre, on observe alors que le spectre de l'hydrogène est décalé vers l'infrarouge.

## *L'effet Doppler-Fizeau et les mouvements des galaxies*

À la simple observation d'un spectre de raies d'hydrogène venant d'un astre, on peut donc savoir si cet astre s'éloigne – ou se rapproche – de la Terre, et cette information est fondamentale pour les astronomes. L'effet Doppler-Fizeau a ainsi permis de mesurer la vitesse de rotation du Soleil et des planètes ainsi que le déplacement des galaxies.

En particulier, l'astronome américain Edwin Hubble (1889-1953), en utilisant deux grands télescopes, celui du mont Wilson (en Californie, au nord de Pasadena) et celui du mont Palomar (en Californie, au nord-est de San Diego), a réussi à observer des galaxies lointaines. Toujours grâce à l'effet Doppler-Fizeau, Hubble constata que toutes ces galaxies s'éloignaient les unes des autres, et cela d'autant plus rapidement qu'elles étaient plus lointaines.

Hubble fit alors l'hypothèse qu'avant de s'éloigner, à une certaine époque, ces galaxies avaient dû être rassemblées dans un même point.

En imaginant de passer le film à l'envers, il a essayé de reconstituer le scénario : plus on remontait le temps, plus les galaxies se rapprochaient. L'Univers devenait de plus en plus dense et de plus en plus chaud. On arrivait ainsi à un moment où la densité et la température atteignaient des valeurs gigantesques : c'était le big bang.

## *L'hypothèse du big bang*

C'est George Gamow (1904-1968) qui, en 1948, proposa l'hypothèse de ce que l'on n'appelait pas encore le *big bang*[60], ce moment unique au cours duquel avait pu se trouver rassemblée toute la matière de l'Univers. Comme le dit fort bien Hubert Reeves, ce fut « *une explosion de lumière dans la nuit des temps*[61] ».

— Mais qui a trouvé ce nom de *big bang* ?

— C'est l'astrophysicien et romancier de science-fiction Fred Hoyle (1915-2001), qui ne croyait pas trop à l'existence de ce phénomène, qui le lui avait donné, mais par dérision[62].

— Et ce big bang, quand a-t-il eu lieu ?

— Tout ce que nous savons à ce propos, c'est que l'évolution de l'Univers s'est poursuivie jusqu'à nos jours depuis ce mystérieux big bang. Quant à sa date, on la fait remonter vers 15 milliards d'années. Jusqu'à cette date, nous pouvons appliquer les lois de la physique, mais pas plus loin.

— Girard, j'ai pas tout compris mais il y a une question qui me brûle les lèvres : qu'est-ce qu'il y avait avant ce big bang ?

— Très bonne question, à laquelle personne ne peut répondre. Le big bang est, sans le dire, une sorte d'origine du monde mais on n'en sait pas plus. Voilà, ma belle enfant, ma science s'arrête là !

— Alors, si j'ai bien compris l'enchaînement des faits, c'est tout d'abord grâce aux modestes observations de Doppler dans le domaine acoustique qu'on est passé à l'effet Doppler-Fizeau dans le domaine électromagnétique, puis à leur application dans le domaine des étoiles et des galaxies, pour arriver enfin au prodigieux big bang. Mais dis-moi, quelles preuves a-t-on de l'existence de ce big bang ?

— Tout d'abord, cette hypothèse du big bang est celle qui cadre le mieux avec la théorie de la relativité, dont nous dirons plus tard quelques mots. De façon plus réaliste, on sait mesurer l'âge de l'Univers de plusieurs manières. En observant les étoiles les plus lointaines ou en calculant la proportion des atomes qui se désintègrent, on trouve toujours le même âge, environ 15 milliards d'années, et jamais plus, ce qui est un début de confirmation de l'existence d'une explosion à cette date.

Mais il y a un meilleur argument, qui repose sur l'obscurité du ciel. Si les étoiles étaient éternelles, si elles avaient toujours existé, comme le prétendait Aristote, c'est-à-dire que si elles avaient existé depuis un temps infini, la quantité de lumière qu'auraient dégagée ces étoiles pendant un temps infini serait, elle aussi, infinie. Le ciel devrait donc être extrêmement lumineux. Si notre ciel ne l'est pas, c'est parce que les étoiles n'ont pas toujours existé…

Sur ces belles paroles, sauve-toi, tu vas être en retard.

(*Le lendemain*)

## *La serre*

— Julie, puisqu'on est dans le jardin, je vais te montrer une petite serre que j'ai construite à côté des bambous, là où il y a le plus de soleil.

— Mais, Girard, à quoi ça sert, ta cabane en verre ?

— C'est pour faire pousser des fleurs délicates, comme les orchidées par exemple, à l'abri de la pluie et du vent. Protégées par les vitres de la serre, elles pourront pousser sans souffrir des intempéries tout en bénéficiant du soleil.

— Est-ce qu'il faudra les arroser ?

— Bien sûr. Tu sais, Julie, une plante, pour pousser, n'a besoin que de soleil et d'eau. La terre, on peut s'en passer. Rappelle-toi le noyau d'avocat que tu avais mis dans un verre sur du coton humide : il a germé. La terre n'apporte que des sels minéraux et on peut très bien les mettre dans l'eau d'arrosage.

— Alors, si j'ai bien compris, il suffit d'apporter de l'eau dans le désert et il se couvrira de fleurs.

— Mais oui, de fleurs et de fruits. C'est ce qui s'est longtemps passé en Égypte, où le Nil, qui est un immense fleuve au débit cinquante fois plus puissant que celui de la Seine, coule entre deux rives désertiques. Heureusement, tous les ans, à la même époque, le Nil débordait et recouvrait ses rives sur une largeur de plusieurs kilomètres. Alors, les paysans semaient du blé et du coton et, grâce à l'eau du fleuve et au soleil, tout poussait. Mais depuis la mise en eau du barrage d'Assouan, il n'y a plus de crue du Nil.

Et maintenant, revenons à ma serre. Ce que j'ai construit là, Julie, c'est une sorte de piège.

— Ne me dis pas que tu vas prendre au piège des petits animaux !

— Non, ne crains rien. Ce n'est qu'une partie du rayonnement solaire qui va être piégée dans ma serre.

Tu sais sans doute que les rayons transportent d'autant plus d'énergie que leur longueur d'onde est plus petite. Peux-tu me dire quelles sont les longueurs d'onde du rayonnement solaire visible ?

— Je m'en souviens très bien : entre 0,4 et 0,8 micron environ.

— Très bien, et comme je veux construire une serre qui laisse entrer les rayons du soleil mais qui les empêche de ressortir, et qui, en quelque sorte, les piège, il faut que je choisisse un matériau à travers lequel passent sans difficulté les rayons ultraviolets (inférieurs à

0,4 micron) tandis que les rayons rouges et infrarouges (au-dessus de 0,8 micron) sont arrêtés. C'est le cas du verre, mais aussi de l'eau et de certains plastiques, qui sont transparents au rayonnement visible mais opaques aux rayons infrarouges.

**EFFET DE SERRE DANS UNE SERRE**

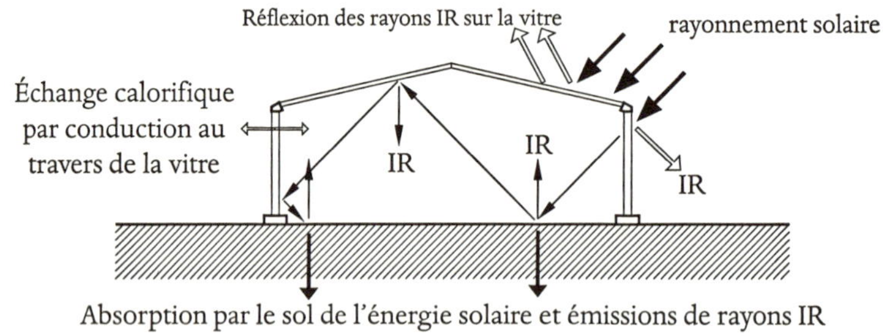


Les parois extérieures et le toit de la serre sont composés de vitres. Ces vitres sont perméables aux rayons ultraviolets mais imperméables à tout rayonnement rouge ou infrarouge. Un rayon lumineux venant du Soleil peut donc pénétrer dans la serre et une partie de ce rayonnement va traverser la paroi exposée au soleil pour aboutir dans le sol à l'intérieur de la serre. Comme le sol a absorbé les calories apportées par tous les rayons solaires qui ont traversé les parois vitrées, la température du sol va augmenter et devenir à son tour une source de rayonnement, mais dans le domaine de l'infrarouge. Le verre étant opaque aux rayons infrarouges produits par le sol, aucun rayon venu du sol ne sortira de la serre.

## *Le rôle des infrarouges*

Que va-t-il se passer dans ma serre ? Tout le rayonnement ultraviolet et visible venu du soleil va traverser les vitres et pénétrer dans ma serre sans difficulté. Ce rayonnement va éclairer les plantes qui s'y trouvent et chauffer le sol de la serre, dont la température pourra atteindre 10 à 20 °C au-dessus de la température extérieure. À son tour, ce sol réchauffé est une nouvelle source de rayonnement mais, vu sa faible température, la longueur d'onde du rayonnement émis par le sol sera très faible, mais tout de même supérieure à 10 microns.

— Pourquoi ?

— Parce que plus la température est élevée, plus le rayonnement d'une source de chaleur est important et, inversement, plus la température est basse, plus le rayonnement est faible. Ce rayonnement infrarouge, d'une longueur d'onde supérieure à 10 microns, ne pourra donc pas traverser le verre, qui, je te le rappelle, est opaque aux rayons d'une longueur d'onde supérieure à 5 microns. Le rayonnement sera donc réfléchi et il sera renvoyé vers l'intérieur de la serre, dont il maintiendra la température bien au-dessus de la température extérieure.

— Autrement dit, tu auras piégé une partie du rayonnement solaire, qui ne pourra pas sortir de la serre.

— Justement, ce phénomène, qu'on appelle *l'effet de serre*, a une très grande importance quand on le considère à l'échelle de notre planète. Cela s'explique si l'on se rappelle que le Soleil, avec sa température extérieure de l'ordre de 6 000 degrés, envoie dans tout l'Univers, et plus précisément vers la Terre, un rayonnement en partie situé dans le visible (entre 0,4 et 0,8 micron). La Terre absorbe ce rayonnement, qui la réchauffe et qui lui permet d'émettre à son tour un rayonnement infrarouge correspondant à sa faible température de surface (15 à 30 °C).

La température moyenne de la Terre résulte de l'équilibre entre l'énergie du rayonnement solaire qu'elle absorbe et l'énergie du rayonnement infrarouge qu'elle émet.

On a calculé que, pour que les échanges thermiques entre le Soleil et la Terre soient stables, cette dernière devrait avoir une température moyenne de – 18 °C, mais la vie y serait très difficile, sinon impossible.

En fait, la température moyenne de notre planète n'est pas de – 18 °C mais de + 15 °C. Ces 33 degrés d'écart sont dus à la présence dans l'atmosphère terrestre de molécules chimiques comme le gaz carbonique ou le méthane. Ces derniers absorbent une partie des rayons infrarouges émis par la Terre et les lui renvoient, ce qui augmente la température de la Terre. Grâce à cette énergie supplémentaire, la température moyenne de la Terre remonte de 33 °C, et nous pouvons désormais y vivre agréablement et y faire pousser des fleurs.

## EFFET DE SERRE AVEC L'ATMOSPHÈRE

Le Soleil émet des rayons infrarouges, visibles et ultraviolets en direction de la Terre, qui se réchauffe et émet à son tour un rayonnement infrarouge (IR) en direction de l'atmosphère, qui renvoie une partie de ce rayonnement (IR) vers la Terre.

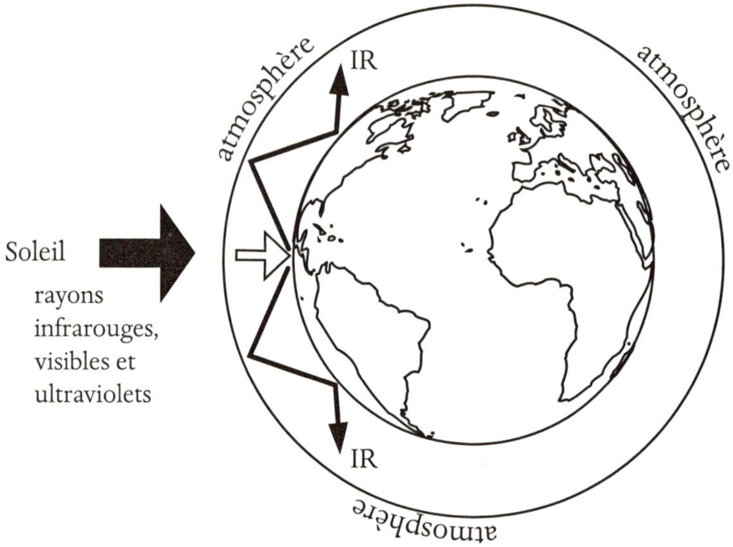

## *L'effet de serre*

— Est-ce que ça signifie que si nous avons une température agréable sur la Terre, c'est en partie grâce au gaz carbonique ?

— Oui, mais il y a des limites.

Des techniciens amoureux d'écologie luttent pour limiter, voire interdire, cette production de gaz carbonique provenant des centrales thermiques, du chauffage central des immeubles et surtout des moteurs à essence ou au gasoil de tous les moyens de transport, avions, navires, camions, voitures, etc. Ce gaz carbonique, il est vrai, participe à l'effet de serre et risque de provoquer un réchauffement excessif de notre planète.

— Visiblement, Girard, tu n'y crois pas trop...

— Si, si, l'effet de serre provoqué par certains gaz de l'atmosphère (la vapeur d'eau, le gaz carbonique, le méthane et quelques autres) est indiscutable. Ce qui est moins clair, c'est l'influence de cet effet de serre sur notre planète. On a aujourd'hui une bonne connaissance des variations de la température que notre globe a subies au cours des millénaires, grâce à l'étude des « carottages » effectués dans la calotte glaciaire...

— Oh ! Oh ! Pas si vite ! C'est quoi, ces « carottages » ?

— Oui, tu as raison. Ralentissons un peu.

Depuis des années, de nombreux savants font des forages profonds à plusieurs milliers de mètres dans la calotte glaciaire des pôles et en retirent de très longs cylindres de glace – qu'on appelle des *carottes* – qu'ils examinent ensuite au microscope. Ils étudient ainsi les variations des cristaux de glace et la composition des bulles d'air à l'époque où elles ont été emprisonnées dans ces cristaux de glace. Toutes ces données ont permis de connaître la température de la surface du sol et la composition de l'atmosphère durant les 400 000 dernières années. On a pu constater ainsi qu'il y a eu quatre cycles principaux, avec des variations du simple au double des teneurs en gaz carbonique et en méthane. On apprend aussi que la température a pu varier, entre deux cycles, d'environ 12 °C au niveau du sol[63].

— Alors pourquoi tout ce bruit autour de la production de gaz carbonique ?

— Parce que c'est vrai que l'augmentation de la proportion de ce gaz joue un rôle essentiel dans la montée de la température du globe. Mais il n'est ni exclu ni prouvé que ce gaz carbonique soit le seul facteur responsable de cette augmentation de la température.

En 1970, des chercheurs avaient prévu pour l'an 2000 une augmentation de la température moyenne du globe de 5 °C. En réalité, l'augmentation a été de 0,1 °C, soit cinquante fois moins. C'est pourquoi il faut prendre avec beaucoup de prudence les prévisions alarmantes de certains savants.

En réalité, les observations faites par les satellites au cours des dix dernières années montrent que le niveau des océans est monté d'environ 25 cm par siècle. On est donc loin des chiffres apocalyptiques avancés par certains.

D'autre part, de nombreux savants pensent que le rôle de l'excentricité de l'ellipse décrite par la Terre autour du Soleil joue un rôle très important.

— C'est quoi, une ellipse excentrique ?

— Tu sais bien que la Terre tourne en une année autour du Soleil en suivant une ellipse, dont la forme est d'ailleurs très peu différente de celle d'un cercle parfait. C'est cette différence qu'on appelle l'*excentricité de l'ellipse*. Et c'est aussi cette différence qui fait qu'aujourd'hui la Terre est un peu plus proche du Soleil en décembre qu'en juin. Mais il y a 11 000 ans, c'était l'inverse, et il en sera de même dans 11 000 ans. Cette excentricité fait varier directement le rayonnement solaire reçu par la Terre. Il reste cependant difficile de savoir si le réchauffement du globe est dû à la variation naturelle du rayonnement solaire ou à la concentration du gaz carbonique, ou encore à une combinaison des deux. On sait simplement qu'au cours des 400 000 années précédant l'arrivée de l'homme, la Terre a connu une dizaine de changements climatiques et des variations brutales de température, qui ne pouvaient évidemment pas provenir des activités humaines. Il est vrai que la faune et la flore ont plus ou moins bien supporté ces catastrophes écologiques et que beaucoup d'espèces d'animaux (certains disent 90 %) ont alors disparu de la planète.

— Les dinosaures, par exemple…

— Oui, mais comme tu le sais, pour les dinosaures, il y a aussi l'hypothèse de la chute d'une météorite gigantesque sur une région du globe.

Enfin, on semble souvent oublier que le bois des arbres de notre planète provient en totalité du gaz carbonique présent dans notre atmosphère. On ne peut pas, en même temps, vouloir supprimer le gaz carbonique de notre atmosphère et regretter la disparition inéluctable des forêts, qui ne subsistent que grâce à ce gaz carbonique[64].

## *La température moyenne de la Terre*

En revanche, ce dont il faut te souvenir c'est que, sans cet effet de serre, la température moyenne de la surface de la Terre serait de – 18 °C : tout serait gelé et la vie telle que nous la connaissons aujourd'hui n'existerait pas.

— Mais si la température moyenne de la Terre continue à grimper, est-ce que la banquise ne va pas se mettre à fondre et le niveau des mers à monter en inondant des tas de villes côtières ?

— Tu penses à la villa de ta marraine à Lancieux ?

— Bien sûr !

— Elle est heureusement juchée sur une falaise à plus de trente mètres au-dessus du niveau des plus grandes marées, ce qui nous laisse un peu de temps. Il est vrai que la fonte des glaces et la dilatation de l'eau ont des conséquences importantes sur le niveau de la mer, mais de toute façon, par application du principe d'Archimède, la fonte d'un iceberg produit une masse d'eau exactement égale à son volume immergé, et donc la fonte de tous les icebergs qui flottent actuellement sur les océans ne changerait pas la masse d'eau de ces océans et n'élèverait pas d'un centimètre leur niveau. En revanche, si la température moyenne de la Terre s'élevait de 4 ou 5 °C, d'immenses zones de toundra, où rien ne pousse parce que tout gèle, pourraient devenir de riches régions agricoles. Ce sont des choses qui se sont déjà produites au cours des millénaires précédents. Elles peuvent se reproduire mais je ne les verrai pas et, sans doute, toi non plus…

— Mais, en attendant, nous pourrions peut-être revenir sur une question que tu as rapidement évoquée à propos de Lavoisier, en me disant que tu m'en parlerais plus tard.

— Tu as raison. J'y viens. Tu te rappelles peut-être qu'on considère Lavoisier comme le précurseur de la chimie moderne. Grâce à ses expériences sur l'oxyde de plomb, il avait montré que, dans les réactions chimiques, « *Rien ne se perd, rien ne se crée, tout se transforme* ».

## Petite récapitulation ludique sous forme de charades

Mon $1^{er}$ peut servir à coudre ou à jouer
Mon $2^{nd}$ est une affirmation en réponse à une négation
Mon $3^{e}$ n'est pas la « Bête »
Mon tout permet de mesurer un niveau sonore

***dé + si + « Belle » = décibel***

&

Mon $1^{er}$ peut recouvrir une vitre pour en faire un miroir
Mon $2^{nd}$ fait la roue
Mon tout est, chez l'homme, une membrane
transmettant les vibrations de l'air

**tain + paon = tympan**

&

Mon $1^{er}$ chérit
Mon $2^{nd}$ dure 8 760 heures
Mon tout attire

**aime + an = aimant**

&

Mon 1er est prétentieux
Mon 2nd peut désigner une petite danseuse de l'Opéra
Mon 3e a été un monarque en Algérie
Mon tout est un célèbre chimiste anglais

***fat + rat + dey = Faraday***

&

Mon 1er supporte un drapeau
Mon 2nd est la distance parcourue par un navire
dont le système de propulsion est stoppé
Mon tout est un grand physicien français

***hampe + erre = Ampère***

&

Mon 1er est un pronom relatif
Mon 2nd est ce qu'on gagne à la loterie
Mon 3e est un grand physicien anglais
Mon 4e est une chance
Mon tout est une unité d'énergie

***qui + lot + Watt + heur = kilowattheure***

&

Mon 1er est un préfixe indiquant la répétition
Mon 2nd est fatigué
Mon 3e est la moitié d'un gamin de Paris
Mon 4e n'est pas mort
Mon 5e est une boisson ou une consonne
Mon tout est une théorie générale en rapport
avec les recherches sur la bombe atomique

***re + las + ti (à partir de titi) + (il) vit + (thé, t) = relativité***

&

Mon 1er est un ensemble de notes de musique
rangées selon un certain ordre
Mon 2nd porte les voiles d'un navire
Mon tout qualifie un rayonnement ondulatoire
d'une longueur d'onde extrêmement courte

***gamme + mât = gamma***

## 7. « RIEN NE SE PERD, RIEN NE SE CRÉE »

*Entre mélanges et combinaisons, Julie s'initie à l'analyse chimique et pénètre dans le monde mystérieux des atomes.*

— Julie, aujourd'hui, nous allons voir que, grâce aux lois de la chimie, on a pu découvrir que tous les corps étaient composés d'un certain nombre d'éléments, que les savants avaient réussi à isoler et à caractériser. Cela a été un long travail, qui s'est fait très lentement et il leur a fallu une patience et une persévérance de détective pour forcer la nature à livrer ses secrets.

— Mais comment ont-ils fait ?

### *Les corps purs*

— Le chimiste qui doit analyser un produit se pose d'abord la question de savoir s'il se trouve en présence d'un mélange ou d'un corps pur.

Pour savoir comment il conduit sa recherche, faisons ensemble une petite expérience avec de l'eau salée.

RÉCRÉATION

SEL MARIN ET SEL GEMME

Comme son nom l'indique, le sel marin est extrait de la mer. Mais quelle différence y a-t-il entre le sel marin et le sel gemme ?

RÉPONSE : le sel gemme est extrait des profondeurs de la terre, à partir de roches sédimentaires. Le sel gemme contient généralement plus d'impuretés que le sel de mer.

Allons-y. Je fais dissoudre une pincée de gros sel dans un peu d'eau distillée et je te donne cette solution à analyser.

— À première vue, ton eau salée ressemble beaucoup à de l'eau pure.

— Oui, mais pour t'en assurer, tu vas distiller cette solution en la faisant bouillir doucement dans un ballon et en recueillant la vapeur dans un autre ballon refroidi.

— Voilà. C'est fait. Je vois qu'au fond du premier ballon, il reste des cristaux.

— Ce sont les cristaux de sel de cuisine, que j'avais mis dans la solution. Cela te permet de conclure que la solution à analyser n'était pas un corps pur mais un mélange d'eau et de sel. Bien sûr, il ne faudrait pas nous arrêter en si bon chemin car le liquide recueilli par distillation pourrait être un mélange d'eau et d'alcool, et les cristaux de sel pourraient être mêlés à des cristaux de sucre.

Tu vois, dans son principe, l'analyse en corps purs n'est pas trop difficile, mais ce que je dois ajouter, c'est que, dans un mélange de corps purs, les deux produits mélangés peuvent l'être en proportions très variables. Tu peux mettre autant d'eau et autant de sel que tu veux, tu pourras toujours séparer les constituants du mélange par de nouvelles opérations d'analyse : de filtration, de distillation, de congélation...

Mais pour être sûr que les constituants de ton mélange sont bien des corps purs, il faudra que tu vérifies que leurs caractéristiques physiques sont parfaitement définies. Il faut par exemple que les propriétés physiques du liquide que tu as recueilli dans le deuxième ballon (couleur, odeur, densité, point d'ébullition) soient exactement les mêmes que celles de l'eau pure. On devra faire la même analyse pour le résidu cristallisé du premier ballon, et quand toutes ces vérifications auront été faites, tu pourras affirmer que tu es bien en présence de deux corps purs réunis dans un mélange.

Alors se pose la question de savoir s'il s'agit de corps purs qui sont des *corps simples* – c'est-à-dire constitués d'un seul élément, comme le soufre ou l'iode – ou de corps purs qui sont des *corps composés*, comme l'eau ou le sel de cuisine.

— Est-ce que la plupart des corps purs sont des corps simples ou des corps composés ?

— Ce sont, dans leur très grande majorité, des corps composés puisqu'il n'y a sur toute la Terre qu'une petite centaine de corps simples, alors qu'il y a une infinité de corps composés provenant de la combinaison non seulement des corps simples entre eux, mais aussi des corps composés entre eux : ce qui en fait des centaines de milliers, probablement des millions.

— Comment peut-on fabriquer des corps composés ?

— Sous l'action de la chaleur, de l'électricité, ou par réaction avec d'autres éléments, des corps simples, ou non, peuvent s'associer pour former de nouveaux corps composés, mais cette *combinaison* se fait dans des proportions bien définies et s'oppose radicalement à la notion de *mélange*.

Inversement, des corps composés peuvent être décomposés en corps simples au moyen de techniques diverses.

Dans notre exemple, le sel peut être décomposé sous l'effet du courant électrique, ce qui te permettra d'analyser ton sel comme étant un chlorure, puisque sa décomposition produit du chlore, et plus précisément un chlorure de sodium puisque son électrolyse montrera la présence de sodium. La première électrolyse de ce genre a été réalisée par le grand chimiste anglais Davy.

### HUMPHRY DAVY, CHIMISTE INVENTIF

Humphry DAVY (1778-1829)

Celui qui allait devenir le plus grand chimiste de son temps est né en Grande-Bretagne, d'une veuve pauvre et méritante, qui avait réussi à élever ses cinq enfants en tenant un hôtel meublé. Le hasard voulut que vînt loger dans cet hôtel le fils du physicien James Watt, ce qui permit à Davy d'être en rapport avec les milieux scientifiques de l'époque. Les deux jeunes gens partagent la même passion pour les expériences de chimie. Devenu pharmacien, Davy n'hésite pas à expérimenter sur lui-même les produits chimiques qu'il étudie et, à l'âge de 23 ans, il entre finalement comme professeur au Royal Institute de Londres.

Par électrolyse, il réussit à isoler la soude et la potasse, ce qui lui permet d'isoler les métaux correspondants, le sodium et le potassium. On lui doit la découverte d'un grand nombre de métaux, parmi lesquels le baryum, le strontium et le magnésium.

En 1807, l'Institut de France décerne son grand prix de Chimie à Humphry Davy, et c'est couvert d'honneurs qu'il meurt en 1829.

— Attends un peu. Rappelle-moi d'abord ce qu'est une électrolyse.

— Une *électrolyse* consiste à décomposer des substances sous l'effet de l'électricité. De la même façon, tu pourras faire l'électrolyse de l'eau et analyser cette eau comme un composé de deux corps simples, oxygène et hydrogène.

— Ça, je le savais déjà : c'est $H_2O$.

— Est-ce que tu sais qui a inventé la notation chimique ?

— Je crois que c'est un savant suédois...

— Bravo. On pense que c'est Jöns Jacob Berzelius (1779-1848). Il a d'ailleurs inventé d'autres noms d'éléments chimiques, dont *calcium*, *holmium*, *lithium*, *sélénium*...

## *Mélanges et combinaisons*

Mais revenons à la différence entre *mélange* et *combinaison* : dans un mélange, on retrouve plus ou moins les caractéristiques physiques des produits mélangés. Ainsi, dans l'eau salée, on retrouve le goût du sel. Tout au contraire, dans le résultat d'une combinaison, par exemple dans le chlorure de sodium, on ne retrouve aucune des propriétés des constituants : le sel n'a ni l'apparence ni les propriétés du chlore ou du sodium.

Prenons un autre exemple : si tu mélanges de la fleur de soufre avec de la limaille de fer, tu peux mettre à ta guise les proportions de soufre et de fer que tu voudras. Il ne s'agit que d'un mélange et, avec un bon aimant, tu pourras facilement séparer ces deux corps purs qui n'étaient que mélangés. En revanche, si tu reprends ce mélange de soufre et de fer, en mettant par exemple un excès de soufre, et si tu enflammes ce mélange, le feu se propagera très rapidement dans ton mélange et tu verras la limaille de fer rougeoyer et se transformer en un nouveau corps, le sulfure de fer. La réaction va dégager beaucoup de chaleur, mais le soufre, mis en excès, n'aura pas totalement brûlé. Par contre, il ne restera plus du tout de limaille de fer : elle aura été entièrement transformée en sulfure de fer, noir et dur.

— Mais pourquoi reste-t-il une partie du soufre ?

— Parce que, dans les combinaisons, la production d'un nouveau composé se fait dans des proportions définies.

Avant d'en terminer avec ces mélanges et ces combinaisons, je voudrais te faire remarquer que lorsque tu fais réagir du soufre sur du fer pour produire du sulfure de fer, c'est en quelque sorte une « création ».

Le sulfure de fer, il est vrai, existe dans la nature, et les mines de sulfure de fer sont là pour en témoigner. Mais si tu décidais de produire en laboratoire le sulfure d'un métal rarissime – par exemple le sulfure de rhénium –, il est très probable que ce sulfure de rhénium n'existe pas dans la nature, et ce serait donc vraiment une création.

La découverte d'un nouveau corps pur est certes assez rare en chimie minérale mais elle est parfaitement banale en chimie organique, où les chimistes créent tous les jours des milliers et des milliers de dérivés organiques qui étaient inconnus sur notre planète avant qu'ils ne les inventent.

## *La théorie des quatre éléments*

— Donc, si j'ai bien compris, un chimiste est une espèce de détective qui cherche à découvrir de quoi est faite la matière.

— Oui, mais bien avant la naissance de la chimie, c'était déjà un sujet auquel les philosophes grecs s'étaient particulièrement intéressés à l'époque où la Grèce était à son apogée, autour du V^e^ siècle avant J.-C. Les uns, comme Aristote (384 av. J.-C. – 322 av. J.-C.) ou Platon (428 av. J.-C. – 348 av. J.-C.)[65] croyaient que la matière était faite à partir de quatre éléments : l'air, l'eau, le feu et la terre. D'autres, comme Parménide (515 av. J.-C. – 440 av. J.-C), Anaxagore (500 av. J. C. – 428 av. J.-C.) ou Démocrite (460 av. J.-C. – 370 av. J.-C.)…

— C'est qui, ces gens-là ?

— Ce sont de très grands philosophes grecs qui vivaient environ un siècle après Thalès (fin du VII^e^, début du VI^e^ av. J.-C.) et Pythagore (VI^e^ av. J.-C.)…

— Ah ! mais ces deux-là, je les connais, ils ont chacun leur théorème.

— C'est bien, tu n'es pas complètement inculte. Je continue donc… C'est Anaxagore qui introduit la notion d'infiniment petit, et c'est Parménide qui affirmait : « *Rien ne surgit, rien ne meurt, il y a simplement mélange et séparation de choses qui existaient déjà.* »

Plus de vingt-deux siècles plus tard, Lavoisier (1743-1794) reprendra cette idée à sa façon avec la célèbre formule que tu connais bien : « *Rien ne se perd, rien ne se crée, tout se transforme.* »

## *La chimie face à l'alchimie*

— Dis-moi, Girard, est-ce qu'on peut dire que c'est à partir de l'époque de Lavoisier qu'on peut parler véritablement de chimie ?

— C'est effectivement vers la fin du XVIII^e siècle que prend naissance la chimie proprement dite. Auparavant, la discipline était aux mains des alchimistes, qui avaient même un vocabulaire très imaginatif pour nommer les éléments chimiques. Ils parlaient de *pierre infernale*, de *sel d'yeux d'écrevisse*, ou de *vitriol de lune*, pour ce que nous nommons de façon moins poétique *nitrate d'argent*, *acétate de calcium* ou *sulfate d'argent*.

**NOUVELLE NOMENCLATURE CHIMIQUE**

C'est à l'époque de la Révolution française qu'on a abandonné les anciens noms chers aux alchimistes, pour une nomenclature plus rigoureuse.

| ANCIENS NOMS | NOUVEAUX NOMS |
|---|---|
| acide marin déphlogistiqué | chlore |
| cristaux de Vénus | nitrate de cuivre |
| fleurs de Jupiter | oxyde d'étain |
| huile de tartre par défaillance | hydroxyde de potassium (potasse) |
| huile de vitriol | acide sulfurique |
| lune cornée | chlorure d'argent |
| pierre infernale | nitrate d'argent |
| safran de Mars apéritif | oxyde ferrique |
| sel d'yeux d'écrevisse | acétate de calcium |
| sucre de Saturne | acétate de plomb |
| vitriol de lune | sulfate d'argent |

— Et on m'a dit que les suffixes des composés chimiques avaient tous des sens très précis…

— Tout à fait, et en voici quelques-uns[66] :

*-ique*, pour qualifier les acides les plus oxygénés (par ex. *acide nitrique*),
*-ate*, pour les sels correspondants (*nitrate*),
*-eux*, pour les acides les moins oxygénés (*acide nitreux*),
*-ite*, pour les sels correspondants (*nitrite*),
*-hydrique*, pour les acides non oxygénés (*acide chlorhydrique*),
*-ure*, pour les sels correspondants (*chlorure*).

Et il faut aussi prendre l'habitude de voir les éléments chimiques nommés par leurs symboles, qui sont généralement, mais pas toujours, l'initiale du nom complet.

RÉCRÉATION

### SYMBOLES CHIMIQUES

Parmi les symboles chimiques suivants (présentés dans la colonne de gauche par ordre alphabétique) et les noms des éléments auxquels ils correspondent (colonne de droite, présentés également par ordre alphabétique), faire les bons rapprochements :

| | |
|---|---|
| **Al** | aluminium ? |
| **Ar** | argon ? |
| **Au** | azote ? |
| **B** | béryllium ? |
| **Be** | bore ? |
| **Br** | brome ? |
| **C** | calcium ? |
| **Ca** | carbone ? |
| **H** | hélium ? |
| **He** | hydrogène ? |
| **K** | krypton ? |
| **Kr** | néon ? |
| **N** | or ? |
| **Na** | potassium ? |
| **Ne** | sodium ? |

RÉPONSE : Al = aluminium, Ar = argon, Au = or, B = bore, Be = béryllium, Br = brome, C = carbone, Ca = calcium, H = hydrogène, He = hélium, K = potassium, Kr = krypton, N = azote, Na = sodium, Ne = néon.

— C'est Lavoisier qui a inventé tout ça ?

— Il n'était pas seul. Cela a été l'œuvre commune de Guyton de Morveau, de Berthollet, de Fourcroy, et bien sûr surtout de Lavoisier. Ils ont présenté cette nouvelle nomenclature à l'Académie des sciences en 1787.

— Et est-ce que sa belle formule « *Rien ne se perd…* » s'applique aussi bien à la nutrition de l'homme ?

— Justement, certains philosophes grecs avaient bien compris que la nutrition consistait en une redistribution, dans le corps, d'éléments qui étaient déjà présents dans la nourriture. Ils disaient à leur manière que, si le blé que nous mangeons se transforme en chair et en os, c'est que ce blé contient déjà d'infimes particules de chair et d'os[67].

## *L'hypothèse atomique*

Aujourd'hui, on dirait plus précisément que le grain de blé contient, entre autres, des atomes de calcium qui assureront la croissance de nos os. Tu vois, Anaxagore n'était pas loin d'avoir compris que, dans la nutrition, les échanges se faisaient par l'intermédiaire de ces petites particules imperceptibles qu'il nommait déjà des *atomes*. Ce mot vient du grec *atomos*, « qu'on ne peut pas couper »...

— Des éléments insécables, quoi !

— Mais tu parles comme un livre ! Ce point de vue des « atomistes » sur la nature de la matière, qui n'est plus aujourd'hui une hypothèse mais une certitude – et depuis on sait que l'atome est sécable... –, rencontra beaucoup d'opposition, aussi bien de la part de Platon (428 av. J.-C.-348 av. J.-C.) que d'Aristote (384 av. J.-C.-322 av. J.-C.), qui soutenaient tous deux la théorie des quatre éléments.

— Cette théorie des quatre éléments, elle a ensuite été abandonnée ?

— Mais non, ne crois pas ça, elle a continué à être enseignée en Europe jusqu'au XVIIIe siècle.

Il faut bien reconnaître que l'hypothèse atomiste, avec ses mélanges de particules élémentaires et invisibles, s'opposait fondamentalement à la création du monde par un ou plusieurs dieux, à partir du néant, comme cela était enseigné dans la plupart des religions. En Grèce, les autorités religieuses ne pouvaient admettre que l'on mette en doute la création du monde à partir de rien, et elles condamnèrent à mort aussi bien Anaxagore (500 av. J.-C.-428 av. J.-C.) que Socrate (470 av. J.-C.-399 av. J.-C.), accusés tous deux de pervertir la jeunesse par leur enseignement, jugé scandaleux. Anaxagore put s'enfuir, mais Socrate refusa de s'exiler et fut condamné à boire de la ciguë.

— Pourquoi devait-il boire de la ciguë ?

— Parce que le jus de la ciguë est un poison mortel, et qu'il était condamné à mort.

— Pourtant, on perdait un grand philosophe !

— Julie, tu as bien raison de le déplorer, et les choses ne se sont pas arrangées plus tard, car il a fallu attendre plus de deux mille ans pour que l'existence des atomes soit enfin reconnue.

L'hypothèse atomique ne fut reprise qu'au XIX^e^ siècle par le chimiste anglais Dalton (1766-1844) qui affirma très clairement que la matière était faite d'atomes différents, dont les associations donnaient naissance, sous forme de molécules, aux divers composés présents dans la nature.

— Est-ce que c'est le même Dalton qui a donné son nom au daltonisme ?

— Tu sais donc ce que c'est ?

— Oui, j'ai une camarade de classe qui est daltonienne. Elle m'a expliqué qu'elle avait du mal à distinguer les couleurs, et en particulier le rouge et le vert.

— C'est bien ça. Dalton souffrait de cette anomalie visuelle et c'est lui qui, le premier, l'a décrite.

**DALTON, PHYSICIEN ET OPHTALMOLOGISTE**

John DALTON (1766-1844)

John Dalton est né en 1766 dans un petit village du Lake District, en Angleterre, là même où, quatre ans plus tard, naîtrait le plus grand poète romantique anglais, Wordsworth. Le jeune Dalton était un enfant surdoué qui, à 12 ans, lisait déjà les *Principia* de Newton dans leur version latine originale. Il était toujours dans une excitation intellectuelle débordante, écrivant sans cesse des ouvrages et des articles sur une multitude de sujets, passant de la météorologie à la grammaire, et de la description du daltonisme, qui est une déficience de la perception des couleurs, à l'étude de la composition de la matière. Il est l'un des fondateurs de la théorie atomique.

## *La théorie atomique*

Mais Dalton a surtout été l'un des créateurs de la théorie atomique, qui a été adoptée en 1860, au I^er^ Congrès international de chimie de Karlsruhe, mais tous les participants n'étaient pas encore convaincus.

Je me souviens très bien qu'à l'époque où je passais mon bac – on était en 1941 – notre professeur de chimie continuait malheureusement à enseigner qu'il s'agissait d'une simple hypothèse et que personne n'avait jamais vu d'atome.

— Pourtant, c'était vrai, qu'on n'en avait jamais vu !

— Bien sûr, mais personne n'a jamais vu non plus l'attraction de la pesanteur ou le champ magnétique d'un aimant. Ce sont des phénomènes dont l'existence n'est prouvée que par leurs conséquences. Mais pour les atomes, on est bien mieux renseigné, car on a même pu calculer leurs masses, malgré leur taille infinitésimale.

## *Le calcul des masses atomiques*

C'est le chimiste italien Avogadro (1776-1856) et, à sa suite, le physicien français Ampère (1775-1836), qui ont réussi à calculer les masses réelles de plusieurs de ces atomes : d'hydrogène, de carbone, de soufre… Il est vrai qu'elles paraissaient proprement inimaginables, tellement elles étaient faibles : c'était de l'ordre du milliardième de milliardième de gramme.

AMEDEO AVOGADRO

(1776-1856)

Fils d'un magistrat de Turin, Amedeo Avogadro commence par faire des études de droit mais, passionné de physique et de mathématiques, il entame sur ces matières des recherches approfondies, qui lui permettent d'occuper un poste de professeur à l'université de Turin en 1820. Mais en 1821, du fait de son engagement envers les mouvements politiques contre le roi de Sardaigne, il ne peut plus enseigner à l'université, qui qualifie cette exclusion d'un joli euphémisme :

« [*L'université*] *est très heureuse de permettre à ce scientifique quelque repos de ses activités contraignantes pour qu'il puisse se consacrer pleinement à ses recherches.* »

C'est d'ailleurs en raison de ses travaux exceptionnels qu'il sera finalement réintégré dans ses fonctions en 1833.

Son nom reste attaché à la « loi d'Avogadro » sur le volume des molécules gazeuses, une loi qui sera confirmée un peu plus tard par Ampère, qui, par d'autres méthodes, avait obtenu les mêmes résultats.

Avogadro, qui était également mathématicien, avait patiemment pesé un certain nombre d'éléments chimiques, et il avait abouti à un nombre très précis, qui est connu comme le *nombre d'Avogadro*. Et je suis sûr que, curieuse comme tu l'es, tu veux sans doute savoir quel est ce nombre magique...

— ... Ne te fatigue pas, c'est $6{,}02 \times 10^{23}$.

— Quoi ! Tu connais ce nombre ?

— Je viens de le lire par-dessus ton épaule, dans ton livre de chimie !

— Tu m'en diras tant ! C'était trop beau ! Peux-tu aussi me dire combien cela fait de milliards ?

— Ah ! Ça, c'est facile : 1 milliard, c'est $10^9$, un milliard de milliards, ça fait $10^{18}$, et donc $10^{23}$, ça fait cent mille milliards de milliards, donc $6 \times 10^{23}$, ça fait six cent mille milliards de milliards.

— Mais dis-moi, tu calcules comme une pro ! Et ce nombre vaut pour tous les éléments chimiques. Cela signifie que pour l'hydrogène, dont la masse atomique est égale à 1 g, dans 1 g d'hydrogène, il y a 600 000 milliards de milliards d'atomes d'hydrogène. De la même façon, comme la masse atomique du carbone est 12, dans un dé à coudre rempli de 12 g de carbone, il y a aussi 600 000 milliards de milliards d'atomes de carbone.

On a d'ailleurs pu compléter la liste ultérieurement, et on a réussi à établir les masses atomiques des autres corps.

— Et une fois qu'on a calculé et obtenu les masses atomiques de tous ces corps, est-ce qu'on a réussi à les classer de façon rigoureuse ?

— Bien sûr. La classification de tous les éléments chimiques connus vers la fin du XIXᵉ siècle a été l'œuvre de toute une vie, celle d'un grand savant russe, dont tu connais peut-être le nom...

— ... Je devine que c'est Mendeleïev.

## *La classification de Mendeleïev*

— J'étais certain que tu connaissais au moins son nom. Mais tu ne sais peut-être pas que c'est vers 1869 que ce chimiste russe, Dimitri Ivanovitch Mendeleïev (1834-1907), qui était professeur à Saint-Pétersbourg, avait proposé une classification rationnelle de tous les éléments connus à son époque. À la fin du XVIIIe siècle, Lavoisier en avait déjà décrit 33, et Mendeleïev, un siècle plus tard, en connaissait 63. On en connaît bien plus aujourd'hui.

— Le double ?

— Tu vois un peu large : il y a 90 éléments naturels, mais auxquels il faut ajouter une bonne vingtaine d'éléments artificiels, qui sont préparés en laboratoire et qui n'ont généralement qu'une vie extrêmement brève.

Dans un grand tableau, Mendeleïev avait inscrit tous les éléments qu'il connaissait à la suite les uns des autres, horizontalement, dans l'ordre de leurs masses atomiques croissantes et, d'autre part, il s'était efforcé de placer les uns au-dessous des autres, verticalement, dans des colonnes, les corps qui avaient des propriétés chimiques voisines.

**DÉBUT DE LA CLASSIFICATION DE MENDELEÏEV**

Ne figurent dans ce tableau abrégé que les noms des 18 premiers éléments et leurs symboles

| I | II | III | IV | V | VI | VII | VIII |
|---|---|---|---|---|---|---|---|
| **H**<br>hydrogène | | | | | | | **He**<br>hélium |
| **Li**<br>lithium | **Be**<br>béryllium | **B**<br>bore | **C**<br>carbone | **N**<br>azote | **O**<br>oxygène | **F**<br>fluor | **Ne**<br>néon |
| **Na**<br>sodium | **Mg**<br>magnésium | **Al**<br>aluminium | **Si**<br>silicium | **P**<br>phosphore | **S**<br>soufre | **Cl**<br>chlore | **Ar**<br>argon |

Ainsi, dans la première colonne, après l'hydrogène, figuraient des métaux comme le *lithium*, le *sodium*, le *potassium*... qui ont des propriétés voisines et qui sont des métaux alcalins.

— Je suis contente d'apprendre que le sodium est un métal alcalin, mais quelles sont les qualités dont tu parles ?

— Pour aller vite, on peut dire que les métaux alcalins ont la propriété de décomposer l'eau en oxygène et en hydrogène et de provoquer des réactions brutales.

— Attends, quand je mets du sel, qui est pourtant du chlorure de sodium, dans de l'eau, je ne vois aucune réaction brutale.

— Mais n'essaie pas de le faire avec du sodium, que tu aurais d'ailleurs beaucoup de mal à te procurer. La réaction serait explosive, et l'hydrogène dégagé par la décomposition de l'eau prendrait immédiatement feu.

On ne va pas détailler toutes les colonnes, mais regarde bien la huitième colonne, on y trouve des gaz comme l'hélium, le néon, l'argon, (le krypton, le xénon)..., qui font tous partie de la famille des gaz rares.

Pour respecter la similitude des propriétés des éléments d'une même colonne, Mendeleïev a été obligé de laisser ici et là des « cases vides » pour des éléments à découvrir ultérieurement, mais dont on pouvait déjà donner les propriétés chimiques générales et la masse atomique approchée, puisqu'ils étaient situés entre des éléments de masse atomique connue.

## *L'intuition géniale de Mendeleïev*

Par exemple, il y avait une place vide entre le zinc (de masse atomique 65) et le germanium (de masse atomique 72). C'est pourquoi Mendeleïev avait prédit l'existence probable d'un corps ayant une masse atomique d'environ 70 et dont les propriétés seraient voisines de celles de l'aluminium (situé dans la même colonne).

Pendant des années, personne ne s'intéressera aux prédictions de cet original, jusqu'au jour où un physicien français, nommé Lecoq de Boisbaudran (1838-1912) découvre un corps de masse atomique 70 et ayant justement des composés très analogues à ceux de l'aluminium. C'était la gloire pour Mendeleïev, et aussi pour Lecoq de Boisbaudran, qui a donné à cet élément le nom de *gallium*.

— Attends, je sais quelque chose, que peut-être tu ne sais pas, à propos de ce nom, qui a une double étymologie. C'est ma grand-mère qui m'a raconté ça. Lecoq de Boisbaudran avait lui-même écrit qu'il avait choisi ce nom pour honorer la France (*Gallia*), mais certains de ses collègues avaient pensé qu'il y avait là plutôt une référence à son nom, *Lecoq* (en latin, *gallus*)[68].

— Les deux étymologies me conviennent... Et maintenant si tu veux bien, nous allons faire une petite pause, grâce à une devinette en rapport avec ce que nous venons de voir. Tu n'auras qu'à regarder l'extrait du tableau de Mendeleïev pour en trouver la solution.

RÉCRÉATION

**LIBÉREZ BRIGITTE, C'EST NOTRE ORGIE FUTURE**

Cette phrase est un moyen mnémotechnique, que tous les étudiants en sciences apprenaient autrefois par cœur pour retenir les noms des éléments du tableau de Mendeleïev.

Est-ce qu'il s'agit :

1. d'une des successions de la liste des éléments de la classification de Mendeleïev ?
2. des noms des 7 merveilles du monde ?
3. des noms des 7 planètes du système solaire ?

RÉPONSE : 1. En effet, le premier mot commence par **Li**, qui est le symbole du lithium, et la 2^e^ syllabe correspond à **Be** = le béryllium, puis, **Brigitte** commence par **B** = le bore, ensuite **C** = le carbone, **N** = l'azote, **O** = l'oxygène, **F** = le fluor.

– À moi maintenant de te donner une autre phrase, qui correspond à la 3^e^ ligne du tableau :

*Napoléon mangea allègrement six poulets sans claquer aussitôt.*

Et j'ai bien retenu quels étaient les éléments chimiques représentés par chacun de ces mots :

| | | |
|---|---|---|
| *Napoléon* | = | **Na**, le sodium |
| *mangea* | = | **Mg**, le magnésium |
| *allègrement* | = | **Al**, l'aluminium |
| *six* | = | **Si**, le silicium |
| *poulets* | = | **P**, le phosphore |
| *sans* | = | **S**, le soufre |
| *claquer* | = | **Cl**, le chlore |
| *aussitôt* | = | **Ar**, l'argon. |

— C'est très astucieux, mais tout ce que je peux te dire, c'est que pour l'agrégation, on ne les apprenait pas comme ça.

Et maintenant, reprenons le fil de notre histoire.

Pour le calcul des masses atomiques, par commodité, on avait attribué la valeur 1 à la masse atomique de l'hydrogène, qui était le plus léger de tous les éléments du tableau. Mais Mendeleïev avait constaté que les masses atomiques des autres éléments n'étaient pas des nombres entiers, ce qui l'agaçait vraiment. Malheureusement, il est mort avant de connaître l'explication de cette réalité.

— Est-ce qu'aujourd'hui, on peut l'expliquer ?

— Oui, on y arrive. Mais auparavant, il faut que je te parle de la radioactivité naturelle.

## *Découverte de la radioactivité*

Un peu avant la fin du XIXe siècle, c'est le savant français Henri Becquerel (1852-1908) qui avait découvert, par hasard, la radioactivité. Un de ses amis lui ayant rapporté de Bohême un très beau morceau de minerai d'uranium, de l'uraninite, il l'avait placé sur un des meubles à tiroirs de son laboratoire dans lesquels il conservait des plaques photographiques vierges, et quand il avait voulu s'en servir, il s'était aperçu qu'elles étaient toutes voilées comme si on les avait exposées à la lumière[69]. En réfléchissant sur cette conséquence inattendue, avec Marie Curie (1867-1934) et le grand savant Rutherford (1871-1937), ils étaient arrivés tous les trois à la conclusion que, si les atomes d'uranium émettaient des particules capables d'influencer des plaques photographiques, c'était que ces atomes eux-mêmes contenaient ces particules.

Restait à comprendre quelle était la structure interne de l'atome.

## *La structure interne de l'atome*

C'est le physicien Joseph Thomson (1856-1940) qui le premier a mis en évidence l'existence, dans l'atome, de particules de charge électrique négative, les *électrons*. À son tour, Rutherford a réussi à mesurer le diamètre du noyau atomique : il est 10 000 fois plus petit que l'atome entier[70]. C'est un peu plus tard, à la suite de la découverte des neutrons par Chadwick, que Rutherford avait précisé que chaque atome était constitué de trois types d'éléments différents : des électrons, qui étaient des corpuscules de masse pratiquement négligeable et chargés d'électricité négative, et un noyau, lui-même composé de deux sortes de particules : des protons et des neutrons.

**RUTHERFORD, PHYSICIEN EXCEPTIONNEL**

Ernest RUTHERFORD (1871-1937)

Avec Einstein, Bohr, Becquerel et les Curie, Ernest Rutherford est l'un des très grands savants du début du XX^e siècle. À la suite de la découverte de la radioactivité naturelle de l'uranium, le grand problème avait été de préciser la nature de ce rayonnement, et c'est Rutherford qui décela dans ce rayonnement trois constituants : les *rayons alpha*, qui étaient des noyaux d'hélium, les *rayons bêta*, qui n'étaient que de simples électrons et les *rayons gamma*, qui n'étaient pas des particules mais un rayonnement ondulatoire de même nature que les rayons ultraviolets, mais d'une longueur d'onde extrêmement courte, de l'ordre de $10^{-3}$ à $10^{-4}$ nanomètre. Ces derniers étaient 100 fois plus pénétrants que les rayons bêta, qui étaient eux-mêmes 100 fois plus pénétrants que les rayons alpha. Cette découverte a été essentielle dans le développement de la chimie moderne. En 1908, Rutherford reçoit le prix Nobel de chimie pour ses découvertes sur les substances radioactives.

— Attends un peu. Le proton, c'est quoi ?

— Le *proton* est une particule ayant une masse bien définie (1 836 fois plus grande que celle de l'électron[71]) et une charge électrique positive (égale à celle de l'électron, mais opposée à cette dernière, car la charge électrique de l'électron est négative, comme je viens de te le dire). Rutherford avait en outre constaté qu'il y avait toujours un nombre de protons égal au nombre d'électrons, ce qui explique que l'atome a une charge neutre.

— Je crois avoir compris. Et maintenant, qu'est-ce qu'un neutron ?

## *Les neutrons*

— Pour définir le neutron, je voudrais te rappeler ce qu'est un atome, en prenant l'exemple du carbone : l'atome de carbone est constitué de :

– 6 électrons chargés d'électricité négative, tournant autour d'un noyau contenant,

– 6 protons chargés d'électricité positive, ce qui équilibre les charges électriques.

Selon la théorie de Rutherford, tout comme dans le tableau de Mendeleïev, les masses atomiques apparaissent comme constituées d'un nombre entier de protons. Or, dans la réalité, tu te souviens que

Mendeleïev lui-même avait constaté que la plupart des masses atomiques ne correspondaient pas à des nombres entiers.

Cette anomalie a été expliquée plus tard par un savant anglais, Chadwick (1891-1974), qui montrera en 1932 que, dans le noyau, on pouvait aussi trouver une autre particule, le *neutron*, qui n'avait pas exactement la même masse que le proton mais qui était électriquement neutre, d'où son nom. Il avait ainsi montré qu'il existait en fait dans le noyau de chaque atome non seulement un nombre déterminé de protons (en nombre égal à celui des électrons) mais encore des neutrons de masse légèrement différente de celle du proton, d'où une masse atomique qui n'est pas un nombre entier de masses d'atomes d'hydrogène. Chadwick recevra le prix Nobel de chimie en 1935.

**L'ATOME DE CARBONE 12**

L'atome de carbone est constitué d'un noyau autour duquel gravitent 6 électrons chargés d'électricité négative et répartis en 2 couches, de 2 et de 4 électrons.

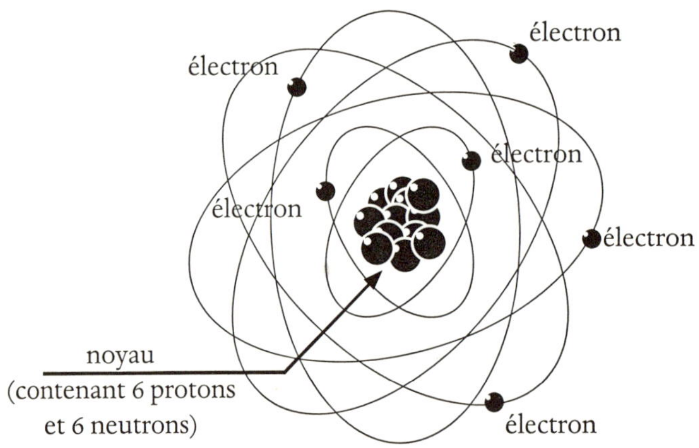


— Rassure-moi, Girard. Il y a donc seulement trois noms importants à retenir : *électron, proton, neutron…*

Bon, alors maintenant, si tu le permets, je voudrais oser te faire un petit commentaire personnel un peu critique sur ces trois noms des constituants de l'atome. Je vois bien pourquoi on a appelé l'*électron* de cette façon : c'est qu'il est chargé d'électricité. Et le *neutron* porte aussi très bien son nom : il n'est pas chargé d'électricité. Seul le *proton* a un nom absolument opaque. On aurait pu trouver mieux, tu ne crois pas ?

— Tu as bien raison, mais voilà l'explication. Je viens d'apprendre que ce terme de *proton* a été proposé par Rutherford en 1920, à partir du nom d'un physicien et chimiste anglais William *Prout*, avec, en plus, l'influence du mot grec *prôton* (qui signifie « la première chose »), qui était déjà utilisé par les biologistes anglais pour désigner la substance primitive[72]. C'est donc Rutherford qui est responsable de ce terme si peu transparent.

Mais ce qu'il faut surtout retenir de Rutherford, qui mettra plus de dix ans pour découvrir la structure de l'atome, c'est que, grâce à lui, cet atome réputé insécable révélait enfin une partie de son mystère : l'atome n'était pas une particule unique, une petite sphère compacte, comme on l'avait cru. Il était au contraire doté d'une structure constituée d'un noyau central et d'électrons tout autour.

— Mais je croyais qu'on était parti pour expliquer les anomalies que Mendeleïev avait repérées dans son tableau ! Girard, tu oublies tout !

— D'accord, moque-toi, mais ce petit détour était indispensable pour comprendre le rôle des neutrons dans la constitution de l'atome. En fait, ces noyaux pourvus d'un nombre plus ou moins grand de neutrons sont des sortes de variantes des atomes déjà identifiés. On les appelle des *isotopes*. C'est un mot d'origine grecque qui signifie « à la même place » (dans le tableau de Mendeleïev, bien sûr).

## *Les isotopes*

Ainsi, dans la nature, il existe 3 isotopes du carbone, qui ont chacun 6 protons et 6 électrons, mais pas le même nombre de neutrons.

Ils ont donc tous 6 électrons et 6 protons mais ils ont en plus quelques neutrons : 6 neutrons pour le carbone 12, le plus commun dans la nature (99 %), 7 neutrons pour le carbone 13, le plus rare (1 %), et 8 neutrons pour le carbone 14, qui se crée dans l'atmosphère sous l'influence des rayons cosmiques et qui est absorbé par les plantes. Il est radioactif et il perd la moitié de sa radioactivité tous les 5 730 ans. C'est peut-être le plus original par ses applications car il est très utile pour les datations d'objets anciens.

Pour identifier les différents isotopes, on additionne le nombre de leurs protons et de leurs neutrons, ce qui donne $C^{12}$, $C^{13}$ et $C^{14}$.

— Ah ! C'est le fameux carbone 14 qui sert à dater les vieux bouts de bois ! Tu m'avais déjà parlé de ce carbone 14.

— Oui. Mais revenons à la théorie atomique : elle établit que s'il existe des millions de composés chimiques dans l'ensemble de l'Univers, il n'y a cependant qu'une centaine d'atomes différents et que si les atomes sont les derniers retranchements de la matière, ils ne sont constitués que par l'arrangement de trois types de particules : électron, proton et neutron. C'est donc la seule distribution de ces trois corpuscules qui distingue la structure de chaque atome : le progrès est vraiment considérable depuis la simple intuition d'Anaxagore et de sa notion de l'infiniment petit !

— Je m'en rends bien compte, mais, Girard, j'ai une question très importante au bout de la langue depuis que tu me parles des atomes : comment a-t-on fait pour mesurer la taille d'un atome réel, puisqu'on n'en a jamais vu ?

### *Mesure d'un atome*

— Très bonne question. Mais je ne vais pas te donner la réponse pour un atome parce qu'il me faudrait des appareils de laboratoire que je n'ai pas ici. En revanche, je vais le faire pour une molécule…

— Mais, Girard, tu ne m'as jamais dit ce qu'est une molécule.

— Tu as raison, j'aurais dû t'en parler quand nous avons montré la différence entre un mélange et une combinaison. Une *molécule* est une combinaison d'atomes réalisée dans des proportions bien définies. Ainsi, la molécule d'eau est constituée de 2 atomes d'hydrogène associés à 1 atome d'oxygène.

— Ce mot *molécule* m'a toujours fait rigoler, mais je sais maintenant que la dernière syllabe (*-cule*) est simplement la marque d'un suffixe latin qui signifie « petit », comme dans *minuscule* ou *opuscule*. Mais à quoi correspond le début du mot ?

— Il correspond au latin *moles* « masse ». Autrement dit, le mot *molécule* signifie à l'origine « petite masse ».

— Bon. Alors comment fait-on pour la mesurer, cette molécule ?

— Prenons l'exemple de l'huile d'olive. Tout est basé sur le fait que l'huile et l'eau ne s'aiment pas. Si tu verses tout doucement une goutte d'huile sur de l'eau, l'huile refusera de se mélanger et glissera en formant une couche très mince, qui s'étendra sur l'eau tant qu'elle aura la place de mettre ses molécules côte à côte en une seule couche, et l'huile finira par former une sorte de petit îlot flottant rassemblant toutes ses molécules.

Pour arriver à nos fins, c'est-à-dire à mesurer une molécule d'huile, nous avons deux problèmes à résoudre : mesurer la surface couverte par l'huile et connaître le volume d'huile répandu sur l'eau.

Pour la mesure du volume d'huile, il existe des compte-gouttes qui permettent de calibrer des gouttes de 1 $mm^3$. En divisant le volume de l'huile par la surface de la mare d'huile, on obtient l'épaisseur de la couche monomoléculaire, c'est-à-dire la taille d'une molécule d'huile : l'épaisseur de la molécule d'huile est de quelques nanomètres – quelques milliardièmes de mètre – tu te rends compte : 10 000 fois moins que le diamètre d'un cheveu !

— Excuse-moi du peu ! Et tu crois vraiment que j'ai des chances d'y arriver ?

— Bien sûr que non, car c'est une expérience qui n'est pas facile à faire dans un espace aussi réduit qu'une cuisine, il vaut mieux avoir un étang à sa disposition.

— Girard, arrête ! Tu te moques de moi !

— Je plaisantais, mais comme je ne veux pas que tu te sentes frustrée, je vais quand même revenir sur ce qui se passe à l'intérieur des atomes.

— Ah ! Merci Girard, tu es trop !

— Pour que ce soit bien clair pour toi, je vais te rappeler une partie de ce que nous venons de voir, en insistant sur certains points particulièrement importants.

On a vu que l'hypothèse atomique reposait sur l'idée que la nature n'est constituée que d'une centaine d'éléments différents, c'est-à-dire d'atomes différents, avec lesquels on peut reconstituer TOUS les corps existant dans l'Univers. Infiniment petits, ces atomes ont pu être mesurés et se sont révélés d'une taille « minuscule de chez minuscule », comme tu dis, puisque comme l'ont montré Avogadro et Ampère, dans 1 g d'hydrogène, ou dans 16 g d'oxygène, ou dans 12 g de carbone, il y a toujours 600 000 milliards de milliards d'atomes.

— Oui, ce n'est pas la peine de le répéter, mais moi, je te dis et je te répète que c'est impossible à imaginer !

— Tu as raison. Venons-en maintenant à la structure même de l'atome. Tu te rappelles bien que chacun des éléments chimiques peut avoir un ou plusieurs isotopes. Or il se trouve que tous les isotopes d'un même élément ont les mêmes propriétés chimiques car ces propriétés ne dépendent que de leurs électrons.

### *Le comportement des électrons périphériques*

Grâce à la théorie atomique, on sait que les électrons sont en nombre variable : de 1 pour l'hydrogène à 92 pour l'uranium. On a d'abord supposé qu'à l'instar de minisystèmes solaires, ces électrons-planètes tournaient paisiblement autour du noyau-Soleil.

Malheureusement cette explication newtonienne, basée sur la loi d'attraction universelle, ne pouvait pas s'appliquer à ce qui se passe à l'intérieur de l'atome, car les forces de gravitation mises en jeu entre le noyau et l'électron sont pratiquement négligeables au regard des forces électromagnétiques inhérentes au système nucléaire : la charge négative de chaque électron est attirée par la charge positive du noyau et, en tournant autour du noyau, l'électron rayonne de l'énergie. Cette perte d'énergie devrait donc, au bout d'un certain temps, faire tomber les électrons sur le noyau. Or, rien de tel ne se produit. Il fallait donc trouver une autre explication.

— Girard, ne me dis pas qu'il y a encore un autre savant génial qui a pu tout expliquer !

— Si, je vais te le dire. Ce savant était danois. Il s'appelait Niels Bohr (1885-1962), et il a complètement renouvelé la conception de l'atome.

C'est en utilisant les travaux théoriques du physicien allemand Max Planck que Niels Bohr osa franchir le pas et affirmer que les admirables lois de Newton ne s'appliquaient pas du tout dans le domaine de l'infiniment petit : les électrons de l'atome, dans leur mouvement autour du noyau, échappaient totalement aux lois de la physique classique. Ils pouvaient en particulier graviter sur des orbites privilégiées sans perdre d'énergie.

## *Une nouvelle vision de la réalité : les quanta*

Alors que, dans la vie courante, l'énergie est une fonction continue, c'est-à-dire que si on augmente de façon continue la température d'un corps, on augmente aussi de façon continue l'énergie de ce corps, dans le domaine microscopique, les choses ne se passent pas ainsi : l'énergie s'y transmet par sauts, et chaque saut d'énergie correspond à un nombre entier de quanta. Il ne s'agit donc plus de variation continue.

Rappelle-toi ça : ce caractère discontinu de l'énergie est l'essence même du monde microscopique. On utilise un quantum d'énergie ou on ne l'utilise pas. Il n'existe pas de fraction de quantum.

Julie, tu te souviens que nous avons décrit les phénomènes lumineux comme résultant de la propagation d'ondes, ou encore de vibrations. Le physicien allemand Planck (1858-1947) a montré en 1900 que l'énergie d'une vibration lumineuse (électromagnétique) est égale au produit de sa fréquence par une constante nommée la constante de Planck.

## *L'effet photoélectrique*

À sa suite, Einstein, réunissant les résultats des différents travaux de Planck, émit l'hypothèse que la lumière pouvait être considérée à la fois comme une émission de particules lumineuses et comme un phénomène ondulatoire.

Ce qu'avait découvert Einstein, c'est que l'énergie ne se propageait pas sous forme d'ondes mais se présentait sous forme de grains élémentaires, appelés depuis *photons*, dont l'énergie était proportionnelle à la fréquence du rayonnement émis.

C'est pour cette découverte qu'Einstein a reçu le prix Nobel en 1921, mais c'est en 1905 qu'il avait déjà publié des articles très importants sur le mécanisme de l'effet photoélectrique, ainsi qu'un premier exposé sur la relativité.

**EINSTEIN, LE SAVANT LE PLUS CÉLÈBRE**

Albert EINSTEIN (1879-1955)

Après des études secondaires assez médiocres, Albert Einstein réussit à entrer à l'Institut polytechnique de Zurich, sans y devenir un brillant élève mais en 1905, à l'âge de 24 ans, il publie cinq mémoires d'une extrême importance pour l'histoire des sciences, et c'est à cette date qu'Einstein expose pour la première fois ses idées sur l'équivalence entre masse et énergie. C'est également là que se trouve la fameuse formule : $E = mc^2$. En 1915, il publie la théorie de la relativité générale qui décrit la relation entre l'électrodynamique et les effets de la gravitation.

Exilé aux États-Unis en 1933, il est nommé à l'Université de Princeton et, devant les risques d'une guerre atomique qu'il voit approcher, Einstein adresse en 1939 une lettre au président Roosevelt pour que ce dernier mette en route un programme de recherches sur les réactions en chaîne. Mais Einstein ne participera pas à l'élaboration de la bombe-test qui explosera en 1945. Il écrivit au contraire de nouveau à Roosevelt pour le dissuader d'en faire usage. Jusqu'à sa mort en 1955, Einstein militera activement contre les armes nucléaires[73].

On pense généralement, mais à tort, qu'Einstein a reçu le prix Nobel pour la théorie de la relativité, qui a été formulée avant lui par Henri Poincaré (1854-1912) alors qu'Einstein l'a obtenu en 1921 pour avoir trouvé une explication rationnelle à l'effet photoélectrique[74]. Le phénomène était connu depuis la fin du XIX$^e$ siècle, mais, jusqu'à Einstein, il était resté inexpliqué.

— L'effet photoélectrique, c'est quoi, exactement ?

— L'effet photoélectrique, c'est l'effet qui permet d'obtenir du courant électrique lorsqu'on envoie un rayon lumineux sur une plaque de métal.

— Est-ce que ça n'a pas quelque chose à voir avec la cellule qui permet d'ouvrir la porte du garage ?

— Absolument, Julie. La cellule qui, sur un appel de phares, ouvre la porte du garage, est une application directe de l'effet photoélectrique.

Voici comment se présente le dispositif qui se trouve sur la porte du garage : dans une ampoule où l'on a fait le vide, on dispose une électrode en face d'une plaque de métal (par exemple de zinc) et on les relie toutes les deux à une pile électrique placée à l'extérieur de l'ampoule.

Quand la plaque est éclairée par les phares de la route, le courant électrique passe entre l'électrode et la plaque et transforme cet effet photoélectrique en effet mécanique, ce qui permet à la porte de s'ouvrir. Mais ce passage d'un courant n'a lieu, pour un métal donné, que pour certaines longueurs d'onde. Pour le zinc, l'effet photoélectrique ne se produira que si la longueur d'onde de la lumière utilisée est adéquate, c'est-à-dire si elle est inférieure à 0,4 micron. Et dans ce cas, le courant passe bien entre la plaque et l'électrode. C'est la preuve que les électrons s'échappent du métal pour aller vers l'électrode.

Mais si la lumière est d'une longueur d'onde supérieure à 0,4 micron, il ne se passe rien. Pourtant, en remplaçant le zinc par un autre métal, le courant de nouveau pourrait passer dans le circuit, mais à une condition, que la longueur d'onde du rayon lumineux soit compatible avec ce métal.

En fait, à chaque métal correspond une valeur seuil de la longueur d'onde de la lumière, au-dessus de laquelle l'énergie lumineuse n'est pas en mesure d'arracher le moindre électron à cette plaque, quelle que soit la quantité de lumière utilisée. Inversement, tout rayonnement ayant une longueur d'onde inférieure à cette valeur – elle aussi spécifique pour chaque métal – provoque la naissance d'un courant électrique, et, cette fois encore, quelle que soit l'intensité du rayonnement lumineux.

— Mais Girard, tu m'avais annoncé qu'on allait revenir sur les quanta…

## *Encore les quanta*

— J'y reviens, mais après avoir insisté sur ce qu'avait découvert Einstein : la lumière, dont le comportement ondulatoire était parfaitement établi, est également constituée de corpuscules, qui ont été dénommés *photons* par G. Lewis en 1926. Ce qui avait ainsi été mis en évidence, c'est que la lumière présente en fait certaines caractéristiques des corpuscules et certaines caractéristiques des ondes, ce qui est a priori contradictoire, et assez difficile à comprendre…

Et nous revenons ainsi aux quanta : les électrons, en tournant autour des noyaux, ne peuvent prendre que des niveaux d'énergie bien définis. On dit en conséquence que les électrons fonctionnent par *quanta*. Ce mot est formé sur le mot latin *quantum*, « quantité » et désigne en physique un tout indissociable.

— Autrement dit, ce sont des unités discrètes, comme les phonèmes.

— Quoi ! Julie, tu m'étonneras toujours. Toi, tu sais ce que sont les phonèmes ?

— Oui. Ma linguiste préférée m'a expliqué qu'en français la différence entre *poisson* et *boisson*, par exemple, repose sur l'opposition entre les phonèmes /p/ et /b/ et qu'une prononciation peu distincte de l'un ou de l'autre ne peut être interprétée que comme /p/ ou comme /b/, et jamais comme quelque chose d'intermédiaire. C'est pour ça qu'on dit que les phonèmes sont des unités discrètes. Je vois que c'est tout à fait la même chose avec tes quanta, et on peut donc dire d'un *phonème* en linguistique, que c'est l'équivalent d'un *quantum* en physique[75].

— Dans le cas des atomes, on illustre ce que sont les électrons en utilisant l'image d'une échelle dont les barreaux sont inégalement espacés : les sauts d'électrons ne peuvent s'effectuer qu'en respectant l'exacte quantité d'énergie qui sépare deux barreaux. Dans ce monde de l'infiniment petit, l'énergie ne se distribue pas de façon continue comme une boule qui roule sur un plan incliné, mais comme de petits paquets d'énergie qui sautent de barreau en barreau sur une échelle.

## *Une retombée de la théorie des quanta : le microscope électronique*

Ce qu'il faut retenir, c'est qu'un quantum est une *forme* d'énergie et non pas une *unité* d'énergie. On peut donc utiliser des quanta pour leur faire exécuter une tâche bien définie, par exemple faire sauter un électron d'une couche à une autre, à l'intérieur d'un atome, afin d'obtenir en retour une émission lumineuse.

Les choses ont pris un tour encore plus intéressant avec les observations de Louis de Broglie. Il a montré que la lumière, dont le comportement ondulatoire est largement établi, présente également un caractère corpusculaire, de même que les électrons, et en fait toutes les particules de matière telles que les protons et les neutrons, présentent un comportement ondulatoire. Cela a donné lieu à l'invention du microscope électronique, un appareil dans lequel les électrons se comportent comme des ondes.

**LOUIS DE BROGLIE**

(1892-1987)

Licencié ès lettres à l'âge de 18 ans, Louis de Broglie passe sa thèse de doctorat à l'âge de 32 ans et reçoit le prix Nobel de physique en 1929 pour sa découverte de la nature ondulatoire de l'électron. Il est l'auteur d'un grand nombre d'ouvrages scientifiques, dont certains sont aussi des ouvrages de vulgarisation.

— Si j'ai bien compris, le microscope électronique permet donc de percevoir ce qu'on ne peut pas voir, même avec le microscope traditionnel le plus perfectionné.

Girard, cette histoire me plaît beaucoup, et j'aurais bien aimé que tu m'en dises un peu plus, mais si tu veux bien, on fait une pause. Je sens que ma grand-mère est en train de nous préparer un gâteau et pour l'instant, comme tu me l'as savamment expliqué, mon odorat est en pleine excitation à la pensée de ces sensations pâtissières.

— Attends un peu. Ce que tu viens de me dire me rappelle que je ne t'ai pas encore parlé de la « réaction de Maillard ».

— Maillard ? C'est un ancêtre de la famille de ta maman ? Si je ne me trompe, elle s'appelait bien Suzanne Maillard avant d'épouser ton papa, Maurice Walter ?

— Malheureusement, ce grand chimiste, qui était aussi professeur de médecine, n'est pas de notre famille. Louis Camille Maillard (1878-1937) est l'auteur d'une étude montrant la relation entre l'odeur de la viande grillée ou d'une pâtisserie qui cuit, et son goût : on appelle « réaction de Maillard » la transformation en produits aromatiques des sucres et des protéines contenus dans la viande ou la pâte à tarte chaque fois qu'on les porte à une température supérieure à 140 °C. Grâce à cette découverte, on a pu faire de grands progrès dans l'agroalimentaire.

Et maintenant que tu en sais un peu plus sur les effets bénéfiques de la chimie sur la gastronomie, va donc voir ta grand-mère, cela te reposera, et puis tu pourras toujours lui demander d'où vient le mot *laser.*

*(Dans la cuisine)*

## *Périphrases, sigles et acronymes*

— Au secours ! Ton mari, il ne s'arrête jamais ? Il veut que tu m'expliques d'où vient le mot *laser*…

— C'est ce qu'on appelle un *acronyme* et qu'il faut distinguer d'un *sigle*…

— Ah ! Tu deviens comme lui, tu emploies encore des mots que je ne comprends pas !

— Écoute, Julie, tu sais bien que lorsqu'on veut donner un nom à quelque chose d'un peu compliqué, on emploie une *périphrase*…

— Encore un !!!

— Alors là, c'est toi qui exagères ! Tu emploies tout le temps des périphrases, par exemple quand tu dis « *la boutique où on vend des poissons* », tu fais une périphrase, car tu pourrais dire tout simplement la *poissonnerie.* Je vais d'ailleurs te donner un exemple de sigle, et un exemple d'acronyme. Quand on a voulu donner un nom à la compagnie qui s'occupait des trains en France, on a forgé la périphrase « Société nationale des chemins de fer français », mais on s'est très vite contenté de garder les initiales pour obtenir *SNCF*, qui est un *sigle* très court. On le lit en prononçant chacune des lettres l'une après l'autre. Pour LASER, quand les physiciens ont voulu donner un nom bref et facile à retenir pour désigner un « amplificateur de lumière par stimulation du rayonnement », en anglais : *Light Amplification by Stimulated Emission of Radiation*, ils ont formé un mot en ne conservant que les premières lettres de chacun des mots de la définition et l'ont prononcé en un seul mot. En français, cet acronyme aurait été quelque chose comme *a-l-st-ra*. On aurait donc pu dire « cet *alstra* marche vraiment bien ».

— C'est rigolo, ton *alstra*, mais ça ne fait pas très français !

— D'ailleurs *alstra* n'a jamais été créé. Il en est de même pour RADAR, qui provient de la définition anglaise : *Radio Detecting And Ranging (system)* « (Système de) repérage et de télémétrie par ondes radio ». Il y en a beaucoup d'autres, et souvent à partir de mots anglais.

— Attends, j'ai des questions à te poser, à toi qui es très forte en orthographe.

— Oh là là ! Je crains le pire.

— Comment écris-tu le pluriel de *ampère, kilomètre à l'heure, hectopascal* et *kilowattheure* ?

— Ces noms d'unités sont tous des noms communs, c'est-à-dire qu'ils ne prennent pas de majuscules, ni au début (*2 ampères*) ni à l'intérieur du mot (*5 kilowattheures*), mais ils prennent la marque du pluriel dans 2 *ampères*, 3 *kilomètres à l'heure*, 4 *hectopascals.*

Quant aux préfixes comme *milli, hecto, kilo,* ils sont collés à l'unité sans trait d'union : *milligramme, kilomètre, hectopascal.*

En revanche, les abréviations ne prennent jamais la marque du pluriel (3 kw) mais celles qui rappellent le nom d'un grand savant conservent une majuscule dans les formes d'unités abrégées : 2 *A* pour 2 *ampères*, 4 *hPa* pour 4 *hectopascals* et 5 *kWh* pour 5 *kilowattheures.* Tu vois, ce n'est pas très compliqué.

— C'est toi qui le dis !

RÉCRÉATION

**UNITÉS ET ORTHOGRAPHE**

1. Les unités dont le nom est celui d'un savant ne s'écrivent pas avec une majuscule à l'initiale.

VRAI ou FAUX ?

2. Les abréviations de ces mêmes unités ne s'écrivent pas avec une lettre majuscule.

VRAI ou FAUX ?

RÉPONSES : 1. Vrai. On écrit un *ampère*, un *watt*, un *hectopascal*, sans majuscule. Ce sont tous des noms communs. 2. Faux. On écrit 2 *A* (avec un A majuscule) pour 2 ampères, 4 *kWh* (avec un W majuscule) pour 4 kilowattheures.

— Et sais-tu comment s'appellent ces unités qui ont emprunté le nom d'un grand savant, comme *ampère, pascal, joule, watt*…

— C'est un mot en *-nyme*, non ?

— Oui.

— *Toponyme* ?

— Non, c'est *éponyme*. Tu avais presque trouvé, mais les *toponymes* concernent les noms de lieux.

Maintenant, Julie, appelle ton grand-père, on va sortir le gâteau du four.

## Petite récapitulation ludique sous forme de charades

Mon 1er se trouve dans le pain
Mon 2nd est souvent cassé dans les statues
découvertes par les archéologues
Mon 3e est un oiseau de la famille des rallidés,
qui vit dans les lieux humides et les marécages
Mon tout est un adjectif qualifiant la chimie de tous les corps
à l'exception du carbone et de ses composés

***mie + nez + râle = minérale***

&

Mon 1er est un imbécile
Mon 2nd est un suffixe d'origine grecque exprimant la puissance
Mon tout est un nom de l'Antiquité évoquant la ciguë

***sot + -crate = Socrate***

&

Mon 1er peut être un défaut du bois
Mon 2nd peut appartenir à un être humain ou à un arbre
Mon tout a la capacité de créer des isotopes

***nœud + tronc = neutron***

&

Mon $1^{er}$ met ensemble
Mon $2^{nd}$ passe quand le silence règne
Mon tout, en chimie, est moins précis qu'une combinaison

***mêle + ange = mélange***

&

Mon $1^{er}$ est un préfixe privatif
Mon $2^{nd}$ peut être, dans une bibliothèque, le synonyme d'un volume
Mon tout était autrefois considéré comme insécable

***a + tome = atome***

&

Mon $1^{er}$ est un corps simple dont l'odeur se répand dans les piscines
Mon $2^{nd}$ est une ancienne ville de Mésopotamie
Mon tout est un corps obtenu par combinaison avec mon premier

***chlore + Ur = chlorure***

## 8. TOUT EST NUCLÉAIRE

*Julie comprend le rôle essentiel des constituants du noyau et des réactions en chaîne qui découlent de leur mise en mouvement : omniprésence du nucléaire dans les recherches actuelles.*

— Julie, prépare-toi à aborder la partie de la physique la plus mystérieuse, celle de la théorie de la relativité et de la valse des quanta. Nous allons un peu nous perdre dans les hautes sphères de la science contemporaine, et oser nous approcher des physiciens mondialement reconnus.

Commençons. Peux-tu, sans trop chercher, me citer quelques noms de physiciens qui ont reçu le prix Nobel ?

**LE PRIX NOBEL**

Alfred NOBEL (1833-1896)

Alfred Nobel : homme paradoxal s'il en fut. Après avoir fait des études d'ingénieur, il avait fait fortune en améliorant la fabrication de la dynamite, grâce à un mélange de nitroglycérine avec de la poudre de brique ou de charbon.

Son testament révéla qu'il léguait une somme extrêmement importante, destinée à récompenser les « bienfaiteurs de l'humanité », en créant cinq prix, distribués tous les ans à Stockholm par le roi de Suède : physique, chimie, physiologie ou médecine, littérature, et également un prix de la paix.

C'était comme s'il avait voulu compenser par ce don généreux une vie tout entière consacrée à la fabrication de produits malheureusement trop souvent utilisés à des fins non pacifiques.

— Bien sûr, rien de plus facile. D'abord, il y a Marie Curie (1867-1934), la première femme à avoir reçu cette récompense et, qui plus est, l'a reçue deux fois : une fois en 1903, avec son mari Pierre Curie (1859-1906) et son ami Henri Becquerel (1852-1908) pour un prix Nobel de physique, et une autre fois, toute seule, en 1911, pour un prix Nobel de chimie[76].

— Julie, d'où te vient donc toute cette science ?

— Tu me reproches toujours de perdre mon temps en allant au cinéma, mais c'est justement en voyant le film *Marie Curie* à la cinémathèque que j'ai appris qu'elle était venue de Pologne faire ses études à Paris, qu'elle avait rencontré Pierre Curie, qu'elle s'était mariée avec lui, et tout et tout, quoi ! Tu sais, Girard, tu devrais vraiment aller le voir, ce film, et peut-être même que tu y apprendrais des choses…

**MARIE CURIE, NÉE SKLODOWSKA**

(1867-1934)

Le destin de cette femme de science exceptionnelle a également été hors du commun, à une époque où il était interdit aux femmes de faire des études universitaires en Pologne.

Sa vie commence à Varsovie de façon tragique puisque à l'âge de 9 ans, elle perd successivement sa sœur et, deux ans plus tard, sa mère. Arrivée à l'âge adulte, elle est acceptée à Paris pour y faire des études de physique et de mathématiques. C'est à cette occasion qu'elle fait la connaissance de Pierre Curie, déjà professeur reconnu, et qu'elle épouse en 1895. L'année suivante, elle est reçue première à l'agrégation de physique et elle est nommée professeur de physique à l'École normale de jeunes filles de Sèvres en 1900.

Mais un nouveau drame se produit : Pierre Curie meurt accidentellement en 1906, renversé par une voiture à cheval.

Auparavant, en 1903, elle avait reçu, avec son mari et avec le physicien Henri Becquerel, le prix Nobel de physique pour leur découverte de la radioactivité. Henri Becquerel décède en 1908, et Marie Curie poursuivra ensuite seule ses recherches, avec passion.

En 1911, Marie Curie recevra un second prix Nobel, cette fois de chimie, pour avoir découvert deux nouveaux corps, le polonium et le radium. Mais, atteinte de leucémie pour avoir subi de trop longues expositions aux rayons radioactifs, elle mourra en Haute-Savoie en 1934.

— Tu as raison. J'irai dès que possible. Et en dehors de Marie Curie, qui peux-tu encore citer ?

— Les deux Français, Pierre-Gilles de Gennes (1932-2007) et Georges Charpak (1924). On les a beaucoup vus à la télévision quand ils ont eu le prix, et on a eu raison de leur faire un peu de pub, car ça faisait plus de vingt ans que les Français n'avaient pas reçu un prix Nobel.

Et enfin, je sais qu'il y a eu Kastler (1902-1984), que tu admires parce que tu as suivi ses cours de préparation à l'agrégation de physique et chimie, et qu'il est à l'origine du laser. Voilà tout ce que je sais.

— Ce n'est déjà pas si mal. Tu aurais peut-être pu encore citer Fermi (1901-1954), le savant italien qui a construit la première pile atomique et Ernest Rutherford (1871-1937), prix Nobel de chimie en 1908, Paul Dirac (1920-1984), prix Nobel de physique en 1931, ou encore Richard Feynman (1918-1988), l'un des physiciens les plus influents de la seconde moitié du XX^e siècle, prix Nobel de physique en 1965, Jean-Marie Lehn, prix Nobel de chimie en 1987, et le tout récent prix Nobel de physique, décerné au physicien français Albert Fert en 2007.

Mais il y en a un, qui est considéré comme plus grand que tous ceux-là... Tu ne vois pas ?... À sa naissance, il était allemand, puis il s'est fait naturaliser suisse et enfin américain... Un vrai génie...

— Oui, n'insiste pas, je le connais. On le représente toujours un peu débraillé et prêt à tirer la langue à ceux qui l'ennuyaient. C'est Einstein (1879-1955), et je croyais bien qu'il l'avait eu pour sa théorie de la relativité !

— Et tu n'es pas la seule, mais à présent tu sais bien que c'est pour sa découverte de l'effet photoélectrique.

Et maintenant, Julie, je voudrais te parler des centrales nucléaires, mais avant d'aborder ce sujet, je voudrais te rappeler que dans chaque noyau, qui est déjà constitué de protons, peuvent venir se nicher d'autres éléments, les neutrons, électriquement neutres – d'où leur nom – et ayant la même masse que les protons.

— Je m'en souvenais bien.

— Alors, tu es prête pour l'étape suivante. Mais nous allons aussi réexaminer les propriétés de la radioactivité, qui ont été étudiées par Marie Curie et Rutherford.

### *Premières transmutations*

En réfléchissant sur ce phénomène de la radioactivité en apparence inexplicable et en étudiant tous les autres corps radioactifs qu'ils connaissaient, Marie Curie et Rutherford avaient découvert que ces corps radioactifs émettaient diverses particules (des noyaux d'hélium et des électrons) et même des rayons UV de très courte longueur d'onde. C'est alors que Rutherford avait eu la grande idée d'utiliser ces projectiles provenant des éléments radioactifs pour bombarder des éléments normaux, non radioactifs

Sa première expérience fut d'exposer de l'azote (N) à un bombardement de noyaux d'hélium (He) émis par le radium (Ra), élément radioactif. On a pu expliquer ainsi certaines anomalies du comportement de la planète Mercure. Son expérience peut se résumer ainsi :

– un noyau d'azote N (à 7 protons), bombardé par
– un noyau d'hélium He (à 2 protons), produit
– un noyau d'oxygène O (à 8 protons) et
– un noyau d'hydrogène H (à 1 proton).

Il avait ainsi, en transformant de l'azote en oxygène, réalisé l'un des grands rêves des alchimistes. On pouvait donc transformer un élément en un autre, un métal en un autre. C'est ce que l'on nomme une *transmutation*. Poursuivant ses expériences de transmutation, il avait aussi transformé du nickel en zinc, du soufre en phosphore… Et de nombreux chimistes allaient se lancer à sa suite.

— Alors on peut transformer n'importe quel métal en or ?

— Oui et non. Oui, sur le plan théorique mais non, sur le plan pratique. Évidemment, la transmutation noyau par noyau n'était pas une méthode destinée à obtenir un peu d'or (ne serait-ce que quelques millioniėmes de grammes d'or). La découverte était ailleurs. Cette production d'un noyau d'oxygène apportait surtout la preuve que la structure de l'atome telle que l'avait imaginée Rutherford était bien conforme à la réalité.

## *Les conséquences énergétiques des transmutations*

Cette grande découverte allait avoir des conséquences énormes car dans toutes les transmutations réalisées, observées ou provoquées, on s'était aperçu que la modification du noyau mettait en mouvement des énergies considérables, en provoquant des réactions en chaîne. C'est alors qu'Einstein montra que cette énergie produite était liée à la disparition d'une petite partie de la masse des noyaux.

Dans la première transmutation entre noyaux réalisée par Rutherford, c'était un noyau d'azote bombardé par des noyaux d'hélium qui se transformait en un noyau d'oxygène et en un noyau d'hydrogène (un proton), et on avait constaté qu'il y avait une petite différence de masse entre les deux membres de la réaction. Einstein avait fait l'hypothèse que, dans le domaine atomique, la masse et l'énergie jouaient le même rôle : l'une était remplaçable par l'autre, l'énergie E mise en jeu dans la transmutation était proportionnelle à la perte de masse. Mais la grande surprise, c'est que le coefficient de proportionnalité était considérable. Il était égal au carré de la vitesse de la lumière :

$$\mathbf{E = mc^2}$$

où E représente l'énergie, m, la masse et c, la vitesse de la lumière.

Julie, est-ce que tu te rappelles quelle est la vitesse de la lumière ?

— 300 000 km par seconde.

— C'est bien ça. En utilisant cette formule $E = mc^2$, on trouve que la disparition d'une masse de 1 g correspond à une énergie de 25 millions de kWh. Pour produire cette même quantité d'énergie, il faudrait brûler 2 500 tonnes de charbon.

Grâce aux travaux d'Einstein, on avait donc découvert qu'en transmutant les noyaux des atomes, on mettait en jeu des énergies des millions de fois plus considérables que les réactions chimiques ordinaires.

— Je sens que nous allons maintenant parler de la bombe atomique.

— Bien sûr, et aussi des autres applications de ces découvertes. Mais auparavant, j'aimerais te parler de la vitesse de la lumière et de deux autres découvertes d'Einstein.

## *La vitesse de la lumière*

Vers 1881, un savant américain, Albert Michelson (1852-1931) avait mesuré la vitesse de la lumière, d'abord dans le même sens que celui de la Terre dans son mouvement autour du Soleil, puis dans une direction perpendiculaire, grâce à un dispositif de miroirs.

— Pourquoi ce raffinement ?

— Parce que la Terre tourne autour du Soleil à la vitesse de 108 000 km/h et que, logiquement, la lumière devrait aller plus vite si elle était émise d'une Terre qui foncerait dans l'espace déjà à

108 000 km/h. Or, cela ne s'est pas vérifié : les mesures de ces deux vitesses avaient donné exactement le même résultat. L'expérience a été refaite en 1904 et le résultat a été confirmé. En réfléchissant sur ce problème, Einstein en avait déduit que si la vitesse de la lumière était la même, qu'on la fasse profiter ou non d'une vitesse supplémentaire, cela voulait dire que cette vitesse était indépassable, en quelque sorte une vitesse limite. Elle devenait une sorte de constante universelle qui, selon Michelson, avait pour valeur :

$$c = 300\ 000 \text{ km par seconde.}$$

— Tu m'as aussi annoncé une autre manifestation du génie d'Einstein…

— Oui. Autre conséquence des découvertes d'Einstein : la trajectoire d'un rayon lumineux qui passerait assez près du Soleil devrait être déviée par la présence de cette énorme masse qu'est le Soleil. On a pu expliquer ainsi certaines anomalies du comportement de la planète Mercure.

Profitant d'une éclipse totale du Soleil le 29 mai 1919, le savant anglais Eddington réussit à photographier une étoile normalement cachée par le Soleil, mais qui devenait visible grâce à la déviation, par la masse du Soleil, du rayon lumineux émis par cette étoile : c'était le triomphe des idées d'Einstein.

— Et maintenant, dis-m'en un peu plus sur la bombe atomique.

## *La bombe d'Hiroshima*

— Lorsque Einstein énonça sa théorie, on était en 1940, la Seconde Guerre mondiale venait de commencer, et on ne voyait pas ce qui pourrait s'opposer à la puissance nazie envahissante. C'est alors qu'Einstein, réfugié aux États-Unis, avait décidé de rencontrer le président Franklin Roosevelt pour lui expliquer les extraordinaires retombées scientifiques que laissaient entrevoir les nouvelles découvertes au sujet des noyaux des atomes, et pour le conjurer de se donner les moyens de mettre au point une bombe atomique avant les Allemands.

— Il ne manquait pas d'air, Einstein ! Et le président des États-Unis l'a écouté ?

## *Le développement des recherches atomiques*

— Oui, et c'est au point que Franklin Roosevelt favorisera avec enthousiasme les travaux des spécialistes européens, qui avaient pu, à l'approche de la guerre, se réfugier aux États-Unis. En 1942, le savant italien Fermi construira la première pile atomique à Chicago, et un peu plus tard, le président confiera au physicien américain Oppenheimer la réalisation d'une gigantesque usine de séparation des isotopes de l'uranium dans la vallée du Tennessee. Enfin, en juillet 1945, la première bombe atomique expérimentale explosera dans le désert du Nouveau-Mexique.

— Tu as bien parlé d'une usine de séparation des isotopes ? Tu peux préciser ?

— Oui : pour réaliser une bombe atomique, il fallait pouvoir utiliser quelques kilogrammes d'uranium $U^{235}$ pur, mais ce dernier ne se trouve dans la nature que mêlé à de l'uranium $U^{238}$ dans la proportion de 0,7 %.

— Mais c'est très peu !

— C'est peu, mais il est indispensable d'obtenir de l'uranium $U^{235}$ absolument pur, à 100 %. Or, rien ne distingue ces deux isotopes qu'une toute petite différence de densité. Il a donc fallu construire d'immenses usines, entièrement automatisées, pour séparer les deux isotopes par diffusion gazeuse, c'est-à-dire en faisant passer le mélange dans des sortes de filtres à la sortie desquels ce mélange se trouvait légèrement enrichi en uranium $U^{235}$. En recommençant des milliers de fois l'opération, on finissait par obtenir de l'uranium $U^{235}$ pur à 100 %.

— Bon. On a de l'uranium $U^{235}$ pur, et alors, qu'est-ce qu'on en fait ?

## *Bombe, centrale nucléaire, applications médicales*

— Il y a plusieurs manières d'utiliser l'énorme énergie contenue dans les noyaux radioactifs comme celui de l'uranium, soit en les faisant exploser, soit en les utilisant de façon pacifique : on fabrique une bombe atomique, ou on construit une centrale nucléaire, ou encore on développe la médecine nucléaire.

Dans tous les cas, il s'agit de la fission du noyau, celui de l'uranium $U^{235}$ qui, sous l'action d'un flux de neutrons, se casse en plusieurs morceaux, tout en émettant plusieurs neutrons qui vont eux-mêmes briser d'autres atomes au cours d'une réaction en chaîne. Chacune de ces fissions s'effectuera en perdant un peu de la masse du noyau d'uranium, ce qui provoquera, comme Einstein l'avait découvert, la création d'une formidable énergie, équivalant à 25 millions de kWh par gramme perdu. Tu te rends compte ? De quoi alimenter en électricité pendant un an une ville de 10 000 habitants.

**$E = mc^2$**

Cette formule permet de calculer que la disparition de 1 g de matière produit une énergie égale à 25 millions de kilowattheures, ce qui, dans une centrale thermique classique, ne pourrait être réalisé que par la combustion d'environ 2 500 tonnes de charbon.

— C'est formidable !

— Tu as doublement raison, Julie, car *formidable* vient de l'adjectif latin *formidabilis*, « redoutable ».

— Girard, on fait de la physique, pas de l'étymologie !

— Alors là, Julie, je n'en reviens pas ! Généralement, tu en redemandes.

— Oui, mais, cette fois, j'ai hâte de connaître la fin.

— Alors voilà. Si tu veux fabriquer une bombe, il faut tout faire pour que le plus grand nombre de fissions aient lieu en quelques millionièmes de seconde... Et alors on se retrouve dans l'horreur d'Hiroshima en 1945.

Mais si, dans un contexte pacifique, tu veux produire bien régulièrement de l'énergie dans une centrale nucléaire, il faut pouvoir freiner la fission, car on ne doit pas dépasser la masse critique au-delà de laquelle on ne peut plus maîtriser les réactions en chaîne provoquées.

Dans le cas d'une centrale nucléaire, c'est en intercalant, entre des barreaux d'uranium faiblement enrichi, des barres de bore ou de strontium, qui absorbent sans conséquence la plus grande partie des neutrons émis par l'uranium, que l'on peut freiner le processus. En faisant monter et descendre ces ralentisseurs, on peut réguler la quantité de chaleur produite, qui servira à fournir l'énergie nécessaire à la production de la vapeur qui, à travers une turbine, fera tourner un alternateur, et celui-ci, enfin, permettra d'envoyer dans le réseau de l'EDF l'électricité nécessaire pour éclairer toute la maison.

— Ouf ! J'ai cru qu'on n'y arriverait jamais. C'est assez compliqué, mais j'ai à peu près suivi, même si tu ne m'as pas dit quelle est la différence entre une fission, un mot que tu as employé plusieurs fois, et une fusion, un mot dont je devine le sens.

— On parle de *fission* quand on brise un noyau lourd comme celui de l'uranium $U^{235}$ (qui est composé de 92 protons + 143 neutrons), alors que la *fusion* a un sens particulier dans ce contexte : c'est quand on provoque la rencontre de noyaux légers, par exemple ceux des isotopes de l'hydrogène comme le deutérium, pour obtenir des noyaux plus lourds (hélium et tritium).

Cette technique par fusion de noyaux légers est beaucoup plus séduisante que la fission de l'uranium $U^{235}$, tout d'abord parce que le deutérium existe en quantité inépuisable – à raison de 35 mg de deutérium par litre d'eau – et qu'il ne présente aucun risque de pollution. Malheureusement, les deux noyaux de deutérium sont tous deux chargés positivement et, normalement, ils se repoussent. Si l'on veut qu'ils se rapprochent, il faut atteindre pendant quelques secondes des températures extrêmement élevées, de l'ordre de… 100 millions de degrés !

Tous les laboratoires atomiques du monde se passionnent pour ce programme de recherche. En France, tu as dû entendre parler des installations de Cadarache, dont le programme réunit des chercheurs du monde entier.

Dans moins d'un siècle, le pétrole et l'uranium commenceront à manquer et il ne restera plus que le charbon, qui lui-même n'est pas inépuisable, et l'énergie solaire, qui est certes abondante et renouvelable. Mais elle est éminemment variable suivant le lieu où l'on se trouve, la saison, ou l'heure de la journée et son accumulation n'est pas simple.

Mais les applications de l'énergie nucléaire ont déjà été nombreuses dans la médecine nucléaire. On l'utilise déjà dans la radiothérapie, par exemple, pour traiter des tumeurs cancéreuses.

# *Petite récapitulation ludique sous forme de charades*

Mon 1er est une lettre pointée de l'alphabet
Mon 2nd recouvre une surface de 2 $m^2$ chez un adulte pesant 75 kg[77]
Ma 3e doit être soutenue pour obtenir un doctorat
Mon tout permet de faire avancer la science

***i* + peau + thèse = hypothèse**

&

Mon 1er n'est pas vrai
Mon 2nd est un grand poisson perciforme comestible
des mers chaudes ou tempérées
Mon tout est un grain de lumière ne dépendant
que de la fréquence du rayonnement

**faux + thon = photon**

&

Mon 1er, quand il est gordien, est impossible à défaire
Mon 2nd est une boîte à offrandes dans une église
Mon tout est une des trois particules de l'atome

**nœud + tronc = neutron**

&

Mon 1er est une fraction
Mon 2nd est le nom d'une ville d'Allemagne
Mon tout est un corps simple ayant 3 isotopes

**quart + Bonn = carbone**

&

Mon 1er est une interjection de rejet
Mon 2nd est un jeune rameau
Mon tout est la rupture d'un noyau comme celui de l'uranium

**fi + scion = fission**

## 9. LA NAISSANCE DE L'UNIVERS

*Julie se pose des questions sur la naissance de l'Univers et sur ce qui distingue l'inerte du vivant.*

— Girard, un jour, tu m'as dit que la Terre existait depuis 4,5 milliards d'années. Mais ressemblait-elle à ce qu'elle est aujourd'hui ?

— En ces temps très reculés, on pense que dans l'atmosphère il n'y avait ni oxygène ni azote mais essentiellement de l'hydrogène, de l'ammoniac, du méthane et de la vapeur d'eau. Cette hypothèse a été formulée par Alexandr Opacine et John Haldane[78]. À partir de ces données, un jeune chimiste américain de 25 ans, Stanley Miller, qui travaillait sous la direction de Harold Urey (1893-1981), prix Nobel de chimie, bien connu pour avoir découvert l'eau lourde, a eu l'idée incroyable de recréer en laboratoire les conditions présumées de l'atmosphère terrestre à l'époque où la Terre subissait ses premières transformations chimiques, il y a un peu plus de 4 milliards d'années.

Stanley Miller avait pris un grand ballon en verre dans lequel il avait introduit de l'eau chaude, du méthane, de l'hydrogène, de l'ammoniac et du gaz carbonique. Il avait fait éclater à intervalles réguliers des étincelles à l'intérieur de son ballon et l'avait éclairé violemment pendant une semaine, le tout en cachette de son patron tant il craignait qu'on se moquât de lui.

À la grande surprise des chercheurs qui travaillaient dans le même laboratoire, l'analyse du liquide restant dans le ballon après toutes ces opérations avait révélé l'existence de composés chimiques très réactifs, comme l'acide cyanhydrique ou le formaldéhyde, mais aussi l'existence de produits plus complexes, qui sont des molécules dont on reconnaîtra ultérieurement l'existence lors de l'analyse d'organismes vivants, comme les acides gras et surtout les amines, qui sont des molécules que l'on retrouvera dans l'analyse d'organismes vivants.

— Bon, si j'ai bien compris, le jeune Stanley Miller avait fait une expérience très étonnante, mais je ne vois toujours pas de vie là-dedans !

— La seule chose que Stanley Miller avait montrée, c'est qu'on pouvait faire à peu de frais la synthèse de molécules un peu complexes à partir de molécules simples. Mais c'était aussi une façon d'imaginer ce qui avait pu se produire au commencement du monde.

L'hypothèse actuelle est que les molécules qui tournaient dans le cosmos autour de la Terre ont été entraînées vers notre planète par des averses continuelles pendant 500 millions d'années. On imagine que dans ces pluies diluviennes se trouvaient, entre autres, la plupart des molécules que Stanley Miller avait obtenues dans son expérience de préfiguration de la Terre à son origine : de l'ammoniac, de l'acide cyanhydrique, du formaldéhyde, du gaz carbonique, des amines, des acides gras... Et il faudra attendre des centaines de millions d'années pour qu'une molécule se dédouble, et pour que finalement apparaisse la vie.

— Girard, un jour, tu m'as raconté une histoire incroyable, celle d'un corps qui de temps en temps était un cristal, c'est-à-dire un objet inerte, et de temps en temps un virus, c'est-à-dire un être vivant. C'était quoi ?

— Il s'agit de la mosaïque du tabac. C'est un virus qui attaque les feuilles de tabac et finit par les détruire. Si on les déshydrate complètement, on obtient des cristaux que l'on peut conserver dans un bocal comme des cristaux de sel ou de sucre. Ce virus cristallisé ne bouge pas, ne se reproduit pas. Bref, il ne « vit » pas. Mais si, un jour, tu reprends ce virus cristallisé et si tu le dissous dans l'eau, tu vas retrouver ton virus avec tout son pouvoir destructeur. Une seule pulvérisation sur des feuilles de tabac et elles deviendront brunâtres et mourront rapidement.

C'est un très beau cas. On est à la limite entre le cristal et le virus, entre l'inerte et le vivant, mais cela ne nous dit rien sur le passage de l'inerte à la vie.

— On reste donc dans l'ignorance de ce qui provoque la vie, tout comme on ne sait pas tout de l'âge de l'Univers !

## *L'âge de l'Univers*

— Pour ce qui est de l'Univers, c'est différent. Dans l'histoire de l'Univers, il y a trois dates importantes : la naissance du monde, la naissance de la vie et la naissance de l'homme, mais aucune de ces dates ne nous est véritablement connue.

On estime généralement qu'il y a environ 15 milliards d'années, s'est produite une explosion formidable de lumière et de matière, à des températures inimaginables de plusieurs milliards de degrés. C'est ce qu'on a appelé le *big bang*.

— Qui lui a trouvé ce nom qui est si expressif ?

— C'est un astrophysicien anglais, Fred Hoyle, qui le lui a donné par dérision, car il était lui-même un adepte de la théorie de l'Univers stationnaire[79]. Mais peut-on prendre ce big bang pour le commencement du monde ? En réalité, il est simplement commode de prendre le big bang comme l'instant zéro de l'Univers car c'est à partir de ce moment qu'on peut imaginer que le chaos initial va se structurer en galaxies, en étoiles et en astres de toutes sortes.

— Quels sont nos moyens d'investigation ?

## *Notre seul guide : la lumière*

— Essentiellement ce que nous avons appris de la lumière. C'est en tout cas ce qui nous permet de remonter le temps. L'effet Doppler-Fizeau nous montre clairement à travers nos télescopes que tous les astres s'éloignent les uns des autres. S'ils s'éloignent aujourd'hui les uns des autres, on peut imaginer qu'à l'origine ils avaient dû être réunis. Dans cette recherche des premiers moments de notre Univers, la lumière est non seulement la manifestation de l'existence d'objets trop lointains pour être accessibles mais elle nous permet aussi d'évaluer la distance de ces objets. La lumière nous parvient de la Lune (qui est à 300 000 km) en 1 seconde, du Soleil (qui est à 150 millions de km) en 8 minutes, de Pluton en moins de 6 heures, alors qu'elle met 4 ans pour franchir la distance qui nous sépare de l'étoile la plus proche (*Alpha du Centaure*), 2 millions d'années pour la galaxie d'Andromède et 12 milliards d'années pour les galaxies les plus éloignées. Cela signifie que l'astronome ne voit pas un objet lointain tel qu'il est mais tel qu'il était avant que la lumière ne le quitte pour venir jusqu'à nous. Réciproquement, un observateur qui regarderait la Terre à partir de la galaxie d'Andromède recevrait des images de la Terre d'il y a 2 millions d'années[80].

— Et connaît-on la date de l'apparition de la vie sur la Terre ?

## *À quelle date ?*

— On connaît assez précisément sa date mais encore assez mal son mécanisme. Toutefois, on a pu établir une sorte de chronologie relative. On considère généralement que les premières formes de vie sur la Terre sont apparues il y a environ 3,5 milliards d'années sous forme de minuscules algues bleues, mais le passage de l'inerte au vivant reste une énigme.

— Est-ce qu'on ne pourrait pas maintenant préciser un peu ce que nous savons de l'histoire de l'Univers dans un grand tableau, en y incluant aussi ce qui s'est passé après la naissance de la vie ?

— Rappelle-toi : je t'avais dit en commençant que nous nous arrêterions avant la naissance de la vie. Mais puisque tu sembles y tenir, je te propose le tableau général provisoire suivant :

**HISTOIRE DE L'UNIVERS**

| **Big bang** | |
|---|---|
| 14 milliards d'années | Formation de l'**Univers** |
| 4,5 milliards d'années | Formation du **système solaire** |
| 3,5 milliards d'années | Premières formes de **vie sur la Terre** |
| 2,2 milliards d'années | Synthèse chlorophyllienne |
| 0,7 milliard d'années | Premiers organismes multicellulaires |
| 700 millions d'années | Vers, méduses |
| 600 millions d'années | Squelettes fossilisés |
| 570-235 millions d'années | Ère primaire |
| 400 millions d'années | Œufs, conquête des continents |
| 260 millions d'années | Animaux à sang chaud |
| 250 millions d'années | Disparition de 90 % des espèces<br>Apparition des grands herbivores et des reptiles |
| 235-65 millions d'années | Ère secondaire |
| 100 millions d'années | Apparition des mammifères et des dinosaures |
| 65 millions d'années | Disparition des dinosaures et de 80 % des animaux |
| 65-4 millions d'années | Ère tertiaire |
| 50 millions d'années | Apparition des ancêtres des animaux actuels |
| 4-0 millions d'années | Ère quaternaire |
| 4 millions d'années | *Australopithecus* |
| 3 millions d'années | *Homo habilis* – outils – crâne 700 cm $^3$<br>*Homo erectus*– crâne 900 cm$^3$ *Homo sapiens* (ancêtre de l'Homme) – crâne 2 000 cm$^3$ |
| 400 000 ans | Découverte du feu |
| 35 000 ans | Peintures rupestres et statuaire |
| 3 500 ans | Écriture |

# *Petite récapitulation ludique sous forme de charades*

Mon 1er est une conjonction de coordination
Mon 2nd peut être brouillé ou clair
Mon 3e est un chlorure qui sert à assaisonner
ou à conserver les aliments
Mon tout met le feu.

**et + teint + sel = étincelle**

&

Mon 1er est indispensable à la vie
Mon 2nd est le symbole du carbone
Mon 3e dure 8 760 heures
Mon tout est une immense étendue d'eau salée

**eau + C + an = océan**

&

Mon 1er n'est pas inerte
Mon 2nd n'est pas statique
Mon tout n'est pas mort

**vie + vent = vivant**

&

Mon 1er se lit dans une biographie
Mon 2nd qualifie un habitant du pays le plus vaste de l'Europe
Mon tout est un micro-organisme infectieux

**vie + russe = virus**

&

Mon 1er n'est pas malade
Mon 2nd est une recherche que l'on poursuit en vue d'un doctorat
Mon tout est, en chimie, l'opération par laquelle
on combine deux ou plusieurs atomes ou molécules
pour obtenir un corps plus complexe

**sain + thèse = synthèse**

&

Mon 1er est, en chimie, le symbole du potassium
Mon 2nd est une voyelle française pouvant s'écrire
au moyen d'une, de deux ou de trois lettres
Mon tout est le contraire de l'ordre

***K + (o, au, eau) = chaos***

&

Mon 1er est une onomatopée servant à faire avancer un cheval
On dit que mon 2nd est le plus souvent douillet
Mon 3e peut être une couleur, une préposition,
une forme poétique ou un animal invertébré
Mon tout est synonyme de *cosmos*

***hue ! + nid + (vert, vers, vers, ver) = univers***

## 10. SURVOL RÉTROSPECTIF

*Julie réexamine l'histoire des sciences à travers l'histoire des savants qui les ont développées.*

— Girard, j'aimerais maintenant qu'on jette un regard en arrière sur tout ce que tu m'as appris, mais cette fois en prenant comme point de départ les savants qui ont fait avancer notre connaissance du monde, depuis l'Antiquité jusqu'à nos jours.

RÉCRÉATION

NOMS D'UNITÉS ET NOMS DE SAVANTS

Plusieurs noms de physiciens et de chimistes ont été donnés à des unités de mesure.

Vous avez le choix entre des unités de

1. **watt**
2. **pascal**
3. **hertz**
4. **newton**
5. **becquerel**
6. **kelvin**

A. fréquence
B. pression
C. force
D. radioactivité
E. courant électrique
F. température

RÉPONSES : 1E, 2B, 3A, 4C, 5D, 6F.

— Ma pauvre enfant, tu sais bien qu'on ne peut jamais être exhaustif, et qu'on a au contraire toutes les chances d'oublier des gens importants. Mais nous allons tout de même prendre quelques points de repère s'échelonnant au cours des siècles et tenter d'établir un aperçu chronologique des découvertes scientifiques dont nous avons parlé.

### *Retour sur l'histoire des sciences depuis l'Antiquité*

Durant l'Antiquité, la science faisait partie de la culture de tous les grands penseurs. Depuis Aristote jusqu'à la Renaissance, et jusqu'à Descartes, tous les grands philosophes étaient à la fois hommes de lettres et hommes de sciences. Descartes et Pascal sont sans doute en France les deux derniers exemples de personnalités aussi célèbres en lettres qu'en sciences.

Au XVI^e et au XVII^e siècle, c'est l'astronomie qui est le centre d'intérêt de savants tels que Copernic, Tycho Brahe, Galilée et Kepler, tandis que le XVIII^e siècle est dominé par la personnalité de Newton, qui reste le maître incontesté de la grande loi d'attraction universelle : elle rend compte des minuscules effets de la pesanteur dans les phénomènes de capillarité et elle va jusqu'au stupéfiant calcul des orbites de tous les astres de notre univers.

Le XVIII^e siècle est aussi celui qui marque le passage de l'alchimie à la chimie, qui devient une science à part entière, avec deux grands noms à retenir : Lavoisier en France et Davy en Grande-Bretagne.

Un autre très grand nom de la science au XVIII^e est celui de Leonhard Euler, dont je ne t'ai pas encore parlé car c'est surtout un grand mathématicien. Mais les résultats de ses travaux ont été extrêmement importants pour les sciences physiques, surtout dans le domaine de la mécanique des fluides.

**EULER, MATHÉMATICIEN ET SAVANT UNIVERSEL**

Leonhard EULER (1707-1783)

Ce grand mathématicien suisse, né à Bâle en 1707 et décédé à Saint-Pétersbourg en 1783, occupe une place éminente dans l'histoire des sciences[81]. Malgré la perte d'un œil et une cécité croissante, il a réussi à publier plusieurs centaines de mémoires sur des sujets aussi différents que le calcul différentiel, l'astronomie, la navigation, la mécanique des fluides et les phénomènes optiques. Il a appliqué avec succès le calcul infinitésimal à de nombreux phénomènes de physique. Plusieurs de ses mémoires ont été couronnés par l'Académie des sciences de Paris.

Dès le début du XIX^e siècle, l'expérience inattendue mais éblouissante du jeune physicien danois Œrsted ouvre la porte de l'électromagnétisme, qui mettra en évidence les liens jusque-là inconnus entre le magnétisme et l'électricité. C'est le grand savant anglais Maxwell qui fera la synthèse d'une nouvelle science, l'électromagnétique, qui va transformer notre vie en nous apportant la lumière et les moteurs électriques. Grâce aux travaux d'Ampère, d'Arago, de Faraday, et de bien d'autres savants tels que Volta, Ohm ou Barlow, la physique ouvre désormais la voie à une multitude d'applications industrielles qui vont faciliter la vie sur la Terre. Et c'est enfin également au XIX^e siècle que les chimistes commenceront à comprendre la structure des atomes, en mettant en lumière toutes les petites particules – électriques ou non – qu'ils contiennent.

**LES SAVANTS INVENTENT DES NOMS D'ÉLÉMENTS**

| | |
|---|---|
| **azote** | par le chimiste français LAVOISIER (1743-1794) |
| **chlore** | par le chimiste et physicien anglais DAVY (1778-1829) |
| **lithium** | par le chimiste suédois BERZELIUS (1779-1848) |
| **oxygène** | par le physicien et chimiste anglais PRIESTLEY (1733-1804) |
| **titane** | par le chimiste allemand KLAPROTH (1743-1817) |

De grands efforts ont été consacrés à améliorer les applications délicates de l'effet photoélectrique et à maîtriser les phénomènes grandioses et terribles mis en lumière par le génial Einstein. Au début du XX$^{e}$ siècle, on a ainsi pu aboutir d'un côté à la bombe atomique et à ses effets dévastateurs, et de l'autre aux centrales nucléaires, productrices d'énergie, ainsi qu'aux applications multiples, en particulier dans le domaine de la médecine.

Toutefois de nombreux phénomènes restaient encore incompréhensibles, ce qui allait conduire les physiciens et les chimistes à reconsidérer tous les problèmes posés par le rayonnement électromagnétique et par l'interaction entre la matière et l'énergie.

RÉCRÉATION

**LES NOMS DES ÉLÉMENTS CHIMIQUES**

D'où viennent ces sept noms ?

1. **bore** : créé à partir du grec et signifiant « sans vie ». **Vrai ou faux ?**
2. **magnésium** : forgé à partir d'un nom de lieu. **Vrai ou faux ?**
3. **azote** : d'origine arabe. **Vrai ou faux ?**
4. **phosphore** : venu d'un mot latin signifiant « écoulement ». **Vrai ou faux ?**
5. **néon** : formé sur un mot grec signifiant « lumineux ». **Vrai ou faux ?**
6. **fluor** : formé sur l'adjectif grec signifiant « nouveau ». **Vrai ou faux ?**
7. **hélium** : formé sur le nom grec du Soleil ? **Vrai ou faux ?**

RÉPONSES : 1. Faux, **bore** est d'origine arabe. 2. Vrai. 3. Faux, **azote** a été créé à partir d'un mot grec signifiant « vie ». 4. Faux, **phosphore** est formé sur un mot grec signifiant « lumineux ». 5. Faux, **néon** est formé sur un adjectif grec signifiant « nouveau ». 6. Faux, **fluor** est venu d'un mot latin signifiant « écoulement ». 7. Vrai.

Mais ce n'est pas tout. Dans la seconde moitié du XX$^{e}$ siècle, des chercheurs de plus en plus nombreux ont développé sur le terreau des siècles passés des sciences nouvelles, qui sont très vite entrées dans la vie courante, par exemple :

– la physique du solide (semi-conducteurs) avec ses innombrables applications actuelles en électronique, informatique, télécommunications, télévision, Internet...,

– ses applications futuristes, avec la robotique, les nanotechnologies...,

– la chimie organique, dont les deux grands volets sont la synthèse des médicaments et celle des polymères, comme les polyamides et les polyesters, utilisés sous forme de fibres textiles (le nylon, 1938) et de matières plastiques, dont la première a été la bakélite en 1910,

– la mécanique des fluides, dont la maîtrise a permis l'essor considérable des activités aérospatiales.

Et il faudrait évoquer aussi :

– la biologie, avec les biotechnologies et le génie génétique...

RÉCRÉATION

**LES NOMBRES MÉMORABLES**

1. 300 000 km par seconde
2. 600 000 milliards de milliards
3. 10 000 fois plus petit
4. 4,5 milliards d'années

À quoi correspondent ces indications chiffrées ?

1. La vitesse de la lumière. Vrai ou faux ?
2. L'équivalent du nombre d'Avogadro. Vrai ou faux ?
3. Le noyau est 10 000 fois plus petit que l'atome. Vrai ou faux ?
4. La formation du système solaire. Vrai ou faux ?

RÉPONSE : 1. Vrai 2. Vrai 3. Vrai 4. Vrai.

— Quoi ? Tu m'avais bien dit qu'on n'envisagerait pas les sciences de la vie !...

— Tu as raison, et nous n'en avons pas beaucoup parlé. Ce sera pour une autre fois.

— Mais Girard, avant de nous quitter : j'ai une dernière question, qui n'a rien à voir avec l'histoire des sciences, mais qui me brûle la langue depuis le début : pourquoi m'appelles-tu *Julie* alors que je m'appelle *Anouk* ?

— Parce que *Julie*, c'est toi et en même temps une autre *Anouk*. Elle a parfois 12 ou 15 ans, parfois 20 ans, parfois beaucoup plus, et c'est même toi dans de très nombreuses années, *Anouk* maman, *Anouk* grand-mère... *Julie*, quoi...

Et en attendant d'en apprendre davantage, voici une dernière récréation qui te remettra en mémoire certains noms des savants qui ont fait l'histoire des sciences jusqu'au XXe siècle.

RÉCRÉATION

**QUI EST-CE ?**

1. Il est grec, né au IIIe siècle av. J.-C., et il est considéré comme le plus grand génie scientifique de tous les temps. C'est à lui que l'on doit en particulier le nombre $\pi$ et les grands principes de la statique des solides et des fluides. Qui est-ce ?

2. Il est polonais, né en 1473, et : est l'un des plus grands génies de son temps. Il est célèbre pour avoir établi que les planètes, et en particulier la Terre, gravitent autour du Soleil tout en tournant sur elles-mêmes. Qui est-ce ?

3. Il est italien, né en 1564, et il est célèbre en particulier pour sa loi sur la chute des corps dans le vide. Qui est-ce ?

4. Il est néerlandais, né en 1629 et, avec Denis Papin, a inventé la machine à vapeur. Qui est-ce ?

5. Il est anglais, né en 1642, il a été l'un des plus grands génies de son époque, et sa théorie de l'attraction universelle a changé notre vision du monde. Qui est-ce ?

6. Il est américain, né en 1706, et il a inventé le paratonnerre. Qui est-ce ?

7. Il est français, né en 1743, et il est considéré comme le créateur de la chimie moderne. Qui est-ce ?

8. Il est danois, né en 1777, et il est célèbre pour avoir découvert l'existence du champ magnétique créé par les courants électriques. Qui est-ce ?

9. Il est allemand, né en 1787, et il est connu pour ses travaux sur la résistance électrique. L'unité de résistance électrique porte son nom. Qui est-ce ?

10. Il est russe, né en 1834, et il est l'auteur de la classification périodique des éléments chimiques. Qui est-ce ?

11. Il est écossais, né en 1847, et l'inventeur du téléphone. Qui est-ce ?

RÉPONSES : 1. Archimède (vers 287-vers 212 av. J.-C.). 2. Nicolas Copernic (1473-1543). 3. Galileo Galilei, dit Galilée (1564-1642). 4. Christian Huygens (1629-1695). 5. Isaac Newton (1642-1727). 6. Benjamin Franklin (1706-1790). 7. Antoine Laurent de Lavoisier (1743-1794). 8. Hans Christian Œrsted (1777-1851). 9. Georg Sigmund Ohm (1787-1854). 10. Dmitri Ivanovitch Mendeleïev (1834-1907). 11. Graham Bell (1847-1922).

# NOTES

1. GREENE, Brian, *L'Univers élégant*, Paris, Robert Laffont, 2000, pour la traduction française, 658 p (édition originale américaine en 1999).

2. WALTER, Henriette, *Des mots sans-culottes*, Paris, Robert Laffont, 1989, 244 p., ch. IX « Un roi, une loi, un poids et une mesure », p. 73-80.

3. GUEDJ, Denis, *La Révolution des savants*, Paris, Gallimard, 1988, p. 44-45.

4. *OXFORD PAPERBACK ENCYCLOPEDIA*, Oxford University Press, 1998, 1 496 p., sous *Greenwich*, p. 603.

5. DANIELSSON, Ulf, *La Physique racontée aux poètes et aux enfants*, Paris, Robert Laffont pour la traduction française, 331 p., p. 64 (édition originale suédoise 2003), ainsi que :

SOBEL, Dava, *Longitude. L'histoire vraie d'un génie solitaire qui résolut la plus grande énigme scientifique de son temps*, Paris, J.-Cl. Lattès, 196 p., p. 181 (édition originale anglaise, New York, 1995).

6. *La Jaune et la Rouge*, Revue des amis de l'École polytechnique, déc. 1994, p. 51, ainsi que :

FRERIKS, Philip, *Le Méridien de Paris. Une randonnée à travers l'Histoire*, EDP Sciences et l'Observatoire de Paris, Paris, 2009, 132 p., trad. du néerlandais (*De Meridiaen van Parijs*, 2003).

7. ROUSSEAU, Pierre, *Histoire de la science*, Paris, Fayard, 1945, 823 p., p. 444.

8. ROUSSEAU, Pierre, *La Terre, ma Patrie*, Paris, Fayard, 1947, 453 p., p. 235-236.

9. GUEDJ, Denis, *La Méridienne, 1792-1799*, Paris, Seghers, 1987, 271 p., p. 22.

10. *Guide de tourisme vert de Paris*, Michelin, Paris, 1995, p. 284-286.

11. BRAHIC, André, *Enfants du soleil*, Paris, Odile Jacob, 1999, 366 p., p. 360.

12. DANIELSSON, Ulf, *La Physique racontée...* (Réf. note 5), p. 51.

13. WALTER, Henriette, L'Évolution des langues de la communauté scientifique, *Le français et les langues scientifiques de demain*, colloque à l'Université du Québec à Montréal (19-21 mars 1996), Québec, Conseil de la langue française, 1996, p. 27-39 (sans publication des annexes).

WALTER Henriette, Histoire des langues de la science, de Sumer à nos jours, séminaire « Quelle langue pour la science ? », Université du Caire, 19 mai 2003.

14. ROUSSEAU, Pierre, *Histoire de la science...* (Réf. note 7), p. 350-351 et 382-383.

15. REEVES, Hubert, *Oiseaux, merveilleux oiseaux*, Paris, Le Seuil, 1998, 215 p., p. 74.

16. CORTELAZZO, Manlio et ZOLLI, Paolo, *Dizionario etimologico della lingua italiana*, Bologna, Zanichelli, 1979, 5 tomes, 1 470 p., sous *pendere*, p. 901, .

17. De GALIANA, Thomas, et RIVAL, Michel (avec la collab. de), *Dictionnaire des inventeurs et inventions*, Paris, Larousse, 1996, 822 p., sous *FOUCAULT*, p. 362.

18. BRYSON, Bill, *Une histoire de tout ou presque...*, Paris, Payot, 2007, trad. de *A short history of nearly everything*, Doubleday, 2003, par Françoise Bouillot, Paris, Payot, 2007, 648 p., p. 50.

19. BRAHIC, André, *Enfants du soleil* (Réf. note 11), p. 28.

20. BRAHIC, André, *Enfants...* (Réf. note 11), p. 354.

21. *Grand Larousse Universel* (1re édition 1985), éd. 1997, t. XV, sous *Vénus*, p. 10698.

22. BRAHIC, André, *Enfants...* (Réf. note 11), p. 59.

23. BRAHIC, André, *Enfants...* (Réf. note 11), p. 282.

24. ROUSSEAU, Pierre, *Histoire de la science...* (Réf. note 7), p. 553.

25. REEVES, Hubert, de ROSNAY, Joël, COPPENS, Yves, SIMONNET, Dominique, *La Plus Belle Histoire du monde, les secrets de nos origines*, Paris, Le Seuil, 1996, 165 p., p. 49.

26. BRAHIC, André, *Enfants...* (Réf. note 11), 366 p., tableaux p. 353-354.

27. Sources CNES : www.cnes.fr.

28. BRAHIC, André, *Enfants...* (Réf. note 11), p. 78.

29. VAUCLAIR, Sylvie, *La Naissance des éléments. Du big bang à la Terre*, Paris, Odile Jacob, 2006, 303 p., p. 115.

30. BRAHIC, André, *Enfants...* (Réf. note 11), p. 307.

31. MUSSET, Lucien, *La Tapisserie de Bayeux*, Bayeux, Zodiaque, 1989, 309 p., p. 64-65 et p. 274-275.

32. BRAHIC, André, *Enfants...* (Réf. note 11), tableau, p. 354 et 355.

33. VAUCLAIR, Sylvie, *La Naissance...* (Réf. note 29), p. 162.

34. VAUCLAIR, Sylvie, *La Naissance...* (Réf. note 29), p. 160.

35. BRAHIC, André, *Enfants...* (Réf. note 11), p. 29-30.

36. BRAHIC, André, *Enfants...* (Réf. note 11), p. 281.

37. « Les Naufragés de Tromelin », Frédéric LEWINO, *Le Point*, 05-10-06, p. 88-89.

38. LANGANEY, André, CLOTTES, Jean, GUILAINE, Jean, SIMONNET, Dominique, *La Plus Belle Histoire de l'homme*, Paris, Le Seuil, 1998, p. 35.

39. LUMLEY, Henry de, *L'Homme premier*, Paris, Odile Jacob, 1998, p. 13 pour le Tableau chronologique général, ainsi que : le ch. 2, « Le premier homme », p. 35-51, et « Les premiers hommes modernes », p. 151-184.

40. LUMLEY, Henry, *L'Homme premier...* (Réf. note 39), « La Domestication du feu », p. 103-124.

41. SERRES, Michel (sous la dir.), *Éléments d'histoire des sciences*, Paris, Bordas, 1989, 575 p., p. 539, ainsi que :

*Mémo Larousse*, Paris, Larousse, 1989, 1 279 p., p. 851.

42. *Handbook of chemistry and physics*, Cleveland (Ohio), Chemical Rubber Co., 1954, 3 206 p., p. 470-631.

43. *Journal d'un bourgeois de Paris sous la Révolution*, présenté par Raymond Aubert, Paris, France-Empire, 1974, 629 p., p. 360-361.

44. FRÉMY, D. et M. (sous la dir.), *QUID* 2005, Robert Laffont, 2 190 p., p. 1697 *b*.

45. Tableau établi à partir des données du *QUID* 2005, p. 1687 *b* et 1705.

46. CORNEILLE, Pierre, *Polyeucte*, acte I, scène 1, vers 41-42.

47. CLOTTES, Jean (sous la dir. de), *La Grotte Chauvet. L'art des origines*, Paris, Le Seuil, 2001, 224 p., notamment p. 120, fig. 114.

48. WALTER, Henriette et AVENAS, Pierre, *La Savoureuse Histoire du nom des poissons. De la truite arc-en-ciel à la dorade dorée...* (à paraître aux Éditions Robert Laffont en 2010).

49. WALTER, Henriette, *L'Aventure des langues en Occident*, Paris, Robert Laffont, 1994, p. 161, ainsi que :

LA STELLA T., Enzo, *Uomini dietro le parole*, Milan, Ed. Ugo Murcia, 1992, 176 p., p. 155 et 160.

50. ROUSSEAU, Pierre, *Histoire de la science*, (Réf. note 14), p. 443-444.

51. ROUSSEAU, Pierre, Hist. de la sc... (Réf. note 7), p. 455-458.

52. ROUSSEAU, Pierre, Hist. de la sc... (Réf. note 7), p. 462-465.

53. ROUSSEAU, Pierre, Hist. de la sc... (Réf. note 7), p. 565.

54. Tableau inspiré de REEVES, Hubert, *Oiseaux, merveilleux...* (Réf. note 15), illustration p. 78.

55. REEVES, Hubert, *Oiseaux...* (Réf. note 15), p. 18.

56. DUBRANA, Didier, *Histoire secrète des chefs-d'œuvre*, Paris, SPE-Barthélémy, 2001, 241 p., p. 95 et 185.

57. ALLÈGRE, Claude, *Un peu de science pour tout le monde*, Paris, Fayard, 2003, 404 p., p. 398.

58. ALLÈGRE, Claude, *Dictionnaire amoureux de la science*, Paris, Plon-Fayard, 2005, 1 020 p., p. 580-582.

59. ALLÈGRE, Claude, *Un peu de science pour tout le monde*, (Réf. note 57), p. 90.

60. KLEIN, Étienne, *Il était sept fois la révolution*, Paris, Flammarion, 2008, coll. « Champs sciences », 239 p., p. 14 et chapitre 1, « George Gamow, joyeux passe frontière », p. 17-49.

61. REEVES, DE ROSNAY, COPPENS, SIMONNET, *La Plus Belle Histoire du monde* (Réf. note 25), p. 21.

62. KLEIN, Étienne, *Il était sept fois la révolution* (Réf. note 60), p. 43, note 2.

63. PETIT, Michel, *Qu'est-ce que l'effet de serre ?*, Paris, Vuibert, 2003, 124 p., p. 113.

64. PETIT, Michel, *Qu'est-ce que...*, (Réf. note 63), p. 62-72.

65. VAUCLAIR, Sylvie, *La Naissance...*, (Réf. note 29), p. 27.

66. WALTER, Henriette, *Des mots sans-culottes* (Réf. note 3), p. 83.

67. REVEL, Jean-François, *Histoire de la philosophie occidentale*, Paris, Stock, t. I, 272 p., p. 84-85.

68. WALTER, Henriette et AVENAS, Pierre, *La Mystérieuse Histoire du nom des oiseaux*, Paris, Robert Laffont, 2007, 375 p., p. 236.

69. ROUSSEAU, Pierre, *Histoire de la science...*, (Réf. note 7), p. 702.

70. VAUCLAIR, Sylvie, *La Naissance...* (Réf. note 29), p. 31-32.

71. CROS, André et ARRIBET, Gilbert, *Initiation à la chimie moderne*, Paris, Belin, 1969, 253 p., p. 25.

72. REY, Alain (sous la dir.), *Dictionnaire historique de la langue française*, Paris, Le Robert, 1992, 2 tomes, t. II, p. 1657, sous *Proton*.

73. BRIAN, Denis, *Einstein, le génie, l'homme*, Paris, Robert Laffont, 1997, 545 p. (trad. de l'anglais par Bernard Seytre, *Einstein, a Life*, New York, John Wiley and Sons, 1996).

74 ROUSSEAU, Pierre, *La Lumière*, Paris, PUF, coll « Que sais-je ? », 1944, 125 p., notamment p. 99-100.

75. WALTER, Gérard, Analogies de méthode entre la linguistique et la chimie, *La Linguistique*, vol. 20, fascicule 1, 1984, p. 23-40.

76. ROUSSEAU, Pierre, *Histoire de la science...*, (Réf. note 7), p. 704.

77. BOUILLON, Claude, *La Peau. Une enveloppe de vie*, Paris, Découvertes Gallimard, 2002, 128 p., p. 32.

78. REEVES, DE ROSNAY, COPPENS, et SIMONNET, *La Plus Belle Histoire du monde* (Réf. note 25), p. 72.

79. REEVES, DE ROSNAY, COPPENS, et SIMONNET, *La Plus Belle Histoire du monde*, p. 26,

80. REEVES, DE ROSNAY, COPPENS et SIMONNET, *La Plus Belle Histoire du monde* (Réf. note 25), p. 29-30.

81. GUEDJ, Denis, *Le Théorème du perroquet*, Paris, Le Seuil, 1998, ch. 20, « Euler, l'homme qui voyait les maths », p. 390-426.

## INDEX DES NOMS PROPRES

(personnages réels, mythiques ou imaginaires, et quelques prénoms)

## S



## T



## U



## V



## W



## Y-Z

# INDEX DES NOMS DE LIEUX

## V



## W



## Y

# INDEX DES MOTS

Ont été inscrits en **caractères gras** les mots ayant un rapport direct avec les thèmes abordés dans l'ouvrage.

Les *italiques* correspondent :

- aux mots dont on donne des indications étymologiques (par exemple *atome*, p. 197).
- aux mots figurant dans la solution des charades (par exemple *boussole*, p. 147).
- aux titres des ouvrages cités (par exemple *Principia de Newton*, p. 38).
- aux noms des constellations (par exemple *Grande Ourse*, p. 58).

## A

## B

## D

## P

## U



## V

## W-X-Z

# LISTE DES ENCADRÉS

## 1. « TOUT SE MESURE »



## 2. « TOUT TOMBE »

## 3. « TOUT TOURNE »



## 4. AUTOUR DU FEU

## 5. AUTOUR DE L'ÉLECTRICITÉ



## 6. AU FIL DES ONDES

## 7. RIEN NE SE PERD, RIEN NE SE CRÉE



## 8. TOUT EST NUCLÉAIRE



## 9. LA NAISSANCE DE L'UNIVERS



## 10. SURVOL RÉTROSPECTIF

# LISTE DES ILLUSTRATIONS

# TABLE DES MATIÈRES

## 3. « TOUT TOURNE »



## 4. AUTOUR DU FEU

## 5. AUTOUR DE L'ÉLECTRICITÉ



## 6. AU FIL DES ONDES

*Composé par Nord Compo Multimédia*
*7, rue de Fives, 59650 Villeneuve-d'Ascq*

Cet ouvrage a été imprimé en France par

CPI
Bussière

à Saint-Amand-Montrond (Cher)
pour le compte des Éditions Robert Laffont
en février 2010

N° d'édition : 50599/02. — N° d'impression : 100358/4.
Dépôt légal : octobre 2009.